国际市场营销理论与实务

主　编　马莉婷
副主编　李云清　路　越　林立达　杨　帆

北京理工大学出版社
BEIJING INSTITUTE OF TECHNOLOGY PRESS

内 容 简 介

本书凸显课程思政特色，立足于应用型本科高校相关专业的教学特点，系统、全面地阐述了"国际市场营销学"课程最重要的核心知识模块，包括国际市场营销概述、国际市场营销环境分析、国际市场营销调研、国际市场营销战略选择、国际市场营销产品策略、国际市场营销价格策略、国际市场营销渠道策略、国际市场营销促销策略等八章。

本书体例形式丰富，在编写上力求做到"新、精、实"。"新"是指教材在编写体例和内容上都力求做到与时俱进，引入大量最新案例，彰显学科前沿发展动态；"精"是指教材编写不追求"大而全"，而追求囊括国际市场营销学最精华的知识模块；"实"是指教材编写强调实践性，每章都设置"技能目标"和"营销技能训练"模块，以提升学生实践技能，更好地满足应用型本科高校对应用型人才的培养需求。

本书既可作为高等院校相关专业的教材，也可作为各层次经营管理人员的学习参考用书。

图书在版编目（CIP）数据

国际市场营销理论与实务／马莉婷主编. --北京：

北京理工大学出版社，2022.11

ISBN 978-7-5763-1080-1

Ⅰ. ①国… Ⅱ. ①马… Ⅲ. ①国际营销-教材 Ⅳ.

①F740. 2

中国版本图书馆 CIP 数据核字（2022）第 220659 号

出版发行／北京理工大学出版社有限责任公司

社　　址／北京市海淀区中关村南大街 5 号

邮　　编／100081

电　　话／（010）68914775（总编室）

　　　　　（010）82562903（教材售后服务热线）

　　　　　（010）68944723（其他图书服务热线）

网　　址／http：//www.bitpress.com.cn

经　　销／全国各地新华书店

印　　刷／三河市天利华印刷装订有限公司

开　　本／787 毫米×1092 毫米　1/16

印　　张／13　　　　　　　　　　　　　　　　责任编辑／申玉琴

字　　数／306 千字　　　　　　　　　　　　　　文案编辑／申玉琴

版　　次／2022 年 11 月第 1 版　2022 年 11 月第 1 次印刷　　责任校对／刘亚男

定　　价／89.00 元　　　　　　　　　　　　　　责任印制／李志强

图书出现印装质量问题，请拨打售后服务热线，本社负责调换

21 世纪，全球经济相互依赖性与复杂性增强，区域经济一体化程度进一步加深，企业面临着更为复杂的国际市场营销环境。外贸企业更是面临中美贸易摩擦带来的严峻考验。在这样的背景下，由一线授课教师组成的编写团队深刻意识到，为培养优秀的国际市场营销人才，教材一定要与时俱进，要能够反映前沿发展动态，同时要注重培养学生的实践技能。本书是结合编写团队 10 余年"国际市场营销学"课程教学实践及研究成果而推出的实用型教材。

本书是教材主编主持的 2020 年校级精品自编教材《国际市场营销理论与实务》的研究成果。本书凸显课程思政特色，立足于应用型本科高校相关专业的教学特点，系统、全面地阐述了"国际市场营销学"课程最重要的核心知识模块，包括国际市场营销概述、国际市场营销环境分析、国际市场营销调研、国际市场营销战略选择、国际市场营销产品策略、国际市场营销价格策略、国际市场营销渠道策略、国际市场营销促销策略等八章。每章均设置有"知识目标""技能目标""思政目标""导入案例"等模块；在章节中穿插"小链接"模块；在每章最后均设置有"本章小结""关键术语""复习思考题""案例讨论""营销技能训练"等模块，以更好地满足应用型本科高校对应用型人才的培养需求。

本书由福建江夏学院马莉婷教授担任主编，负责全书的策划、统稿及修订工作。具体编写分工如下：第一章、第六章、第八章由马莉婷教授编写，第二章由路越副教授编写，第三章、第五章由李云清副教授编写，第四章由林立达副教授编写，第七章由厦门市火炬高新区管委会招商中心产业研究员、西安交通大学博士研究生杨帆编写。

本书参考了国内外同行的许多著作和文献，引用了大量企业案例、新闻报道、研究报告，在此一并向原作者表示衷心的感谢。由于编者水平有限，书中难免存在不足之处，敬请专家和读者批评、指正。

目录

第一章 国际市场营销概述

📝 **学习目标**

知识目标

掌握市场营销及国际市场营销的含义，市场营销的核心概念，生产观念、产品观念、推销观念、营销观念、社会营销观念、大市场营销观念。

理解企业走向国际市场的动因、国际市场营销与国际贸易的联系及区别、企业国际市场营销的演进。

熟悉国际市场营销的研究对象和研究内容。

技能目标

能够运用市场营销的核心概念分析生活中存在的营销现象；能够分析企业的营销组合。

思政目标

增强学生的创新意识、履行社会责任意识，维护社会可持续发展，践行社会主义核心价值观。

导入案例

国际市场再添宁夏"名片"　灵武长枣首次实现出口

银川海关 2020 年 10 月 19 日发布消息称，首批 500 千克宁夏灵武长枣经海关检疫合格，于当日起运发往泰国，标志着宁夏又一特色农产品获得进军国际市场的"入场券"。截至目前，宁夏共有枸杞、葡萄酒、蜂蜜、长枣、脱水蔬菜等十余种农特产品进入欧美、亚洲等多个国际市场。

灵武长枣是宁夏银川灵武市特有品种，也是宁夏特色优势产业之一。栽培始于唐朝，品种优良，果个大，VC 含量高。目前，种植面积超过 10 万亩，涉及枣农 8 000 多户 3 万余人，主要销往北京、重庆、山东、河南、河北等地。2014 年，灵武长枣种植系统被中国农业部（现中国农业农村部）列入第二批中国重要农业文化遗产名录，2016 年灵武长枣成为"国家农产品地理标志登记产品"。

据银川海关所属兴庆海关稽查科副科长朱锦廷介绍，为确保首批灵武长枣顺利出口，该关快速办理出口资质备案手续，采取"文件审核＋实地考察"方式对新申请注册登记的果园和加工厂"随报随审"，督促企业及时完成不符合项整改，高效率完成出口备案资质审核。与此同时，通过分析比对历年检测数据，海关工作人员对灵武长枣产区近年来有害生物监测情况进行排查，指导企业加强加工包装过程有害生物防控，严格落实检疫要求。在出口检疫时，还采取了预约方式优先安排查检，提前审核包装标识信息，现场按双边议定书要求抽取样品进行剖果检查，在完成查验的第一时间进行系统验放，提高了通关效率。

宁夏发展农业条件可谓得天独厚，有不少历史悠久、享有盛名的"原字号""老字号""宁字号"农产品，是中国的"枸杞之乡""滩羊之乡""甘草之乡""硒砂瓜之乡""马铃薯之乡"，也是酿酒葡萄在中国种植面积最大的地区。目前，宁夏拥有中宁枸杞、盐池滩羊、灵武长枣、西吉马铃薯、盐池黄花菜、香山硒砂瓜等6个中国特色农产品优势区，宁夏大米、贺兰山东麓葡萄酒等13个区域公用品牌，全区现代特色农业产值占农业总产值的比重达到了87.4%。随着琳琅满目、亮点纷呈的特色农产品纷纷走向市场，"特色"已成为宁夏打造质量优势农产品的一张好牌。

资料来源：中国新闻网　2020年10月19日　作者：李佩珊

第一节　市场营销的含义及其核心概念

市场营销的思想起始于20世纪初的美国。1901年，西奥多·罗斯福在改革经济、社会和政治弊端的浪潮中当选为总统。美国西北大学菲利普·科特勒博士在美国市场营销协会50周年的纪念大会上说："经济学是营销学之父。"1902年，密西根大学开设的这门学科的名称是"美国的分配和管理行业"；1906年，俄亥俄州州立大学开设的学科名称为"产品的分配"；1910年，威斯康星大学的拉尔夫·巴特勒提出应把这门学科改为"营销"。

此后，美国出现了大批从事营销实际工作和教学研究的人。根据西奥多·巴特尔教授的观点，美国研究营销学的学者大致分为四种学派：美国中西部学派运用综合分析的方法，构成营销学的经典理论；纽约学派侧重于渠道（批发、零售机构）的研究；威斯康星学派研究营销学的产业化（特别是农产品的分配问题）；哈佛学派则以案例研究而闻名于世。

如今，迈入21世纪的世界正在走向知识经济和经济全球化的时代，知识成为最重要的经济力量。新时代的崛起，将对我们现有的生活和思维方式，包括教育、生产经营乃至领导决策等活动，产生重要影响。当前，市场营销发展呈现出四个趋势：从实物营销走向服务营销；从分销零售走向网络营销；从战术营销走向战略营销；从企业营销走向社会营销。

一、营销

营销（Marketing）是一门市场管理的学问。营销是辨别和满足人类与社会的需要，把社会或私人的需要变成有利可图的商机的行为。对营销所作的一个最简短的定义就是"有利益地来满足需求"。

对于消费者而言，化妆品的生产成本其实只占销售价的 10%～20%。换句话说，化妆品的营销成本要远远高于其原料和生产成本。

对于企业而言，在决定生产化妆品之前，需要决策以下事项：分析购买者的需求及其类型；估计将有多少人会购买；预测购买者何时想买；确定购买者会通过什么渠道购买；估计购买者愿意支付的价格；应采取何种促销手段；估计有多少竞争对手会生产同类产品，它们的产量、品种和价格是怎样的；是否可以获利，预计会有多少利润。

显然，"营销"的含义非常丰富，不仅仅是推销，也不仅仅是做广告，营销也不等同于销售。

营销是企业为增加销售而采用的一系列活动，而销售只是营销发展到一定阶段的结果。比如塑造品牌、客户沟通等都属于营销，但这些过程不一定会直接达成产品的销售结果。

销售与营销的区别如图 1-1 所示。

图 1-1　销售与营销的区别

由图 1-1 可知，销售（Sales）的出发点为企业，以产品为中心，以推销和促销为手段，通过扩大市场来创造利润；营销的出发点为目标市场，以顾客需求为中心，以营销组合为手段，通过满足需求来创造利润。

推销只不过是营销冰山上的顶点。著名管理理论家彼得·德鲁克曾经这样说："可以设想，某些推销工作总是需要的。然而，营销目的就是要使推销成为多余。营销的目的在于深刻地认识和了解顾客，从而使产品或服务完全适合他的需要而形成产品自我销售。理想营销会产生一个已经准备来购买的顾客，剩下的事就是如何便于顾客得到产品或服务。"

二、市场营销的核心概念

市场营销几乎影响着人们生活的方方面面。日常购买的所有商品和服务的存在都是因为"营销"。甚至，你的个人简历表也是营销活动的一部分，目的是把你自己推销给某位雇主，获得工作机会。学习营销的另一个原因是：作为一名顾客，你为营销活动支付费用。在美国，营销的花费大约占到每个消费者花费的50%。对某些商品和服务，这一比例可能还要更高。

市场营销包含了许多核心概念，其中主要有：需要、欲望和需求，产品和服务，效用、费用和满足，交换、交易和关系，市场营销者、目标公众和相互市场营销，市场、营销市场、潜在市场，市场营销系统，营销组合，市场营销，营销管理。

（一）需要、欲望和需求

需要（Needs）是人与生俱来的，是营销活动的出发点。需要是指人们没有得到某些基本满足的感受状态。人们在生活中，需要食品、衣服、住所、安全、爱情以及其他一些东西。这些需要都不是社会和营销者所能创造的，它们存在于自身的生理结构和情感条件中。

欲望（Wants）是指人们想得到这些基本需要的具体满足物的愿望。欲望是指满足需要的方式，可以是物或一种活动方式。当某人需要食品时，他可能想要得到一个汉堡包；当某人需要放松身心时，他可能想要去看一场电影或外出旅游。

需求（Demands）是指人们有能力购买并且愿意购买某个具体商品的愿望。当具有购买能力时，欲望便转换为需求。许多人都想要一辆汽车，但并非所有人都能够并愿意购买一辆汽车。因此，企业不仅需要估量有多少人想要它们的商品，更重要的是应该了解有多少人真正愿意并且有能力购买它们的商品。

（二）产品和服务

产品（Product）是指能够满足人的需要和欲望的任何事物。产品包括有形的产品、无形的服务以及某种新的思想和概念。服务（Service）是一种无形产品，它是将人力和机械的使用应用于人与物的结果。例如，医院提供的健康检查，学校提供的教学活动等。产品是获得服务的载体。

人们不是为了产品的实体而买产品。例如，人们买化妆品是由于它能提供一种服务，可以使人变得更美丽。营销者的任务是推销产品实体中所包含的利益或服务，而不能仅限于描述产品的外观，否则，目光就不够长远了。

营销近视症是指过分重视有形产品，而忽视了顾客需求，没有真正把握市场营销的本质，难以把握顾客需求的变化。

（三）效用、费用和满足

效用是消费者对产品满足其需要的整体能力的评价，通常可以采取顾客让渡价值来衡量。顾客让渡价值是指企业转移的、顾客感受得到的实际价值。顾客让渡价值是菲利普·科特勒在《营销管理》一书中提出的，他认为，顾客让渡价值是指顾客总价值（Total Customer Value）与顾客总成本（Total Customer Cost）之间的差额。可以用公式表示为：顾客让渡价值＝顾客总价值－顾客总成本。顾客总价值包括产品价值、服务价值、人员价值和形象价值。顾客总成本包括货币成本、时间成本、体力成本和精力成本。

企业可从两个方面改进和提高顾客让渡价值：一是通过改进产品、服务、人员与形象，提高产品的总价值；二是通过降低生产与销售成本，减少顾客购买产品的时间、精神与体力的耗费，从而降低货币与非货币成本。

（四）交换、交易和关系

1. 交换

交换（Exchange）是指个人和集体通过提供某种东西作为回报，从他人那里取得所需东西的行为。

思考：自给、抢夺、乞讨、转让能不能成为满足需要和欲望的普遍方式？

答案是否定的。因为自给是低效率满足需要；抢夺是牺牲别人的利益满足需要；乞讨是以一方利益的牺牲来满足另一方的需要和欲望；转让是指某人将某物给他人，但不接受任何实物作为回报。它们都不能满足彼此的需要和欲望，因此不能成为满足需要和欲望的普遍方式。

交换可以成为满足需要和欲望的普遍方式，缘于其一般包含以下五个要素：至少有两个以上的买卖者；交换双方都拥有另一方想要的东西或服务；交换双方都有共同及向另一方运送货物或服务的能力；交换双方都拥有自由选择的权利；交换双方都觉得值得与对方交易。

小链接

加拿大青年凯尔·麦克唐纳通过网络实现了用一个回形针换一套房子的梦想。他的创意行为催生了一种叫"换客"的时尚族：将自己的闲置物品发布到相关网站，注明自己所需求的物品，然后等待网友来交换。这种以物易物的交换方式，已成为一种推崇环保精神的流行生活方式。

2. 交易

交易是指人们通过提供或转移货物、服务或创意，以换取有价值的东西。交易是交换的最基本单位，是指交换过程中付款交货的环节。交易的基本方式包括现金交易（如以现金或支票购买货物或服务）和非现金交易（如以物易物）。例如，购买者用 2 000 元人民币从商场买回了一个手机，这是典型的用货币交易实物的过程。

3. 关系

营销活动应该尝试创造和维持满意的交易关系。为了保持交易关系，买方必须对获得的货物、服务或创意满意，卖方也必须对所得到的经济回报或其他感到满意。一个对交易关系不满意的顾客通常会寻找替代的组织或产品。

营销的本质就是开发令人满意的交易，使顾客和营销者从中都能获益。顾客希望从营销交易中获得比他付出的成本更高的回报和利益。营销者希望得到相应的价值，通常是交换产品的价格。通过买者和卖者的相互关系，顾客有了对卖者未来行为的期望。为了达到这些期望，营销者必须按承诺的话来完成。随着时间推移，这种相互关系就成了两方之间的相互依靠。

对营销者来说，与顾客保持积极的关系是一项很重要的目标。关系营销（Relationship Marketing）指的是"长期互惠的协作，双方通过创造令人满意的交易把精力集中在价值的提高上"。关系营销通常会加深顾客对企业的依赖，顾客的信心也在增长，反过来又提高了企业对顾客需求的理解。成功的营销者对顾客的需要做出反应，并随着时间推移，尽量增加顾客需要的价值。最终，这种相互关系会成为一种坚固的合作和相互依靠的关系。

（五）市场营销者、目标公众和相互市场营销

市场营销者是指希望从别人那里取得资源并愿意以某种有价值的东西作为交换的人。

市场营销者是指寻求交易时表现积极的一方。目标公众是指寻求交易时不积极的一方。一般情况下，市场营销者在寻找目标公众。

买卖双方都表现积极时，双方均为市场营销者，此时称为相互市场营销。

（六）市场、营销市场、潜在市场

对于市场，有各种认识：市场是商品交换的场所；市场是某种或某类商品需求的总和；市场是买主、卖主力量的集合；市场是商品交换关系的总和。这些都是正确的，注意：不要单纯地把市场理解为商品交易的场所。

具体来说，市场由三要素构成：人、购买力和购买愿望。只有当三要素同时具备时，企业才拥有市场，或者说拥有顾客。具备三要素的市场称为营销市场，也称为现实有效市场。

与营销市场相对的概念为潜在市场。潜在市场是指存在潜在顾客、潜在需求的市场。潜在需求的种类有很多，包括：对现有商品不了解，尚未意识到的需求；对现有商品了解但无兴趣、不满意，尚无购买欲望的需求；对现有商品意识到、有兴趣，但尚无购买能力的需求；对尚未足量供应（缺货、脱销）的商品已意识到的需求；对尚未研制出来的可能的商品抱有期望的需求。

市场和需求不仅可以被发现和满足，而且可以被不断地创造、培育、开发出来。市场营销就是促成潜在市场向现实市场转化的现代"点金术"。"没有疲软的市场，只有疲软的企业。"认为市场疲软而无所作为的企业是不懂得营销、不善于营销的企业。营销的任务就是要将潜在市场转变为现实有效市场。

小链接

找"市场"

英国推销员上岛后大失所望，因为他看到岛民都光脚，没有穿鞋的习惯，认为没有市场。

美国推销员上岛后大喜过望，马上向厂部报告找到了一个大市场。经过一番努力，全体岛民都穿上了该厂的鞋。

讨论：对两国推销员而言，他们眼中的市场是同一个概念吗？

（七）市场营销系统

市场是由那些具有特定的需要或欲望，而且愿意并能够通过交换来满足这种需要或欲望的全部顾客所构成。因此，市场的大小取决于那些表示有某种需要，并拥有使别人感兴趣的资源，而愿意以这种资源来换取其需要的东西的人数。也就是说，买方构成了市场，卖方构成了行业。

如图1-2所示，卖方和买方通过四条通路联系起来。卖方把商品或服务传送到市场，反过来它们收到货币和信息。内圈表示货币和商品的交换，外圈表示信息与传播的交换。

在市场营销系统中，存在"四流"：物流、资金流、信息流和商流。

物流是指物质实体的流动过程；资金流是指资金的转移过程；信息流是指企业内部、企业与消费者、企业与企业之间的信息传输与交流过程；商流是指商品所有权的转移。信息流的质量与效率，决定了企业整个业务活动的质量与效率。

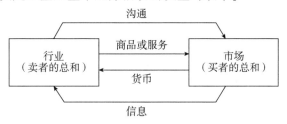

图1-2 市场营销系统示意

（八）营销组合

1. 4Ps 与 4Cs

1990年，美国学者罗伯特·劳特朋教授针对"4Ps"理论，提出了"4Cs"营销新理论，其核心主旨是：

（1）不要卖你所能制造的产品（Product），而是卖那些顾客（Customer）想要购买的产品，真正重视顾客。

（2）暂时不考虑定价（Price）策略，而去了解消费者为满足自己的需要和欲望会付出的成本（Cost）。

（3）暂时不考虑渠道（Place）策略，应考虑如何给消费者提供方便（Convenience）以购买到商品。

（4）暂时不考虑怎样促销（Promotion），而是应当考虑怎样沟通（Communication）。

2. 新4Cs

随着营销理论与实践的不断发展，"4Cs理论"又进一步演变为"新4Cs理论"，即Creativity（创意）、Communication（沟通）、Confrontation（对抗）、Coordination（协同）。

新4Cs理论强调创意的重要性。新颖、奇妙的创意可以吸引眼球，企业只有另辟蹊径，才能在同质化竞争中脱颖而出。新4Cs理论强调信息的交流与传递，企业应重视与客户的双向互动沟通，以提升客户的满意度，维系客户的忠诚度。新4Cs理论强调的"在竞争中合作，在合作中竞争"（"竞合"模式）已成为常态。原来互为竞争对手的企业如今通过错综复杂的关系网络已在一定意义上成为"合作伙伴"。

（九）市场营销

"现代营销学之父"菲利普·科特勒对市场营销做出的定义是：个人或团体通过创造、提供出售、并同别人自由交换产品和价值，来获得其所需所欲之物的社会过程。简而言之，市场营销是指比竞争对手更加有力地满足顾客的需要。

换句话说，市场营销是指在不断变化的市场环境中，以发现消费者需要为起点，以市场交换为中心，以满足市场需求为目标，以系统的产品销售或劳务提供为手段实现企业目标的一系列企业整体活动。市场营销的最终目标是"满足市场需求"。

需要注意："交换"是市场营销的核心。交换过程能否顺利进行，取决于营销者创造的产品和价值满足顾客需要的程度和交换过程管理的水平。

（十）营销管理

在市场上从事交易活动需要相当多的工作和技巧。营销管理（Marketing Management）是为了实现各种组织目标，创造、建立和保持与目标市场之间的有益交换和联系而设计的方案的分析、计划、执行和控制。

营销者并不创造需要，需要早就存在于营销活动出现之前。营销者连同社会上的其他因素，只是影响了人们的欲望。营销者力图通过使商品富有吸引力、适应消费者的支付能力和容易得到来影响需要。

营销的任务是帮助企业以达到自己目标的方式来影响需求的水平、时机和构成。营销管理实质上就是需求管理（Demand Management）。企业可以设想一个在目标市场上预期要达到的交易水平。同时，实际的需要水平可能低于、等于或者高于这个预期的需求水平。这就是说，可能没有需求、需求很小、需求很大或者超量需求，营销管理就是应对这些不同的需求状况，如表1-1所示。

表1-1 各类需求状况及其营销任务

潜在需求	缺乏购买欲望或（及）缺乏购买力的需求。有相当一部分消费者可能对某物有一种强烈的渴求，而现成的产品或服务却又无法满足这一需求。人们对于无害香烟、安全的居住区以及节油汽车等有一种强烈的潜在需求。营销任务是衡量潜在市场的范围，开发有效的商品和服务来满足这些需求
负需求	如果绝大多数人都对某个产品感到厌恶，甚至愿意出钱回避它，那么，这个产品市场便是处于一种负需求。人们对接种疫苗、拔牙和胆囊手术有负需求。这时，营销者的任务是分析市场为什么不喜欢这种产品，是否可以通过产品重新设计、降低价格和更积极推销的营销方案来改变市场的信念和态度
下降需求	每个组织或迟或早都会面临市场对一个或几个产品的需求下降的情况。营销者必须分析需求下降的原因，决定能否通过开辟新的目标市场、改变产品特色，或者采用更有效的沟通手段来重新刺激需求。营销任务便是通过创造性的产品再营销，以扭转需求下降的趋势
不规则需求	许多组织面临着每季、每天甚至每小时都在变化的需求。这种情况会导致生产能力不足或过剩的问题。在大规模的交通系统中，大量的设备在交通低潮中常常闲置不用，而在高峰时又不够用。平时博物馆参观的人很少，但一到周末，博物馆却门庭若市。营销任务则可以通过灵活定价、推销和其他刺激手段来改变需求的时间模式
充分需求	当组织对其业务量感到满意时，就达到充分需求。营销任务是在面临消费者偏好发生变化和竞争日益激烈时，努力维持现有的需求水平。各组织必须保证产品质量，不断地衡量消费者的满意程度，以确保企业的工作效率
超饱和需求	有些组织面临的需求水平会高于其能够或者想要达到的水平。营销的任务就是设法暂时地或者永久地降低需求水平，也就是不鼓励需求，它包括下列步骤：提高价格、减少推销活动和服务。例如，新加坡控制汽车需求的方法是通过定额制度限制新汽车登记，以保证每年固定的汽车数量增长
不健康需求	不健康的产品将引起有组织的抵制消费的活动。此时，营销的任务是劝说喜欢这些产品的消费者放弃这种爱好，采用的手段有传达其危害的信息、大幅度提价，以及减少供应等

营销人员通过营销计划、营销执行和营销控制来贯彻这些任务。在营销计划中，营销

者必须进行有关目标市场、市场定位、商品开发、价格制定、分销渠道、信息传播和促进销售等各项决策。之后，执行营销任务以实现企业的使命和目标。

第二节　营销观念

营销观念即企业经营指导思想。营销管理作为一种有意识的活动，是在一定的经营思想指导下进行的。有人曾把营销描述为在市场上达到预期交换结果的自觉努力。但用什么思想来指导这些营销努力呢？如何摆正企业、顾客和社会三者的利益关系呢？很显然，营销活动应该在效率、效果和社会责任营销方面经过深思熟虑而产生的某种哲学思想的指导下进行。

随着市场环境的变化，企业的经营实践也随之发生变化。每个企业无不是在其中某一个观念的指导下开展其营销活动，它们是生产观念、产品观念、推销观念、营销观念、社会营销观念、大市场营销观念。

（一）生产观念

生产观念产生于 19 世纪末至 20 世纪初的卖方市场下，市场需求旺盛，供应能力不足。其核心思想是生产中心论→重视产量与生产效率。营销顺序是企业→市场。生产观念的核心理念是"我能生产什么，我就卖什么"，可以用"我有你买"来形容。在生产观念的影响下，经营者们认为，消费者喜爱那些可以随处买到的、价格低廉的产品，因此秉承生产观念的企业管理层总是致力于获得高生产效率和广泛的分销覆盖面。

福特汽车公司最初采用的就是生产观念。亨利·福特去参观屠宰场，看见一整条猪被分解成各个部分，分别出售给不同的消费群体。受此影响的碰撞，在福特的脑海中产生了灵感，为什么不能把汽车的制造反过来，将汽车的生产像屠宰场的挂钩流水线一样，把零部件逐一安装起来，就可组装成整车。由于采用科学管理方法，创建了流水线作业，大大提高了工人的劳动生产率。由于汽车价格非常便宜，每辆 300 美元，以致福特汽车公司的工人都买得起。所以销售大增，最高一年达到 100 万辆。甚至，亨利·福特说："不管顾客需要什么类型的车，我们只提供黑色 T 型车。"

（二）产品观念

产品观念产生于 20 世纪早期的卖方市场，消费者欢迎高质量的产品。产品观念的核心思想是激励品质提高，忽视市场需求，因此容易犯"营销近视症"。营销顺序也是企业→市场。产品观念的核心理念是"只要产品质量好，自然会顾客盈门"，可以用"我好你买"来形容。产品观念表现为重产品生产轻产品销售、重产品质量轻顾客需求。"酒香不怕巷子深"就是一种典型的"产品观念"。

某办公用公文柜的生产商，过分迷恋自己的产品质量与追求精美。生产经理认为，他们生产的公文柜是全世界质量最好的，从四楼扔下来都不会损坏。当产品拿到展销会上推销时却遇到了强大的销售阻力，这使得生产经理难以理解，他觉得产品质量好的公文柜理应获得顾客的青睐。销售经理告诉他，顾客需要的是适合他们工作环境和条件的产品，没有哪一位顾客打算把他的公文柜从四楼扔下来。

（三）推销观念

推销观念产生于 20 世纪 30—40 年代，那时卖方市场开始向买方市场过渡，部分产品出现了供过于求的现象。推销观念的核心思想是运用推销与促销来刺激需求的产生。其营销顺序是：企业→市场。推销观念的核心理念是"我卖什么，就设法让人们买什么"，可以用"我劝你买"来形容。

推销观念认为，消费者通常表现出一种购买惰性或者抗衡心理，如果对消费者听其自然的话，他们不会足量购买某一组织的产品。因此，需要去劝说他们多买一些。基于此，企业必须主动推销和积极促销，可以利用一系列有效的推销和促销工具去刺激他们大量购买。企业把销售视为唯一提高利润的途径，认为最重要的营销活动就是人员推销、广告和分销。

1930 年左右，美国的皮尔斯堡面粉公司发现推销它的产品的中间商，有的开始从其他厂家进货，为了寻求中间商，公司的经营口号由"本公司旨在制造面粉"改为"本公司旨在推销面粉"，并第一次在公司内部成立了市场调研部门，派大量的推销人员从事推销业务。面粉公司把经营口号改为"推销面粉"，可以看出在那个年代，企业对推销的重视。

（四）营销观念

营销观念产生于 20 世纪 50 年代的买方市场。那时盛行消费者主权论，企业必须发现消费者需求并设法满足需求。营销观念的营销顺序为：市场→企业→产品→市场。营销观念的核心理念是"顾客需要什么，我就生产什么"或"生产顾客所需要的"。

营销观念认为，实现企业目标的关键在于正确确定目标市场的需要和欲望，并且比竞争对手更有效、更有利地传送目标市场所期望满足的东西。

📖 小链接

通用汽车公司的营销观念

第二次世界大战以前，福特汽车公司依靠老福特的黑色 T 型车取得辉煌的成就，但老福特过分相信自己的经营哲学，不管市场环境的变化、需求的变动。而通用汽车公司的创始人斯隆，觉察到战争给全世界人民所带来的灾难，特别是从战场回来的青年人，厌倦了战争的恐怖与血腥，期望充分的享乐，珍惜生命。因而，对汽车的需求不再只满足于单调的黑色 T 型车，希望得到款式多样、色彩鲜艳、驾驶灵活、体现个性、流线型的汽车。通用公司抓住需求变革的时机，推出了适应市场需要的汽车，很快占领了市场，把老福特从汽车大王的位置上拉了下来，取而代之成了新的汽车大王。

营销观念的四大支柱是目标市场、顾客需要、整合营销和盈利能力。营销导向采用从外向内的顺序。它从明确的市场出发，以顾客需要为中心，协调所有影响顾客的活动，并通过创造性的顾客满足来获取利润。

目标市场是对企业最具有吸引力，能成为其营销机会，且企业能有效地满足顾客需求，故决定进入的特定市场。简而言之，目标市场是企业投入资源、为之服务的市场。

整合营销需要从顾客角度出发，将包括产品管理、营销调研、销售人员、广告等在内的各种营销职能进行彼此协调。

营销的目的是帮助企业达到其目标。对于企业而言，其主要目标是获取利润，应依靠比竞争者更好地满足顾客需要来获取利润。

（五）社会营销观念

社会营销观念产生于20世纪70年代。在环境恶化、资源短缺、人口爆炸、世界性饥荒和贫困，社会服务被忽视的年代里，在了解、服务和满足个体消费者需要方面干得十分出色的企业，也未必能满足广大消费者和社会的长期利益。例如，快餐行业提供可口的然而是营养并不均衡的食品，汉堡脂肪含量太高，油煎食品含有过多的淀粉和脂肪，出售时采用的方便包装导致了过多的包装废弃物。在满足消费者需求方面，它们可能损害了消费者的健康，同时污染了环境。

基于此，消费者权益运动蓬勃兴起，人们开始关注消费者和社会的长远利益。社会营销观念的核心是实现顾客需求、社会利益与盈利目标的"三得利"。营销顺序是：市场及社会利益需求→企业→产品→市场。社会营销观念是市场营销观念的补充和修正。

社会营销观念包含公益营销观念、理智营销观念和人本营销观念。公益营销观念的核心理念是保护环境，实现可持续性发展；理智营销观念的核心理念是教育消费者理智消费；人本营销观念的核心理念是以人为本。

社会营销观念认为，企业在开展营销活动时要考虑社会与道德问题。企业必须平衡顾客需求、社会利益与盈利目标之间的关系。许多公司通过实践社会营销观念，取得了令人瞩目的成绩。

沃尔沃号称全球最安全的汽车，其秉承的就是社会营销观念。一份来自有关权威机构的汽车安全报告表明，在对12个强劲的汽车品牌所做的新车撞击鉴定测试中，奔驰、宝马等名车只获得两颗星，而唯一获得四颗星的是来自瑞典的沃尔沃（VOLVO）。沃尔沃对安全的注重坚持不懈。从20世纪40年代的安全车厢到60年代的三点式安全带，再到90年代的防侧撞保护系统，它在安全领域有许多独特的发明。另外，沃尔沃也看到了汽车污染是人类一大公害，随着社会的发展，这一危害越来越重。早在1972年瑞典斯德哥尔摩召开的第一届联合国环境会议上，沃尔沃公司就率先提出了自己的环保计划，并于1988年创立了"沃尔沃环境奖"，奖金高达150万瑞典克朗，旨在奖励那些在科学和经济学领域为环保做出杰出贡献的人。

香港汇丰银行多年来在各地区开展以关心自然为宗旨的环境保护活动。围绕着"保护自然是保护我们自己"这一主题，香港汇丰银行不仅广泛开展环境保护教育，唤起公众环保意识，还积极投资于环境项目的建设：在印度尼西亚资助了一个名为威拉萨的生态保护观测项目；在马来西亚参与建设海洋生物保护区，并且每年出资帮助该国的丁家奴州清理海滩和吃珊瑚的海星；还为在新加坡专门进行珊瑚及海洋生物营救工作的项目提供资金。

（六）大市场营销观念

大市场营销观念产生于20世纪80年代，当时国际市场营销活动中经常面临贸易保护问题。大市场营销观念的核心思想是运用政治力量和公共关系打破贸易壁垒，包含"4P+2P"即"6P"要素，即在"产品、价格、渠道、促销"基础上加上"政治力量和公共关系"。

在公共关系方面，美国花旗银行的做法可谓别具一格，并具有深远意义，值得参考。花旗认为，它应该找更好的赞助渠道，让顾客、政府官员和社会大众更了解花旗的企业文化。因此，从 20 世纪 70 年代开始，花旗银行就长期赞助纽约爱乐管弦乐团在世界各地巡回演出，这不但为花旗建立了广泛的亲善关系，同时也为花旗开启了业务之门。而它的赞助行为和公关手法，又成为媒体报道的话题，各界纷纷盛赞花旗热心赞助文化艺术的行为，企业形象获得肯定。

第三节　国际市场营销

一、国际市场营销的内涵

国际市场营销（International Marketing）是企业根据国外顾客的需求，将生产的产品、提供的服务提供给国外的顾客，并最终获得利润的贸易活动。

国际市场营销是市场营销在空间上的扩展，是企业跨越国境的市场营销。它以满足世界多国消费者的需要作为企业生产经营的目标，以一套完整、系统的组织行为保证既定目标的实现。

国际营销的实质是企业通过为国外顾客提供满意的产品或服务获得合法利润的贸易活动。

国际市场营销是跨越国界的贸易活动，其范围非常广泛，以下均属于国际市场营销。

（1）商品运动，即货物的进出口。

（2）管理、会计、营销、金融和法律服务的交易。

（3）制造业、农业、矿产、石油生产、交通运输、信息媒体等有形资产的投资。

（4）商标、专利以及制造技术的许可证交易。

综上，国际市场营销的领域是包括研究一系列广泛活动的宽广领域，而上述这些活动又是在不同主权国家之间进行的，每个国家都有自己特殊的环境，从而使得每个从事国际市场营销的企业必须处理大量的问题。

二、国际市场营销与国际贸易的联系和区别

（一）国际市场营销与国际贸易的主要联系

国际贸易是国际市场营销的先导，国际市场营销活动出现初期是同出口贸易紧密联系的。国际贸易活动在先，国际市场营销活动在后。企业的国际市场营销又是一国国际贸易的组成部分。

（二）国际市场营销与国际贸易的区别

国际市场营销和国际贸易都是跨越国界的活动。国际市场营销的行为主体是企业，行为动机是追求企业利润，信息来源是企业的市场营销记录；国际贸易的主体是国家，行为动机是国际比较利益，信息来源是国际收支平衡表，从进口和出口两个方面进行衡量，如表 1-2 所示。贸易顺差亦称"贸易出超"，是一个国家在一定时期内的出口额大于进口额的现象。出现贸易顺差表明一国在对外贸易中处于较为有利的地位。贸易逆差亦称"贸易入超"，是指一个国家在一定时期内的进口额大于出口额的现象。出现贸易逆差表明一国在对外贸易中处于较为不利的地位。

表 1-2　国际市场营销与国际贸易的区别

从事领域		国际市场营销	国际贸易
1. 行为主体		企业	国家
2. 产品跨越国界		是	是
3. 行为动机		企业利润	比较利益
4. 信息来源		市场营销记录	国际收支平衡表
5. 市场活动	买卖行为	有	有
	仓储与运输	有	有
	定价	有	有
	产品开发	有	一般没有
	产品促销	有	一般没有
	渠道管理	有	没有
	市场调研	有	一般没有

三、企业开展国际市场营销的动因

(一) 国内市场竞争激烈，促使企业走向国际市场

国内企业众多，激烈的市场竞争给企业带来巨大的发展压力。因此，走向国际市场，寻求更多机会，成为企业的重要选择。

(二) 企业走向国际市场以便于延长产品的生命周期

发达国家、发展中国家、不发达国家之间存在技术差距，因此如果将 A 国进入市场生命周期衰退期的产品引入技术较为落后的 B 国，可以延长该产品的生命周期。

(三) 国际市场需求潜力巨大

截至 2022 年 3 月 21 日，全球 230 个国家人口总数约为 75.97 亿。因此，蕴含巨大需求潜力的国际市场对于企业而言具有极大的吸引力。

(四) 对低成本的追求

一些制造企业已在印度等人力成本更低的国家设厂，这就是出于对低成本的追求。

(五) 东道国丰富和廉价资源的吸引

在拥有丰富和廉价资源的东道国开展国际市场营销活动，可以大幅降低原材料采购成本及生产经营成本，从而可能获取更大利润。

(六) 本国政府的支持与鼓励

各国政府对鼓励出口的产品会给予出口退税等政策支持，这也将有助于企业依托政策红利获取更大利润。

(七) 东道国市场环境和基础设施条件的吸引

东道国拥有良好的市场环境和完善的基础设施条件，营造了良好的市场营销环境，有

利于企业开展营销活动。

小链接

捕捉苹果全球供应网络利润

美国学者曾披露的一份研究报告称，每售出一台 iPhone 手机，苹果公司就能获得其中利润的 58.5%，而作为主要的 iPhone 组装地，中国大陆相关从业者从中能获得的利润只有 1.8%。苹果公司每卖出一台 iPhone，就独占其中 58.5% 的利润；占有利润排在第二的是塑胶、金属等原物料供应国，占 21.9%；作为屏幕、电子元件主要供应商的韩国，分得了 iPhone 利润的 4.7%；其他利润分配依次是未归类项目占 4.4%，非中国劳工占 3.5%，苹果公司以外的美国从业者获得 2.4%，中国大陆劳工获得 1.8%，欧洲获得 1.8%，日本和中国台湾各获得 0.5%。

四、国际市场营销的演进

企业开展国际市场营销活动一般有一个从试探性进入不断加深参与程度的动态演进过程。

（一）国内营销阶段

在此阶段，企业以国内市场为自己的经营范围，企业并不积极培植国外客户，但有时企业的产品会销到国外市场，这可能是销售给贸易公司或者是由国内的批发商或分销商在生产商并非明确鼓励甚至并不知晓的情况下销到国外市场，或者是找上门来的国外客户向企业发出订单。这时的国际市场营销是非主动的、非直接性的。

（二）出口营销阶段

企业在生产经营过程中逐渐做大做强，生产的产品除在国内销售之外，开始进入国际市场，满足国际市场的需要。由于生产水平和需求水平的变化，产生了暂时的过剩，过剩时企业就考虑对外销售。然而，因过剩是暂时的，对外销售也是非经常性的，企业很少打算或者没有打算不断地维持国外市场，当国内需求增加时，就撤回对外销售活动。这一阶段，企业组织结构和产品很少变化，甚至没有变化。

（三）国际市场营销阶段

在国际市场营销的早期阶段，营销活动的重点放在国内市场。随着企业从事国际市场营销活动的增多，经营经验不断积累和丰富起来，企业日益重视国际市场顾客的需求及其变化，并深入地开展研究，理论与实践相结合，逐渐取得成功，使国际市场越做越大。

在此阶段，企业有永久的生产能力，从事货物生产，在国外市场连续销售，企业可以雇佣在国外的或国内的国外业务中间商，或者在重要的国外市场上设立自己的销售力量或销售子公司，经常性地开展间接出口或直接出口业务。此时，企业生产经营的中心服务于国内市场需求，国外市场是国内市场的延伸。随着海外需求的增加，企业积极开发国外市场，加强针对国外市场的生产能力，并调整产品以满足国外市场的需要，国外利润成为实现企业目标的一个重要方面。

（四）多国营销阶段

在这一阶段，企业以多中心主义为导向，认为国际市场是非常不同的市场，企业必须实施差异化策略，才能满足国际市场的需要，才能获得成功。

在此阶段，企业全面参与国际市场营销活动，在全球范围内寻求市场，有计划地将产品销往多国市场。企业不仅从事出口营销，并且在他国以合约或投资的方式进行生产，成为国际公司或跨国的营销公司，根据各国市场的不同需求而实施适应各国市场的营销战略。

（五）全球营销阶段

企业实行统一的营销战略，兼顾实行本土化营销策略。在这一阶段，企业实行以地理为中心的导向，产品战略强调的是适应、扩展和创新。

这是国际市场营销的最高阶段。企业从全球市场的共同需要出发，用统一的或一体化的营销组合，即统一的产品、服务、形象、渠道方式、价格档次、广告等，来满足全球市场的需要，从而最广泛地占领全球市场和在全球范围内实现资源的最优配置。此时企业已将世界市场，包括国内市场视为一个市场而不是一系列国家市场，通过经营活动的全球标准化使收益最大化。整个经营、组织机构、资金来源、生产和营销都从全球角度出发，企业的市场导向及其计划以全球市场为出发点发生了深刻变化。如可口可乐、麦当劳等跨国公司即以整个世界市场为"共同市场"制定企业战略规划。

五、国际市场营销学的研究对象和研究内容

（一）国际市场营销学的研究对象

国际市场营销学的研究对象主要是国际市场需求、国际市场营销活动以及国际市场营销规律。

（二）国际市场营销学的研究内容

国际市场营销学的研究内容包括国际市场营销环境、国际市场选择、国际市场调研、国际市场营销规划与组织、国际市场营销战略设计及国际市场营销策略选择等内容。

本章小结

需要是人与生俱来的，是营销活动的出发点。欲望是指人们想得到这些基本需要的具体满足物的愿望。需求是指人们有能力购买并且愿意购买某个具体商品的愿望。产品是指能够满足人的需要和欲望的任何事物。产品包括有形的产品、无形的服务以及某种新的思想和概念。服务是一种无形产品，它是将人力和机械的使用应用于人与物的结果。营销近视症是指过分重视有形产品，而忽视了顾客需求，没有真正把握市场营销的本质，难以把握顾客需求的变化。

顾客让渡价值是指企业转移的、顾客感受得到的实际价值。顾客让渡价值是指顾客总价值与顾客总成本之间的差额。顾客总价值包括产品价值、服务价值、人员价值和形象价值。顾客总成本包括货币成本、时间成本、体力成本和精力成本。

交换是指个人和集体通过提供某种东西作为回报，从他人那里取得所需东西的行为。交换一般包含以下五个要素：至少有两个以上的买卖者；交换双方都拥有另一方想要的东西或服务；交换双方都有共同及向另一方运送货物或服务的能力；交换双方都拥有自由选择的权利；交换双方都觉得值得与对方交易。

市场由人、购买力和购买愿望三要素构成。具备三要素的市场称为营销市场，也称为现实有效市场。

现代营销学之父菲利普·科特勒对市场营销做出的定义是：个人或团体通过创造、提供出售、并同别人自由交换产品和价值，来获得其所需所欲之物的社会过程。简而言之，市场营销是指比竞争对手更加有力地满足顾客的需要。

换句话说，市场营销是指在不断变化的市场环境中，以发现消费者需要为起点，以市场交换为中心，以满足市场需求为目标，以系统的产品销售或劳务提供为手段实现企业目标的一系列企业整体活动。市场营销的最终目标是"满足市场需求"。

营销观念即企业经营指导思想。每个企业无不是在其中某一个观念的指导下开展其营销活动的，它们是生产观念、产品观念、推销观念、营销观念、社会营销观念、大市场营销观念。生产观念的核心理念是"我能生产什么，我就卖什么"，可以用"我有你买"来形容。产品观念的核心理念是"只要产品质量好，自然会顾客盈门"，可以用"我好你买"来形容。推销观念的核心理念是"我卖什么，就设法让人们买什么"，可以用"我劝你买"来形容。营销观念的核心理念是"顾客需要什么，我就生产什么"或"生产顾客所需要的"。社会营销观念的核心是实现顾客需求、社会利益与盈利目标的"三得利"。社会营销观念是市场营销观念的补充和修正。社会营销观念包含公益营销观念、理智营销观念和人本营销观念。大市场营销观念的核心思想是运用政治力量和公共关系打破贸易壁垒，包含"4P+2P"，即"6P"要素，即在"产品、价格、渠道、促销"的基础上加上"政治力量和公共关系"。

国际市场营销是企业根据国外顾客的需求，将生产的产品、提供的服务提供给国外的顾客，并最终获得利润的贸易活动。

企业开展国际市场营销的动因包括：国内市场竞争激烈，促使企业走向国际市场；企业走向国际市场以便于延长产品的生命周期；国际市场需求潜力巨大；对低成本的追求；东道国丰富和廉价资源的吸引；本国政府的支持与鼓励；东道国市场环境和基础设施条件的吸引。

国际市场营销的演进包括国内营销阶段、出口营销阶段、国际市场营销阶段、多国营销阶段及全球营销阶段。

关键术语

需要　欲望　需求　产品　顾客让渡价值　交换　市场营销者　目标公众　市场　4Ps 营销组合　4Cs 营销组合　市场营销　国际市场营销　生产观念　产品观念　推销观念　营销观念　社会营销观念　大市场营销观念

复习思考题

一、单选题

1. 亨利·福特说："不论顾客需要什么类型的车，但我们只提供黑色T型车。"这反映的营销观念是（　　）。

A. 生产观念　　　　B. 产品观念　　　　C. 推销观念　　　　D. 市场营销观念

2. "桃李不言，下自成蹊"反映的营销观念是（　　）。

A. 生产观念　　　　B. 产品观念　　　　C. 推销观念　　　　D. 市场营销观念

3. "王婆卖瓜，自卖自夸"反映的营销观念是（　　）。

A. 生产观念　　　　B. 产品观念　　　　C. 推销观念　　　　D. 市场营销观念

4. 最容易导致企业出现"营销近视症"的营销观念是（　　）。

A. 生产观念　　　　B. 产品观念　　　　C. 推销观念　　　　D. 市场营销观念

5. 下列各种市场中，市场规模最大的是（　　）。

A. 购买者多，购买力低，有购买欲望

B. 购买者多，购买力高，无购买欲望

C. 购买者多，购买力高，有购买欲望

D. 购买者少，购买力高，无购买欲望

6. 下列各项不能提高顾客让渡价值的是（　　）。

A. 成本因素不变，价值因素降低

B. 价值因素不变，降低顾客需要付出的货币成本

C. 成本因素不变，价值因素提高

D. 价值因素不变，降低顾客需要付出的时间成本

7. 企业开展反营销，投放反广告，旨在教育消费者理智消费。这体现了（　　）。

A. 推销观念　　　　　　　　　　B. 生产观念

C. 市场营销观念　　　　　　　　D. 社会市场营销观念

8. 国际市场营销学的研究中心是（　　）。

A. 实现企业利益最大化　　　　　B. 追求成本最低

C. 促进国与国之间的友谊　　　　D. 国外顾客需求

9. 开展国际市场营销的主力军是（　　）。

A. 大型国企　　　　B. 跨国公司　　　　C. 中小民营企业　　　　D. 政府机构

10. 市场营销的4P策略除了产品、价格和渠道外，还有（　　）。

A. 分销　　　　　　B. 推销　　　　　　C. 直销　　　　　　D. 促销

二、判断题

1. 营销近视症是指过分重视有形产品，而忽视了顾客需求，没有真正把握市场营销的本质，难以把握顾客需求的变化。（　　）

2. 需要是指有能力且愿意购买某个具体产品的欲望。（　　）

3. 顾客让渡价值是指顾客总价值与顾客总成本的差额。（　　）

4. 国际市场营销是国际贸易的先导，国际贸易是国际市场营销的组成部分。（　　）

5. 出口、授权国外生产、在海外建立营销机构及海外生产海外营销等都属于国际营销。（　　）

三、简答题

1. 什么是顾客让渡价值？如何提升顾客让渡价值？
2. 绘制营销观念发展演进图。
3. 企业开展国际市场营销的动因有哪些？
4. 国际市场营销的演进分为哪几个阶段？每个阶段各有什么特征？

案例讨论

德国运动品牌彪马的业绩被新冠肺炎疫情重创。2020年一季度，彪马八成门店关闭，净利润大跌62%，而二季度业绩预期将比第一季度更糟糕。在疫情中，阿迪达斯、耐克等运动品牌巨头都遭遇发展危机，目前正在疯狂打折自救。随着我国疫情防控形势趋稳，中国市场将成为国外运动品牌的"救命稻草"。

彪马2020年一季度财报数据显示，受疫情影响，以中国游客为主要推动力的新加坡、马来西亚、日本和韩国等亚太市场的销售额同比下降12%。然而，亚太市场一直是彪马非常重视的市场。2019年，彪马全球销售额首次突破50亿欧元。其中，亚太地区销售增长尤为强劲，大中华区和印度是主要驱动力。

彪马首席执行官比约恩·古尔登曾表示，彪马正努力了解中国消费者的心态，探知他们感兴趣的领域，并围绕他们的消费意愿做更多的营销规划。

目前，亚太市场销售额下滑对彪马来说无疑是一次沉重的打击。虽然其在中国的多数工厂已恢复生产，海外物流也基本恢复运营，但彪马预计短期内其销售额不会恢复到正常水平。此外，彪马已经通过信贷来维持现金流。彪马日前宣布，将获得总计9亿欧元的信贷额度。

除了彪马，阿迪达斯、耐克的市场表现也不尽如人意。阿迪达斯2020年第一季度净利润大跌96%至2 600万欧元，其全球七成门店处于关闭状态。此外，阿迪达斯来自大中华区的收入自2020年1月底以来出现大幅下降，销售额减少8亿欧元，骤降58%。阿迪达斯方面表示，其二季度销售额将受到更大冲击。

目前，上述运动品牌巨头在中国已开启疯狂自救模式，主要以电商平台的打折活动为主。其中，彪马天猫官方店部分商品三折，阿迪达斯天猫官方旗舰店部分商品五折，耐克天猫官方旗舰店产品七折。

服装行业专家刘亮向中国商报记者表示，由于消费习惯不同，中国消费者喜欢在电商平台上购物，而国外消费者更倾向于在实体店购物，折扣对于国外消费者而言吸引力并不大，因为国外消费者更重视消费体验。目前，国外运动品牌的大部分实体门店处于关闭状态，所以他们的精力基本上都将集中于中国的电商业务。随着中国的疫情防控形势趋稳，这些运动品牌一定会首先刺激中国的消费市场来减轻库存压力，从而获得利润。

耐克集团总裁唐若修表示，耐克通过借鉴中国的经验可以更有效地应对疫情在其他市场出现的消极影响。他表示，大中华区有望在2020年秋天恢复业绩增长。

阅读以上案例，回答如下问题：

受疫情重创的国外运动品牌"拥抱"中国市场的原因何在？

资料来源：中国商报/中国商网（记者 颉宇星）《彪马全球八成门店关闭 中国市场成"救命稻草"》2020-05-10

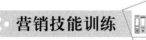 **营销技能训练**

　　资料搜集与研讨：结合本章所学知识，结合国内营销实践，分小组搜集不同行业、不同类型的中国企业国际营销案例，对比分析国内外市场营销的差异，分析中国企业开展国际营销中遇到的问题，并对搜集到的案例进行汇报、研讨。

第二章　国际市场营销环境分析

学习目标

知识目标

掌握国际市场营销环境的概念和特点；掌握国际市场营销政治法律、经济、社会文化和技术环境的分析要素；认识企业如何应对国际市场营销环境的变化；了解大数据营销环境的基本特征。

技能目标

能够分析不同企业的国际市场营销环境；能够帮助企业制定国际营销战略；能够了解目前大数据营销环境下的环境分析技巧。

思政目标

培养学生严谨的治学态度，增强学生的战略分析意识，倡导理论与实践紧密结合，践行社会主义核心价值观。

导入案例

RCEP 给企业带来的机遇和挑战

《区域全面经济伙伴关系协定》（Regional Comprehensive Economic Partnership，RCEP）是 2012 年由东盟发起，历时八年，由包括中国、日本、韩国、澳大利亚、新西兰和东盟十国共 15 方成员制定的协定。2020 年 11 月 15 日，第四次区域全面经济伙伴关系协定领导人会议以视频方式举行，会后东盟十国和中国、日本、韩国、澳大利亚、新西兰共 15 个亚太国家正式签署了《区域全面经济伙伴关系协定》。2022 年 1 月 1 日，《区域全面经济伙伴关系协定》（RCEP）正式生效，首批生效的国家包括文莱、柬埔寨、老挝、新加坡、泰国、越南东盟 6 国和中国、日本、新西兰、澳大利亚非东盟 4 国。2022 年 2 月 1 日起 RCEP 对韩国生效。2022 年 3 月 18 日起对马来西亚生效。

《区域全面经济伙伴关系协定》是亚太地区规模最大、最重要的自由贸易协定，达成后将覆盖世界近一半人口和近三分之一贸易量，成为世界上涵盖人口最多、成员构成最多元、发展最具活力的自由贸易区。各方推动 RCEP 生效的态度都很积极，协定在 6 个东盟国家和 3 个非东盟国家批准后，就可先行生效实施。通俗地讲，就是中日韩加东南亚十国再加上澳大利亚、新西兰这 15 个国家之间 9 成商品要实行零关税。

2022 年 1 月 1 日零点，RCEP 协定生效后全国首份 RCEP 原产地证书和山东首笔出口退税申请在青岛完成办理。2022 年 2 月 7 日，南京海关所属苏州工业园区海关为维苏威高级陶瓷（中国）有限公司签发江苏自贸试验区首份出口韩国的 RCEP 原产地证书，货物为工业用陶瓷制品，货值 13.9 万美元。采用 RCEP 证书后，该批货物适用税率从原先的最惠国税率 8% 降至 0%，享受关税优惠约 7 万元。2022 年 2 月 15 日讯，记者 14 日从江门海关获悉，根据统计，在《区域全面经济伙伴关系协定》（RCEP）实施首月，江门海关共为关区 40 多家企业签发 RCEP 出口原产地证书 183 份，货值 6 406 万元，有效帮助企业降低关税成本。

当然降税也不是一蹴而就的，RCEP 是东方的比较渐进的模式，一步一步走，分阶段走，逐步实现。RCEP 的开放既要照顾发达经济体，也要照顾不发达的经济体，所以注定是要一步一步来的。

对于个人来说，出入境更方便，尤其预计新冠疫情结束后，会爆发出入境旅游潮。协定中各方承诺，区域内各国的投资者、公司内部流动人员、合同服务提供者、随行配偶及家属等各类商业人员，在符合条件的情况下，可获得一定居留期限，享受签证便利，开展各种贸易投资活动。可以预期到，后续各国即将出台的相关配套政策如免签、落地签以及配套的旅游、餐饮等消费优惠，也会让个人的出国旅行更加便利，花费更低。

对于企业的影响，首先是进口成本降低。要说这次协议与以往相比最大的突破，就是日本的加入。毕竟在 RCEP 之前，已经有中国-东盟、中韩、中国-澳大利亚等很多自贸协定了。而从日本进口的商品中零关税的大头，就是汽车零部件，在降低原材料成本这方面，日系车企受益之大不言而喻。尤其是中日合资车企，有机会大幅度降低单车成本。

企业的普惠门槛降低。RCEP 作为目前全球最大的贸易组织，在它的一系列规则中，原产地累积规则可谓是把降低关税的力量发挥到了极致。15 个缔约国之间交易的商品里，来自这 15 国的原材料，都可以进入原产资格认定的计算范围，从而降低关税减让的门槛。这样产品获得原产地资格就容易多了。

站在 RCEP 风口上，对企业来说大量市场空白亟待抢占，各国大量的空白市场可以进军。日本计划于 2035 年实现全面使用电动汽车，但日本目前只有松下具备较强的电池供给能力，且价格不菲。整车领域，2020 年日本新能源汽车销量仅 3.1 万辆，仅为同期我国新能源汽车销量的 2.3%，可见日本新能源汽车市场空白之大。中国的电动汽车企业正面临较好的市场机遇。同时中国有全世界最大的锂电池生产能力，宁德时代、比亚迪都是行业翘楚，潍柴动力在氢能源领域也保持持续投入。零税率的鼓励政策，海外市场对我国动力电池的需求必将加大。

电商企业迎来巨大机遇。RCEP 不只是为传统的进出口贸易降税，在它庞大的 20 个篇章里，专门为电商制定了亚太地区第一个范围全面、水平较高的统一规则。在此之前，习惯线下贸易的东盟十国对电商的接纳度并不高，让中国电商企业开辟市场尤为艰难。然而疫情期间，对电子商务的需求大幅度上升。

资料来源：招商武汉《正式生效！RCEP 将这样影响你的生活》2022-01-04；海关总署《RCEP 正式生效 青岛海关签发全国首份 RCEP 原产地证书》2022-01-05

企业总是在一定的不断变化的营销环境中开展营销活动。企业首先必须适应、服从环境，但企业作为有主观能动性、创造性的人的集合体，对环境又有反作用。营销环境可以分为微观环境和宏观环境。微观环境是指环境中直接影响企业营销活动的各种行动者，如顾客、供应商、竞争者、营销中介和社会公众。宏观环境是指环境中间接影响企业营销活动的不可控制的较大的社会力量，如政治、法律、经济、人口、技术和文化等。国际市场营销更侧重于对宏观环境进行分析。PEST是最常用的国际市场营销宏观环境分析工具，包括政治法律环境、经济环境、社会文化环境和技术环境四个分析要素。

第一节 国际市场营销政治法律环境

企业的国际市场营销决策在很大程度上受某一国家政治法律环境的影响。法律是充分体现政治统治的强有力形式，政府部门利用立法及各种法规表现自己的意志，对企业的行为予以控制。政治法律环境由法律、政府机构和在社会上对各种组织及个人有影响和制约的集团构成。国际营销环境中政治法律环境更加复杂多变。

各国政府对环境的影响，是通过政府政策、法令规定，以及其他限制性措施而起作用的。政府对外商的政策和态度，反映出其改善国家利益的根本想法。因此，企业在进入一个国家之前必须尽可能评估该国的政治环境和法律环境。

一、国际市场营销政治环境

一国的政治环境主要包括：政府和政党体制、政府政策、民族主义以及政治风险等。

（一）政府和政党体制

国际营销人员要注意了解现政府的构成及其对经营和外商的主要政策。政府是保守的、中立的还是激进的？目前的商业政策是鼓励自由经营体制还是鼓励国家所有制？

国际市场营销人员要特别注意政党对外商和外国政府的态度。因为企业常被看成是一个国家的代表，特别是一些强势企业，它甚至是一个国家的象征。国际市场营销不仅要研究具有代表性政党的基本主张，还要研究整个国家的政党体制，因为每一政党的主张都会对政府政策起到影响作用。总之，一个企业要想在国际市场运营，就必须研究政府的主张，并且尽可能考虑其政治发展的长远方向。

（二）政府政策

政府政策的稳定性直接影响企业经营战略的长期性。尽管政府政策始终处于某种渐变状态，但企业首要关注的是一国对外政策的根本性变化。这种根本变化可以定义为不稳定性。国际营销中政治环境的不稳定性可以从以下几方面入手分析。

（1）政权的频繁更替。

（2）东道国政局不稳还表现在频繁发生暴力事件、治安混乱和示威游行等方面。

（3）文化分裂是政治不稳定的又一因素。

（4）宗教对立经常是政治动荡的根源。

（三）民族主义

尽管政党和政府的更替可能会引起政府—企业关系的不稳定变化，但当今世界影响国际营销最关键的政治因素应数强烈的经济民族主义。

民族主义认为，一国的经济发展要更多地依靠本国自己的经济力量，要特别维护本国民族工业的发展。

人们要认清一个基本事实：无论哪一个民族国家，不管它做过什么保证，也不会容忍外国公司对其市场和经济的无限渗透，特别是在东道国认为外商的决策没有顾及本国的社会经济发展需要时。即使在外国企业较少的美国，国会也颁布一些条款，限制外商的侵入。

民族主义对外国企业的影响，无论在发达国家还是发展中国家都是一样的，只是激烈程度不同而已。但是，所有的东道国都会在其国内控制利润和借贷，控制外商对本国公司的冲击（如削减进口，推动本国产品出口），控制外资对本国企业的投资规模等。

（四）政治风险

政治风险来自东道国未来政治变化的不确定性，和东道国政府对外国企业未来利益损害的不确定性。政治风险不同于政治不安定，能够导致企业潜在经营危机的不稳定、不确定。它一般包括四类：总体政局风险、所有权控制风险、经营风险、转移风险。

总体政局风险产生于企业对东道国政治制度前景认识的不确定性。例如，2022年年初的俄乌战争，导致很多企业不得不选择站队，经营受到巨大损失。政局不稳定不一定会迫使企业放弃投资项目，但肯定会干扰企业经营决策和获利水平。

所有权控制风险产生于企业对东道国政府注销或限制外商企业行为认识的不确定性。这类风险包括政府的没收和国有化行为。本次俄乌战争导致多起、多个国家之间的资金没收行为。

经营风险产生于企业对东道国政府控制性惩罚认识的不确定性。它主要表现在对生产、销售、财务等经营职能方面的限制。

转移风险主要产生于对东道国政府限制经营所得和资本的汇出认识的不确定性。转移风险还包括货币贬值的风险。

二、国际市场营销法律环境

法律代表一个国家书面的或正式的政治意愿。在这种意义上，一个国家的政治与法律制度是密切相关的。国际市场营销的法律环境是由企业本国法律（国内法律）、国际法律和东道国法律组合而成的。

（一）国内法律

许多国家为了保护国内市场、增加国内就业机会，以及更好地与国际惯例接轨，都制定了明确的法律规定。其内容大体包括三个方面：出口控制、进口控制、外汇管制。

（二）国际法律

国际法是调整交往中国家间相互关系，并规定其权利和义务的原则和制度。国际法的主体，即权利和义务的承担者一般是国家而不是个人。其主要依据是国际条约、国际惯例、国际组织的决议，以及有关国际问题的判例，等等。这些条约或惯例可能适用于两国间的双边关系，也可能适用于许多国家间的多边关系。尽管国际上没有一个相当于各国立法机构的国际法制定机构，也没有一个国际性执行机构实施国际法，也没有实际的法官去裁判国际法，国际法依然在国际商业事务中扮演了重要的角色。例如世界贸易组织（WTO）对其成员规定了若干经济实践准则。尽管这些规定并不直接对各个公司发生作用，但是它们提供了一个较为稳定的国际市场环境，从而间接地促进了公司的国际营销活动。

目前，世界上对于国际市场营销活动影响较大的国际经济法，主要有以下几个方面的立法：保护消费者利益的立法、保护生产制造者和销售者的立法、保护公平竞争的立法和调整国际间经济贸易行为的立法。

（三）东道国法律

影响国际市场营销活动最经常、最直接的因素是目标市场国即东道国有关外国企业在该国活动的法律规范。

1. 法律制度的两大体系

目前，世界上大多数国家现行的法律制度，大致可分为两大体系：成文法系和习惯法系。

成文法又称大陆法，法国、德国和其他一些欧洲大陆国家，以及南美洲各国、日本、土耳其、中国等国家的法律制度，都属于成文法体系。成文法系最重要的特点就是以法典为第一法律渊源。在实行成文法的国家，明确的法律条文非常重要。成文法系国家的司法不是依据法院以前的裁决，同样的条文，可能产生解释上的偏差。这样就使国际营销人员面临一个不确定的法律环境。

习惯法系又称不成文法或普通法。习惯法系最重要的特点是以传统导向为主，重视习惯和案例，过去案例的判决理由对以后的案件有约束力，即所谓的先例原则。近年来英国、美国等国家制定了大量的成文法，作为对习惯法的补充，但是合同法与侵权行为法仍为习惯法。

不同的法律制度对同一事物可能有不同的解释。因此，国际市场营销者在进行国际市场营销时，必须对国外市场的法律环境进行慎重而明确的分析。

2. 东道国法律对营销的影响

由于各国法律体系极其复杂，这里只讨论对营销有重要影响的。

（1）对产品的影响。

由于产品的物理和化学特性事关消费者的安全问题，所以各国都对产品有详细的法律规定。例如，各国对医药的包装都有特殊的规定。有关标签的法律要求更严格。一般来说，标签上须注明的项目包括：产品的名字；生产商或分销商的名字；产品的成分（来源）或使用说明；重量（净重或毛重）；产地。品牌名称和商标的法律要求也不一致。世界许多主要大国都是"巴黎同盟"或其他国际商标公约的成员国。因此，这方面的要求比较统一。可是，成文法系国家与习惯法系国家关于品牌或商标所有权的法律处理截然不同。前者实行"注册在先"，而后者则实行"使用在先"。因此，必须了解在什么地方和什么情况下会发生侵权问题。

（2）对定价的影响。

如何控制定价是世界各国普遍遇到的问题。许多国家对"维持再售价格"（Resale Price Maintenance，RPM）都有法律规定。但是，"维持再售价格"的范围和方式因国而

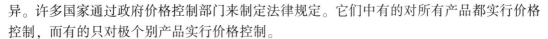

异。许多国家通过政府价格控制部门来制定法律规定。它们中有的对所有产品都实行价格控制，而有的只对极个别产品实行价格控制。

（3）对广告的影响。

在国际营销中，关于广告的争议最多，而且广告也最易受到控制。世界上大多数国家都制定有关于广告的法律规定，许多国家的广告组织也有自己的约束准则。例如，新西兰关于广告的法律条令不少于33个。世界各国的广告规则有如下几种形式：一是关于广告词的可信度。例如，很多国家不允许使用比较性广告和"较好"或"最好"的广告词。二是限制为某些产品做广告。例如，英国、中国都不许在电视上做烟草广告。三是限制促销技巧。例如，佣金的规模、价值和种类也被许多国家明确限定，佣金只能占产品销售额的有限部分和佣金的使用只能与该项产品有关，也就是说，汽车的广告佣金不能用来做洗发水的广告等。

（四）解决国际贸易争端的途径

在国际商务中，难免要发生争议。一般发生法律纠纷的双方有三种情况：一是政府间；二是公司与政府间；三是两家公司间。政府间的争议可诉诸国际法庭，而后两种争议则必须由有关双方中的一方所属的国家法庭进行审理或仲裁。这里有几个重要的问题需要考虑。

1. 法庭和法律的选择问题

国内法律只适用于一国之内的营销。当两个不同国家的当事人之间发生商务争端时，最重要的问题是要明确诉诸哪种法律。如果交易双方没有对裁决事项有共同协议，一旦发生纠纷，国际营销人员就将面临两种选择：以签订合同所在地的法律作为依据，或以合同履行所在地的法律作为依据。

一般来说，如果合同中没有写明以何地法律为准，多以签订合同所在地的法律为准。但是为了降低不确定性，避免不必要的矛盾，国际营销者在签订合同时应该写明裁决方式。

2. 诉讼问题

有很多原因使企业不愿打官司。除了花费大、拖延时间长和使事情更加恶化外，还有以下一些原因：害怕产生不好的名声，以致影响公共关系；害怕外国法院的不公正待遇；害怕泄密等。

企业在发生国际商业争端时往往愿意通过较为和平的方式（协调、调解和仲裁）解决问题。

3. 仲裁问题

仲裁一般可以避免诉讼的缺点：裁决快、费用省。而且由于仲裁过程秘密并且不存在敌意行为，所以对商誉没有破坏性影响。正是由于仲裁具有调节特点，所以国际商务中大约有1/3的案件在裁决之前就通过当事人直接对话解决了。仲裁期间，允许当事双方一面争议一面继续做生意，所以避免了更大的损失。仲裁的依据不是法律条文，而是基于对事实的公道处理，争执双方也因此而不必诉诸对方的国家法庭。正因如此，仲裁在解决国际商务争端中的作用越来越大。国际上较为知名的仲裁机构有：中国国际经济贸易仲裁委员会，美国仲裁委员会，美加商业仲裁委员会，伦敦仲裁法庭，荷兰仲裁协会等。

各个国家都会运用法律来促进和规范外来企业，不同的时期，不同的目的，会有不同的侧重。企业进入国际市场，就要通晓东道国相关的法律制度，特别是关税、反倾销、进出口许可、限制贸易等方面的法律法规。

第二节　国际市场营销经济环境

任何事物的存在和发展都离不开特定环境的影响，国际市场营销活动更是如此。因为国际市场营销环境更加复杂多变。成功的企业应该善于识别各种环境变化带给自己的机会和威胁，从而发现那些尚未满足的需要并从中获益。从本质上看，市场营销活动就是营销者努力使企业可控制的因素同外界不可控制的因素相适应的过程。因此，认识与分析营销环境成为营销管理的基础和重要内容，而对环境的认识和分析过程也就是不断地发现机会和识别威胁，以选择达到企业营销目标最佳途径的过程。

时刻监视和分析国际环境变化，以期捕捉到长期的方向、短期的趋势以及时尚（更短的波动）的机会。作为一个开放的系统，企业的所有活动都发生在一定环境中，并不断地与外界环境发生着这样或那样的交流；从外界吸纳各种物质和信息资源的同时，也通过企业自身的活动，输出产品、劳务和信息，对外界施加影响。企业的营销活动也是这样一种促使企业内外资源发生交流的活动。

企业对营销环境的影响主要表现在两方面：首先，营销环境虽然有不可控性，企业仍可借助科学的营销研究手段认识并预测环境的变化趋势，及时地调整营销计划。例如，目前许多企业意识到消费者对线上沟通交流以及游戏的需求，纷纷开发各种线上教育平台和网游产品，力争在市场竞争中获得先机。其次，企业可以通过各种宣传手段，如广告、公共关系等，来创造需求、引导需求，促使某些环境因素向有利的方向发展变化。在现实生活中，绝大多数的消费流行或时尚潮流都是由企业所创造出来的。例如预制菜行业，过去人们会觉得它不新鲜、营养流失等，随着企业的大力宣传和人们对便捷性、方便性的追求，已经开始逐步被消费者接受并推广。

从企业的营销实践来看，企业对环境的反作用既受企业实力影响，也与环境因素本身有关。一般说来，企业对微观环境的影响比对宏观环境的影响更容易做到积极应对。这显然是因为企业与其微观环境因素联系得更紧密，互相作用更直接。企业可以通过自身的营销努力去适应甚至改变这些因素。

一、经济发展阶段

世界经济发展极度不平衡，一个国家所处的经济发展阶段不同，居民可支配收入高低不同，消费者对产品和服务的需求不同，从而直接或间接地影响到国际市场营销环境。对不同经济发展阶段的国家，应采取不同的市场营销策略。

世界各国经济的发展大致可归纳为下列五大阶段。

（一）传统社会

处于传统社会阶段的国家，生产力水平低下，应用传统技能组织生产，文盲或半文盲占很大比例，甚至有些地方尚处在以农牧业为主的经济状态中。这是一个十分有限的国际营销市场。

（二）起飞前夕

起飞前夕阶段是经济起飞阶段的过渡时期。在此阶段内，现代的科学技术知识开始应用在工农业生产方面，各种交通运输、通信及电力设施逐渐建立，人们的教育及保健亦受到重视，只是规模还小，不能普遍施行。这些国家通常会出现收入和财富分配不均，贫富悬殊，中产阶级不多。因此进口产品的种类和档次差异很大。

（三）起飞阶段

起飞阶段的经济，大致已形成了经济成长的雏形，各种社会设施及人力资源的运用已能维持经济的稳定发展，农业及各项产业逐渐现代化。这类国家工业发展具有一定规模，国民生产总值增长比较快，开始出现消费能力极强的中产阶级，第二产业占国民生产总值的比重越来越大。这些国家往往需要进口先进的机器设备等，以完善自己的工业体系，一些贸易摩擦也开始出现。

（四）趋向成熟阶段

起飞阶段的后一个时期就是趋向成熟阶段。在此阶段内，不但能维持经济的长足发展，而且更现代化的科技手段也应用于经济活动中。同时，在此阶段的国家，都能多方面地参加国际市场营销活动。在这些国家中，大量稳定的中产阶级出现，消费者的购买动机注重产品特性和质量，喜欢高质量、高档定型的产品。这些国家出口大，进口也大，进口产品各种各样，包括原料、半成品、劳动密集型产品、奢侈品，等等，是国际营销规模较大的市场。

（五）高度消费阶段

在高度消费阶段，注重永久性消费产品及各项服务业的发展，个人收入猛增，公共设施、社会福利设施日益完善，整个经济呈现大量生产、大量消费状态。在这些国家中，整个社会"富有"和"贫穷"的人数极少，大多数消费者属"中产阶级"。消费者偏重理智动机，极少情绪动机，因此产品必须既经济又可靠。

大致说来，凡属前三个阶段的国家可称为发展中国家，而处在后两个阶段的国家则称为发达国家。当然，不是每个国家的经济发展都必须依次经过这五个阶段，有的会跳过一两个发展阶段。各个国家每一发展阶段持续的时间长短也不尽相同。

二、人口环境

国际市场营销学认为，任何一个国家的市场都是由有购买愿望并且具备购买能力的人构成的，人的需求正是企业营销活动的基础。所以，对各国人口环境的考察是企业把握需求动态的关键。人口是人类社会存续的基础与前提条件，也是国家或地区综合国力的核心构成要素，人口问题始终是人类社会发展必须面对的基础性、全局性和战略性问题

从量的角度看，人口的数量是市场规模的重要标志，在人均消费水平一定的情况下，人口数量越多，市场需求规模就越大。而从人口的分布、结构及变动趋势等方面进行质的分析，则能够刻画出市场需求的特点和发展趋势。下面讨论人口环境及其变化对企业营销活动的影响。

（一）世界人口数量迅速增长

随着世界科学技术进步、生产力发展和人民生活条件改善，世界人口平均寿命延长，死亡率下降，全球人口尤其是发展中国家的人口持续增长。2022年全球230个国家人口总数为75.9亿人。最近20年中，世界人口增长了近20亿。世界人口的迅速增长意味着人类需求的增长和世界市场的扩大。亚洲地区被人们誉为"最有潜力的市场"，除了因为该地区近年来经济发展迅速外，也因为它的人口数量庞大且增长较快，使得该地区的市场需求日益扩大。

世界人口的增长呈现出极端不平衡。发达国家的人口出生率下降，甚至出现负增长，导致这些国家市场需求呈缓慢增长，有的甚至开始萎缩。例如，韩国儿童数量的减少，给以儿童市场为目标顾客的企业造成威胁，却因为年轻夫妇有更多的闲暇和收入用于旅游和娱乐，为另一些行业旅游、休闲等带来佳音。世界人口的80%在发展中国家，而且人口增长最快的往往是那些落后、欠发达的国家。贫穷问题困扰着这些国家的人民，在人口呈几何级数上升的同时，消费者的购买力并没有提高多少，市场需求层次较低，以追求基本需求的满足为主。世界人口的过度膨胀给有限的地球资源带来巨大的压力，由此，可持续发展战略的研究为市场营销提出了新的课题。

（二）人口结构

人口结构可从其自然结构（性别、年龄）和社会结构（文化素质、职业、民族和家庭）两方面进行分析。

1. 人口的自然结构

人口的性别构成与市场需求密切相关。男性和女性在生理、心理和社会角色上的差异决定了他们不同的消费内容和特点。一些产品有明显的性别属性，只为男性或女性专用，而男女不同的性别心理和社会角色对消费行为有直接影响。随着社会经济的发展，男女的性别角色也在悄然变化，并影响到市场需求的变动。越来越多的女性在受教育程度、收入水平方面与男性之间的差距越来越小，所以职业女性本身日益成为被商家瞩目的消费者群体。

人口年龄结构是企业分析市场环境的主要内容之一，不同年龄层次的消费者因为生理和心理特征、人生经历、收入水平和负担状况的不同，有着不同的消费需要、兴趣爱好和消费模式。目前，人口老龄化是世界人口年龄结构变化的新特点，其原因在于许多国家尤其是发达国家的人口死亡率普遍下降，平均寿命延长。这一人口环境动向对市场需求的影响是十分深刻的：市场对摩托车、体育用品等青少年用品的需求将会减少，而且由于老年人对添置住宅、汽车等高档商品兴趣不大，这部分产品的市场需求也呈下降趋势；老年人的养老服务、生活服务、旅游和娱乐的市场需求将会迅速增加。从年龄结构来看，2021年，中国60岁及以上人口数量为26 736万人，占全国人口总数的18.9%，并以每年3%的速度递增。预计到2030年中国老年人口将赶上欧洲人口。我国老年产品与服务的多种需求构成了一个十分庞大的市场，老年人的消费需求以人寿保险、医疗保健和生活服务为热点。有关人士预测说，在未来的相关产业中，第一产业将出现为老年人饮食特需的农副产品，第二产业将出现老年人专用商品，第三产业中将出现照料老年人生活的特殊行业，信息产业中还会出现为老年人提供精神慰藉的服务。

2. 人口的社会结构

人口的文化素质对市场消费需求的影响亦不能忽视。一般来说，随着受教育人数和受教育水平的提高，市场将增加对优质高档产品、旅游、书籍杂志等文化消费品的需求，而且人们的需求会更加追求个性化和多样化。此外，企业采用的营销手段及其效果也因目标顾客的受教育程度而异。

职业是消费者社会角色。不同的职业往往和相应的收入水平联系在一起，直接制约消费者的购买能力。特定的职业常常和一定的生活方式联系，进而影响消费方式、消费习惯。即使收入水平相同，出租车司机和大学教授的消费兴趣也不会相同。

不同民族的消费者在各自传统民族文化的影响下，其消费行为、消费内容有鲜明的民族性。世界上绝大多数国家是多民族的国家，比如中国 56 个民族，每个民族都有特殊的需求和消费习惯。以不同民族消费者为目标顾客的营销者必须尊重民族文化，理解民族文化间的差异。

家庭是社会的细胞，也是某些商品的基本消费单位，例如住房、成套家具、空调、厨房用品等商品的消费数量就和家庭单位的数量密切相关。目前，家庭规模缩小已经是世界趋势。尤其是发达国家，家庭规模小型化，一方面导致家庭总户数的增加，进而引起对家庭用品总需求的增加，另一方面则意味着家庭结构的简单化，从而引起家庭需求结构的变化，例如单人户、双人户和三人户的增加使得家庭对产品本身的规格和结构有不同于多世同堂的大家庭对产品的要求。营销者应在产品设计、包装和促销上做出相应的调整。

（三）人口分布

人口的地理分布指人口在不同的地理区域的密集程度。由于各国各区域的自然条件、经济发展水平、市场开放程度、社会文化传统和社会经济与人口政策等因素的不同，不同区域的人口具有不同的需求特点和消费习惯。人口密度是反映人口分布状况的重要指标。人口的地理分布往往不均匀，各区域的人口密度大小不一。人口密度越大，意味着该地区人口越稠密、市场需求越集中。准确地了解这一指标有益于营销者制订有效的营销计划。人口的地理分布并不是一成不变的，它是一个动态的概念，这就是人口流动问题。近几十年来，世界上人口"城市化"是普遍存在的现象，有些国家的城市人口占本国总人口的比例高达百分之七八十。但近来，在一些发达国家，与城市化倾向相反，出现了城市人口向郊区及卫星小城镇转移的"城市空心化"趋势。这些人口流动现象无一不造成了市场需求的相应变化，营销者必须充分考虑人口的地理分布及其动态特征对商品需求及流向的决定性影响。

三、消费者收入与支出

人的需要只有在具备经济能力时才是现实的市场需求。在人口因素既定的情况下，各国市场需求规模与社会购买力水平成正比关系。经济环境包括许多因素，如产业结构、经济增长率、货币供应量、利率等。而社会购买力正是以上一些经济因素的函数。所以，企业必须密切注意其经济环境的动向，尤其要着重分析社会购买力及其支出结构的变化，特别是促成其变化的各种因素。

（一）消费者收入水平

消费者收入是消费者在一段时间内（通常指一年）所获得的实际货币收入。由于国家之间或区域之间名义收入水平与物价水平有较大差异，通常用购买力平价的方法来比较不同区域的实际收入水平和实际购买力。

消费者收入是衡量市场规模及其质量的重要指标。单纯的人口数字本身为市场营销者提供的信息是不充分的。消费者收入水平的高低决定了消费者及其家庭支出的多少和支出模式的不同，从而影响了市场规模的大小和不同产品或服务市场的需求状况。

国民收入是经济统计中一个衡量经济发展的十分重要的综合性指标。评估国民收入的一个有效方法，就是比较各国的国民生产总值（GNP）。国民生产总值是衡量一个国家经济实力和购买力的重要指标。从国民生产总值的增长幅度，可以了解一个国家经济发展的状况和速度。一般来说，国民生产总值增长越快，对工业品的需求和购买力就越大。

要用国民收入和个人收入的对比来测定市场潜力。例如，中国的人均 GDP 1 万美元，国民收入占比 40%，美国人均 GDP 6 万美元，国民收入高达 50% 多，最高时接近 60%，所以美国的总体消费水平，要高于中国。

对消费者收入的分析决非简单问题，必须准确理解一系列相关概念。首先，个人可支配收入和个人可任意支配的收入是一对重要概念。个人可支配收入指在个人总收入中扣除税金后，消费者真正可用于消费的部分，它是影响消费者购买力水平和消费支出结构的决定性因素。个人可任意支配收入是在个人可支配收入中减去消费者用于购买食品、支付房租及其他必需品的固定支出所剩下的那部分收入，一般还要扣除稳定的储蓄。非必需品的消费主要受它的限制。

$$个人可任意支配收入 = 个人全部收入 - 税费 - 固定开支 - 储蓄$$

在这两种收入中，由于国家税收政策的稳定性，个人可支配收入变化趋势缓慢，而个人可随意支配收入变化较大，而且在商品消费中的投向不固定，成为市场供应者竞争的主要目标。

另一对重要概念是货币收入和实际收入。它们的区别在于后者通过了物价因素的修正，而前者没有。货币收入只是一种名义收入，并不代表消费者可购买到的实际商品的价值。所以，货币收入的上涨并不意味着社会实际的购买力提高，而货币收入的不变也不一定就是社会购买力的不波动。唯有考虑了物价因素的实际收入才反映实际社会购买力水平和变化。假设消费者货币收入不变，但物价下跌，消费者的实际收入上升，购买能力提高；相反，如果物价上涨，消费者的实际收入下降，购买能力降低。即使货币收入随着物价上涨而增长，如果通货膨胀率大于货币收入增长率，消费者的实际收入仍会减少，社会购买力下降。

另外，消费者的储蓄额占总收入的比重和可获得的消费信贷也影响实际购买力。一般说来，储蓄意味着推迟了的购买力，储蓄额越大，当期购买力越低，而对以后的市场供给造成压力。与储蓄相反，消费信贷是一种预支的购买能力，它使消费者能够凭信用取得商品使用权在先，按期归还贷款在后。消费信贷有短期赊销、分期付款和信用卡信贷等多种形式。发达的商业信贷使消费者将以后的消费提前了，所谓"寅吃卯粮"，对当前社会购买是一种刺激和扩大。

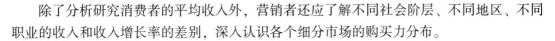

除了分析研究消费者的平均收入外，营销者还应了解不同社会阶层、不同地区、不同职业的收入和收入增长率的差别，深入认识各个细分市场的购买力分布。

（二）消费者支出模式

消费者支出模式指消费者各种消费支出的比例关系，也就是常说的消费结构。社会经济的发展、产业结构的转变和收入水平的变化等因素直接影响了社会消费支出模式，而消费者个人收入则是单个消费者或家庭消费结构的决定性因素。对这个问题的分析要涉及"恩格尔定律"。德国经济学家和统计学家恩斯特·恩格尔于 1857 年在对英国、法国、德国、比利时不同收入家庭的调查基础上，发现了关于家庭收入变化与各种支出之间比例关系的规律性，提出了著名的恩格尔定律并得到其追随者的不断补充修正。目前该定律已成为分析消费结构的重要工具。该定律指出：随着家庭收入增加，用于购买食品的支出占家庭收入的比重就会下降；用于住房和家庭日常开支的费用比例保持不变；而用于服装、娱乐、保健和教育等其他方面及储蓄的支出比重会上升。其中，食品支出占家庭收入的比重被称作恩格尔系数。恩格尔系数是衡量一个国家、一个地区、一个城市、一个家庭的生活水平高低的标准。恩格尔系数越小表明生活越富裕，越大则生活水平越低。企业从恩格尔系数可以了解市场的消费水平和变化趋势。

消费者支出模式除了主要受消费者收入的影响外，家庭生命周期阶段和家庭所在地点的不同也会造成不同的消费结构。一个家庭的新婚阶段是家用电器、家具等耐用品的需求旺盛期；家庭中有了孩子，消费支出的重心便转移到孩子的需求上，家庭收入的很大比重都用于孩子的食品、服装、教育和文娱等方面；待到孩子长大成人、独立生活后，父母的消费多用于医疗、保健、旅游或储蓄。家庭由于所在地点不同开支也不一样，居住在城市中心和郊区的家庭，会发现在交通、住房和食品等方面有不同的支出比例。例如韩国高速发展，人均收入在 GDP 的占比提高，刺激了国内的耐用消费品购买，房子和汽车成为家庭消费主流。

四、消费者储蓄

消费者收入通常用于两部分：一部分作为支付手段，用于当前开支；另一部分则暂不开支，作为储蓄。反映一个国家、地区或家庭的储蓄状况，通常有三个指标：储蓄额、储蓄率和储蓄增长率。储蓄额是消费者储蓄的绝对数量，反映一定时期的储蓄水平；储蓄率指储蓄额占消费者收入的比例；储蓄增长率则反映某一时期的储蓄增长速度。通过这三个指标，可以分析一定时期消费与储蓄、消费者收入与支出的变化趋势。开展国际市场营销，必须了解影响消费者储蓄的多种因素，以便分析、判断消费者需求、支出和消费水平的变化。

（一）收入水平

收入水平高低是决定储蓄数量的首要因素。只有当收入超过一定的支出水平时，消费者才有能力进行储蓄。随着收入的增长，储蓄额一般会绝对上升，储蓄率会相应提高，高到一定程度后，趋于稳定。收入不变的前提下，储蓄越高，则消费越低，代表人们对未来的不确定。而储蓄越少，消费就会增加。所以各国在经济下行周期，都会采取刺激手段，促进居民消费。

（二）通货膨胀和物价上涨因素

若物价上涨超过或接近储蓄存款利率的增长，货币贬值将会刺激消费，抑制储蓄，形成所谓的"储蓄存款出笼"或"挤兑风潮"。市场抢购风迭起，需求过旺。

（三）市场商品供给状况

国际市场商品短缺，产品质量不能满足消费者的需求，则消费者往往有两种可能的选择：或者把钱储存起来，储币待购，持币选购，力求购买到适合自己需要的产品；或者强制替代，用相关产品代替自己初始希望购买的产品。后一种情况下，尽管商品短缺，产品不佳，但并未导致储蓄的增加。

（四）消费偏好和储蓄动机差异

储蓄目的不同，往往影响国际市场消费者的消费模式、消费偏好、消费内容和消费发展方向。消费者的储蓄动机一般有以下几种：后备、储币待购、获利增收、崇尚节俭、安全保险、经济约束、便于理财、社会习惯等。

五、消费者信贷

在国际市场上，消费者不仅以其个人收入购买他们需要的商品，而且可以通过信贷借款来购买商品。所谓消费者信贷，是指消费者凭信用先取得商品使用权，然后按期归还贷款，即消费者预先支出未来的收入，提前消费。可见，消费者信贷可以直接创造新的购买力。最近 20 年，中国的购房信贷，对中国房地产、个人信贷、经济发展产生了极其深远的影响。

从消费者贷款的偿还形式来看，消费者信贷有两类：分期付款和一次性偿还。其中分期付款是国际上消费者信贷的主要形式。分期付款一般包括这样几项：汽车分期付款，高档消费品、奢侈品分期付款，住宅分期付款，还债、劳务分期付款，信用卡信贷等。

第三节 国际市场营销社会文化环境

一、社会文化环境

社会文化深远地影响着人们的生活方式和行为模式。每个国家的消费者的任何欲望和购买行为都深深地印有文化的烙印。例如，西方人的圣诞节是具有文化背景的消费高峰期，而华人则是在春节时达消费高峰。不同的节日风俗使各国人民的节日消费各具特色。另外，营销者本身也深受文化的影响，表现出不同的经商习惯和风格。

文化是人类在社会历史发展过程中所创造的物质财富和精神财富的总和，它包括价值观、伦理道德、宗教、技术、法律、美术、艺术、习俗等，是一个国家和社会规定人们行动的社会规范及式样的总和。人类学家一致认为，每种文化都具有三个特征：第一，文化非遗传之物，而是由人们后天学习获得的；第二，知识、信念、道德、习惯和其他各种文化要素构成相互联系、大小各异的总体；第三，文化是由特定社会集团成员具有理智的行为特征所构成，它不仅体现我们自己的行为，而且体现我们对他人行为的要求。

文化既有个性也有共性。不同的文化造就了不同的个性。不同文化具有不同的个性标准，由此将世界上的人们分成法国人、日本人、美国人等。当然，这并不是说，一个国家的人个性皆同。遗传基因和个人的生活经历也影响个性的形成。因此，各种文化个性都有一定的伸缩范围。尽管如此，不同文化的典型个性是有本质的区别的。

文化的核心是价值观，中心是人本文化，主要任务是增强群体凝聚力。文化不是静止的，而是运动变化的。有几种因素会带来文化的变化。

（一）文化借用

人们在解决社会问题过程中，会借入一些被认为是有用的其他文化，并会对它进行调整，使之适应社会发展的需要。如此，文化通过不断地传授，会产生广泛的行为模式，但它却仍然保留着本民族文化的根本特点。文化的这一"相似却不同"的特点，对于人们深入理解和感觉这种文化具有重要意义。

（二）文化抵制

文化的发展不是没有阻力的。新事物能不能被接受及接受程度，取决于人们对这一事物感兴趣的程度以及新事物对旧事物的改变方式。一般来说，人们最容易接受那些能引起人的兴趣、破坏力小的新事物。产生文化抵制的原因是多方面的，有时是民族中心主义倾向，有时是实际生活不需要，或者是因为理解上、习惯上或信仰上不需要，或者是由于物质环境条件不具备而现在暂时不需要。当一种新事物威胁到原有文化的神圣性，或与传统文化发生巨大冲突时，文化抵制就表现得非常强烈。最近几年，民族主义抬头，反全球化倾向明显，对于营销者来说，开拓国际市场难度大大增加。

（三）营销人员的作用

文化差异会为国际营销活动的开展带来困难，但并不是所有的营销活动都需要通过文化变革才能被接受。实际上，许多成功的、极具竞争性的营销是通过"文化适合战略"而完成的，比如本土化。就其本质而言，是用一种尽量适合现存文化的"改良措施"推进"类似产品"的渗透。营销人员必须有这样的认识，只要经过艰苦的努力，不论成功与否，它都会给某种文化打上一定的烙印。

二、社会文化环境对市场营销活动的影响

要理解社会文化环境对市场营销活动的影响，首先应认识到，社会文化是一个涵盖面非常广泛的概念，是"一种复杂的总体，包括知识、信仰、艺术、道德、法律、风俗和任何人作为一名社会成员获得的所有能力和习惯"。这其中既有物质的外壳，又有精神的内核。根据人的社会实践和不同的文化现象的特殊性，社会文化基本上可以分成三大要素：物质文化、关系文化和观念文化。物质文化是指人们在从事以物质资料为目的的实践活动过程中所创造出来的文化成果。物质文化可作为市场细分的基础。关系文化是人们在创造、占有和享受物质文化的过程中形成的社会关系，包括以生产关系为基础的经济关系、阶级关系、民族关系、国际关系等，还包括为维护这些关系而建立的各种社会组织形式和

与之相应的政治法律制度、社会道德规范等关系。文化可以形成社会阶层，同一阶层的人会有相似的经济地位和价值观，使得消费具有同一性，而不同的阶层也使得市场具有多样性。观念文化是在前两种文化基础上形成的意识形态文化，包括人们在长期的文化历史发展中积淀而成的社会文化心理、历史文化传统、民族文化性格等，以及社会有意识地宣传和倡导的思想理论、理想精神和文学、艺术、宗教、道德等。任何一种社会文化都是这三方面的统一。其中，以价值观为内核的观念文化是最深沉的核心文化，有高度的连续性，不会轻易改变。营销者应分析自己的市场营销活动将涉及哪些层次的文化因素，灵活地采取相应的策略。一家美国公司在日本市场推销某产品时用了曾风靡美国市场的鼓动性口号"做你想做的！"，但没有达到预期效果，颇感意外。调查后得知，日本文化与美国文化在价值观上有很大差异，并不喜欢标新立异、突出个性，而是非常强调克己、规矩。后来，这家公司更改口号为"做你应做的！"，市场反应转好。口号中虽一字之差，引发的思考却耐人寻味。

营销者在进行社会文化环境分析时，还要着重研究亚文化群的动向。每一种文化内部都包含若干亚文化群，即那些有着共同生活经验或生活环境的人类群体，如青少年、知识分子等。这些亚文化群的信念、价值观和风俗习惯既与整体社会文化相符合，又因为他们各有不同的生活经历和环境，而表现出不同的特点来。这些不同的人群也是消费者群，根据各亚文化群所表现出来的不同需求和不同消费行为，营销人员可以选择这些亚文化群作为他们的目标市场。比如渴是一种生理反应，会产生解渴的需求，但是喝什么，不同的文化、亚文化群体会有多种消费方式，于是茶、咖啡、汽水、果汁等市场机会应运而生。

图腾文化是民族文化的源头。图腾是一种极其古老的东西，简单地说，就是原始社会作为各部落或氏族血统的标志并当作祖先来崇拜的动物或植物等。古老的图腾文化渗透到现代文化中，形成各种风俗习惯和禁忌，进而形成特别的消费习惯。例如，由于古文化中对牛的崇拜，一些民族至今不吃牛肉。再例如，中华民族对龙凤呈祥、松鹤延年的美好祈盼，在消费者对产品设计、包装、商标、色彩和推销方式的特殊心理偏好上都有反映。

社会文化的影响深远而广泛，在国际营销活动中尤其如此。国际营销是跨国界、跨文化的活动，不同国家文化差异对其影响很大：在本国市场上成功的营销策略在他国文化中可能行不通，甚至招来厌恶、抵制；在本国文化中属于表层文化的因素，在他国文化中可能是必须严肃对待的"禁区"……这所有的一切，都需要营销者仔细分析，并在充分尊重他国文化的基础上，有创新地实现跨文化营销目标。那些有民族特色，又不对他国文化构成利害冲突的营销努力往往会受到欢迎。

第四节　国际市场营销技术环境

互联网技术的不断发展，带来了当代营销环境的巨大变化。而新媒体、新技术的加入，为营销注入不一样的动力。当下，数字营销已成为现代企业运营销售的一项必修课，如果想抓住新的机遇，就需要掌握新技术和数字营销发展的新趋势，以及数字营销的技巧，才能给公司带来更多的利润。互联网和移动技术的成熟带来的数据爆炸给公司鼓励客户参与带来前所未有的机会。海量数据同时也淹没了消费者和决策者。无论商家还是顾客，在管理大数据的时候都面临各种机会和挑战。很多企业更加注重大数据。大数据既是机会又是挑战，传统的数据分析手段已经没办法管理海量的信息。企业如果做出错误的数据分解结果或者采用了过时的数据，后果将很可怕。

一、如何评估数字环境下的市场

该市场有一定购买力，能取得一定的营业额和利润。首先大数据营销是基于多平台的大量数据，依托大数据技术，应用于互联网广告行业的营销方式。其次，大数据营销的核心在于让网络广告在合适的时间，通过合适的载体，以合适的方式投给合适的人。大数据营销衍生于互联网行业，又作用于互联网行业。依托多平台的大数据采集，以及大数据技术的分析与预测能力，能够使广告更加精准有效，给品牌企业带来更高的投资回报率。

数字营销是使用数字传播渠道来推广产品和服务的实践活动，从而以一种及时、相关、定制化和节省成本的方式与消费者进行沟通。数字营销包含了很多网络营销中的技术与实践。数字营销的范围广泛，包括了很多其他不需要互联网的沟通渠道。因此，数字营销的领域就涵盖了一整套元素，如手机、微信、短视频、直播以及数字户外广告等。

数字营销是近年来一种以数据驱动的新兴市场营销手段。凭借数字化信息和网络媒体的交互性，一批批数字营销企业如势不可挡的车轮，一往向前，以摧枯拉朽之势压倒传统营销市场。显然，在移动互联网的高速发展下，本是同根生的两者，所处的游戏规则已有了不同。

数字营销不仅仅是一种技术手段的革命，尤其是网络直播和短视频的兴起，包含了更深层的观念革命。它是目标营销、直接营销、分散营销、客户导向营销、双向互动营销、远程或全球营销、虚拟营销、无纸化交易、客户参与式营销的综合。数字营销赋予了营销组合以新的内涵，其功能主要有信息交换、网上购买、网上出版、电子货币、网上广告、企业公关等，是数字经济时代企业的主要营销方式和发展趋势。

二、数字环境下的市场特征

首先数字营销重建了商业与品牌的新逻辑，原来是以品牌为核心竞争力进行发展，到现在演变成以消费者需求为中心的一种新的需求新方式。其次，在互联网时代重新打造产品的生产环节与销售环节，可以让生产者和销售者结合到一起，供应链被重构。任何热点都成为推广的好源头，数字营销的传播速度将更加快。最后，全新的娱乐营销进入新一代的粉丝经济时代，多种销售方式可以齐头并进，让娱乐产业更丰富多彩。同时，人工智能化加强数字营销的新格局，互联网进入新的时代，智能化的技术让消费者"感同身受"，更智能化的需求匹配成为营销的关键。

在全民皆数字营销的新环境中，如果只用一种主导模式来与消费者建立联系那是远远不够的。很多专业公司会帮助企业产品进行数据化包装，助力企业数字化产品免费推广等多种服务让数字营销技术与当下流行的趋势相互结合。把数字化打造成为服务客户关键的一把"利器"，助力企业吸引更多核心的用户。

当我们把互联网升级成"智联网"，当我们用区块链取代传统的 TCP/IP 协议，一片新大陆正在向我们招手，企业转换的机会来临，但同时被淘汰的概率也在加大。

三、未来全球数字营销行业发展趋势

2022 年，各种平台遭遇了挑战，竞争在加剧，流量被瓜分。营销数字化未来的趋势有三方面：一是数据驱动，通过三方数据能力补充自身数据的不足，来提升获客效率。同时具备数据和工具能力也逐渐成为行业标配。二是全渠道的触达能力，包括公域、私域流量，线上线下一体化的全渠道的触达、收集和处理。三是在需求端，更多的部门联动起来，传统的市场部的职责，现在的销售、客户都会参与进来。销售与市场共同制定一个目标，定向去触达，挖掘线索后转化成交，形成一个闭环。

数字营销领域正以惊人的速度发展，它让各大品牌能够以最少成本加速并最大化实现其营销目标。

本章小结

市场营销环境是企业借以寻找市场机会和密切监视可能受到的威胁的场所，它由能影响企业有效地为目标市场服务的能力的外部所有行动者和力量组成。企业的营销环境可分为直接环境和间接环境两类。企业与环境是对立统一的关系，能动地适应环境是企业市场营销成功的关键。

企业的直接环境又称微观环境，包括企业本身、市场营销渠道企业、目标顾客、竞争者和各种公众。

企业的间接环境又称宏观环境，包括与企业营销活动密切相关的六大社会力量：人口、经济、自然、科学技术、政治法律和社会文化等方面的因素。

企业开发国际市场，调研的起点就是目标国市场的经济环境，处于哪个发展阶段、市场的容量、特征分析，以便制定相应的策略，同时文化和法律制度也制约着外来企业的营销进程，稍有不慎，就会触及政治风险或文化冲突，解决起来比贸易冲突复杂得多。

未来发展进程中，数字环境和大数据分析已经崭露头角，企业也开始布局和适应这一变化。

关键术语

国际市场营销环境　宏观环境　微观环境　政治法律环境　经济环境　社会文化环境

复习思考题

一、多选题

1. 企业分析国际市场营销环境最主要的两个目的是（　　　）。

A. 扩大销售　　　　B. 寻找营销机会　　　C. 避免环境威胁　　　D. 对抗竞争

2. 企业面临的社会文化环境有（　　　）。

A. 民族亚文化　　　B. 历史亚文化　　　　C. 地理亚文化　　　　D. 宗教亚文化

3. 国际经济环境在哪些方面影响企业的营销活动？（　　　）

A. 经济制度　　　　B. 居民收入　　　　　C. 居民储蓄　　　　　D. 人口结构

4. 消费习俗不属于（　　　）。

A. 人口环境　　　　B. 竞争环境　　　　C. 文化环境　　　　D. 地理环境

二、填空题

1. 企业应该时刻监视和分析国际环境变化，以捕捉到_____，_____以及_____（更短的波动）的机会。

2. 高度消费时期的经济阶段，注重_____及_____的发展，个人收入猛增，公共设施、社会福利设施日益完善，整个经济呈现大量生产、大量消费状态。

3. 人口结构可从其_____（性别、年龄）和_____（文化素质、职业、民族、和家庭）两方面进行分析。

4. 政府政策的稳定性直接影响企业经营战略的_____。尽管政府政策始终处于某种渐变状态，但企业首要关注的是一国对外政策的根本性变化。这种根本变化可以定义为不稳定性。

5. 国际上较为知名的仲裁机构有：_____、_____、_____、_____、_____等。

三、简答题

1. 国际营销环境中经济环境包括哪些方面？
2. 企业进行国际市场营销只遵循东道国的法律规范要求可以吗？
3. 什么是文化？文化的基本特征是什么？
4. 以价值观和生活方式如何把消费者分成若干群体？
5. 消费者支出模式如何影响企业营销？

案例讨论

市场营销环境复杂而动态的发展变化基本上可分为两大类：环境威胁和环境机会。所谓环境威胁，是指环境中一种对企业不利的发展趋势所形成的挑战，如果不采取果断的市场营销行为，这种不利趋势将会伤害到企业的市场地位。营销者应善于识别所面临的或潜伏的威胁，并正确评估其严重性和可能性，进而制订应变计划。所谓市场营销机会，是指对企业市场营销管理富有吸引力并易于建立企业竞争优势的领域。企业应对市场机会的吸引力和成功的可能性做出恰当的评价，结合企业自身的资源和能力，及时将市场机会转化为企业机会，即符合企业实力范围的、企业可真正获利的机会。通过确定趋势可以发现企业盈利的机会。趋势就是某些持久性的势头、方向或演进，有长期的、短期的和突变的。几年前开始盛行的手机商机，使得很多机会从电脑转移到掌上，包括游戏、电子商务、手机支付，等等。未来的绿色能源、空间无线网络、万物互联、无人驾驶、元宇宙等，都是比较明确的大趋势。这些领域每一个环境因素的变化，都可能为某些企业创造机会，也可能为另一些企业造成威胁。而且，鉴于营销环境的动态性，市场营销机会和环境威胁在一定的条件下还会互相转化。例如，最近几年中国政府对环境保护苛刻的要求使许多企业感到压力和威胁，但也为新材料、新能源产业和环保产业带来巨大商机；几年期间，宁德时代、理想、小鹏等的电动车以及其他绿色产品和绿色营销成为中国企业在国际市场明显的竞争优势。宁德时代成为全球最大的锂电池供应商。

企业对营销环境的适应，既是营销环境客观性的要求，也是企业营销观念的要求。现代营销观念以消费者需求为出发点和中心，它要求企业必须清楚地认识环境及其变化，发现需求并比竞争对手更好地满足需求，否则，就会被无情的市场竞争所淘汰。而且，因为环境的复杂性和动态性，企业对环境的适应必须是永不松懈的。消费者的需求不断变化，市场上就不存在永远正确的营销决策和永远受欢迎的产品，对企业来说，唯有通过满足消费需求实现赢利目标的任务是永恒的。而成功地完成这一任务，适应环境是关键。几十年前，美日企业对石油危机不同的反应造成它们的市场地位戏剧性变化是一个典型的例子。美国被称为"车轮上的国家"，其发达的汽车工业是美国人引以为傲的资本。20世纪80年代，美国几大汽车巨头们对能源危机反应迟钝，在能源趋紧的环境条件下，依然生产着大型、耗能高的传统汽车，而日本企业却适时地研制出小型节能汽车，成功地占领了大片美国市场。美国人曾以为高枕无忧的国内市场，在日本人的进攻下痛失"半壁江山"。最近5年，随着电动汽车的崛起，美国汽车行业以特斯拉为代表的电动车重又夺回霸主地位，表明其对环境变化的适应能力。

这个变化说明，在客观环境面前，强与弱的划分标准是对环境的适应能力，善于适应环境就能创造竞争优势。市场营销学认为，企业营销活动的成败，营销目标的能否实现，就在于企业能否适应环境的变化，并以创新的对策去驾驭变化的营销环境，做到"以变应变"。在风云变幻的市场竞争中，"适者生存"同样是颠扑不破的真理。企业的大小决策，各种活动都应是有理有据的，这便有赖于对市场营销环境的分析。而企业的营销活动从本质上说，就是企业利用自身可控的资源不断适应外界环境不可控因素的过程。

值得注意的是，企业对环境的适应并不仅仅是被动的接受，而应该是能动的适应，既有对环境的依赖，又有对环境的改造，即采取积极主动的行为影响营销环境因素。在企业和环境这对矛盾之中，我们既要承认客观环境的制约作用，又不能忽视企业营销活动对环境的反作用。在企业与环境的对立统一中，企业是居于主动地位的，成功的营销者往往是那些主动地认识、适应和改造环境的人。

结合上述案例，尝试找出其他适应环境变化尤其是国际营销环境变化的成功企业案例及失败企业案例，并进行分析。

营销技能训练

课程论文：运用所学国际市场营销管理的理论、技术和方法，联系实训所在单位市场营销实际工作情况，分析一个市场营销案例，或者策划一个完整的市场营销方案。内容包括：市场背景分析、产品设计构思、价格政策、渠道设计和选择、促销方案设计、费用与成本预算与控制，以及整个投资回报风险分析测算、评估。并对所设计的方案运用所学理论进行点评和说明：用什么方法，为什么这样做，有多大的可行性和风险。作业格式要规范化。

第三章　国际市场营销调研

学习目标

知识目标

掌握市场信息的基本概念；理解数据与信息的区别；掌握信息处理的基本过程；了解国际市场营销信息系统的构成；熟悉国际市场营销调研的概念、原则和类型；掌握国际市场调研的流程和方法。

技能目标

能够运用互联网工具进行初步国际市场营销信息的收集和分析；能够较熟练掌握开展国际市场营销调研的全过程，包括设计方案、抽样设计、问卷设计、数据整理和分析。

思政目标

培养学生严谨的治学态度，增强学生的数据意识和真伪意识，倡导理论与实践紧密结合，践行社会主义核心价值观。

导入案例

雀巢公司的本土化消费者调研

全球化与本土化给跨国公司带来了双重属性，总体上说，全球化更注重一体化与规范化，强调全球采用统一的价值原则、技术标准与管理规则来有效地降低成本，实现规范化管理和运营；而本土化则重视个性化与灵活度，提倡因地制宜的本地市场认知、创新思路与解决方案。对于雀巢这样的公司来说，它们必须确定，何时将产品标准化，何时将产品定制和本地化，以适应一个显著多样化的全球市场。

消费者调研的价值

作为一家科技驱动型的企业，雀巢要在中国市场不断发展，就必须对消费者的消费理念有清楚的认识，深刻了解消费者行为背后理性或感性的理由。因此，在 2001 年 11 月，雀巢就在上海成立了一家研发中心。2008 年，雀巢又投资 7 000 万元，在北京设立了一家研发中心。雀巢在中国的两家研发中心，采用不同的方法，包括使用中国的传统食材，从对消费者健康有益的三个关键方面——生长发育、健康老龄和体重管理来进行深入研究，以便对中国消费者特殊的营养需求拥有独特的洞察力，生产出安全、营养、物有所值的产品，并带给消费者满意的饮食体验。

雀巢每年研发经费的15%左右集中用于对食品质量与安全、食品科学技术、食品营养、食品口味与消费者喜好等方面的研发。其中，市场调研是雀巢研发中心工作中最为基础和重要的一项。而一般来说，跨国公司进入国外市场迈出的第一步就是市场调研。

反复斟酌调研方案

市场调研，一般而言是为了提高产品的销售决策质量，解决存在于产品销售中的问题，以及寻找市场机会，进而系统地、客观地识别、搜集、分析和传播营销信息。其中一个很重要的环节，就是针对产品研发进行消费者需求调研。

作为一家跨国公司，雀巢在市场调查研究方面，当然不能单纯地照搬自己在国外的成功经验，而是要通过现场走访、与国内外市场调查机构合作，实现对于本土市场和消费者的洞察。雀巢一般采用自己调研和第三方调研公司并用的调研方式。从操作层面来说，雀巢主要通过专业的第三方调研公司进行市场调查，但在调研项目的设计和调研数据分析方面，雀巢会密切参与。

雀巢认为，在快速发展的中国市场上，消费者正在变得越来越有品牌意识，越来越追求产品安全、产品口味和营养。同时，消费者构成也变得越来越复杂。因此及时、准确、持续的调研非常重要。

测试调研结果的准确性

为了确保调研结果的准确性，雀巢特别关注以下几个方面：对于调研需求是否有准确的理解，调研设计是否合理，是否选择了合适的调研公司，执行过程中怎样进行质量控制，数据分析是否精确，是否对调研结果进行了正确的解读，等等。这些关键环节就存在于调研设计和执行的过程中。

对于食品行业来说，了解消费者的消费行为变化、口味变化等，是企业和产品不断发展的首要基础。因此，雀巢方面表示，在未来5年内，对于消费者调研的投入力度将加大，增加更多的预算，而且整体趋势是继续加大投入。

资料来源：中国经济网 2018 年 4 月 9 日　　作者：朱丹蓬

第一节　市场信息

一、信息的概念

信息成为材料、能源之后又一社会基本生产资料。在现代企业中，信息与人力、财力、物力、技术和机器一样，成为企业的一种基本资源（5M：Man、Money、Material、Method and Information）。企业的管理过程实际上是一个获得信息、加工信息和利用信息的过程。

信息一词来源于拉丁文"Information"，且在英语、法语、德语、西班牙语中同词，在俄语、南斯拉夫语中同音，可见它在全球范围内使用的广泛一致性。

从广义上讲，信息是人类一切生存活动和自然存在所传达的信号和消息，是自然界、人类社会和人类思维活动中普遍存在的一切物质和事物的属性。就一般意义而言，信息可以理解为消息、情报、见闻、通知、报告、知识、事实、赋予某种意义的数据，等等。

尽管学术界迄今尚无一致的关于信息的定义，然而对信息在现代社会中的重要地位和作用的认识却是一致的。主要可归纳为如下几点。

（1）信息是用数据作为载体来描述和表示的客观现象。

（2）信息可以用数值、文字、声音、图形、影像等多种形式表示。

（3）信息是对数据加工处理提炼的结果，是对人类有用的内容。

二、市场信息

市场信息指的是市场上商品在交换过程中所产生的各种情报、消息和数据资料的总称。语言文字、符号与数据、凭证与报表以及商场和广告等都是市场信息的表现形式。由于在商品经济下，市场信息对企业的经营和决策的影响较大，因此它是国家和企业都十分关心的信息。按其地域，可分为国内市场信息和国际市场信息。国际市场营销所收集和使用的是国际市场信息。

狭义的市场信息包括有关市场商品销售的信息，如商品销售情况、消费者情况、销售渠道与销售技术、产品的评价等。广义的市场信息包括多方面反映市场活动的相关信息，如社会环境情况、社会需求情况、流通渠道情况、产品情况、竞争者情况、原材料和能源供应情况、科技研究应用情况等。

总之，市场是市场信息的发源地，而市场信息是反映市场活动的消息、数据，是对市场上各种经济关系和经营活动的客观描述和真实反映。市场信息是市场参与者决策的主要依据，市场信息显示、传递的程度、方式和范围直接影响着市场机制的作用。

三、信息与数据

信息和数据是不同的，但两者有着密切的联系。

数据应该是原始的、广义的、可鉴别的抽象符号，可以用来描述事物的属性、状态、程度、方式等。数据符号单独表示时没有任何含义，只有放入特定场合进行解释和加工才有意义并升华为信息。

因此，可以理解为：数据是信息的载体，信息是数据的内涵。通过对数据的收集和分析，发挥其价值，就是信息。

四、信息的处理过程

信息的处理过程也是信息的生命周期，指按需求和目标获取信息、对信息加工处理、信息服务直到信息衰退的整个过程。信息的生命周期同时表现了信息处理的过程。信息的处理过程一般可以划分为六个阶段。

1. 信息识别

信息识别指的是信息接收者从一定的目的出发，运用已有的知识和经验，对信息的真伪性、有用性进行辨认与甄别。

2. 信息收集

信息收集是对识别后的信息进行收集的过程。信息收集的方法有自下而上的广幅收集和有目的的专项收集。前者就是我们所熟悉的统计，后者是指专项调查。

信息收集的方式有三种分类方式。

（1）文案调查与实地调查。文案调查指利用各种文献资料收集所需的信息，收集的为第二手资料；实地调查是直接面对调查对象，收集所需的信息，收集的是一手资料。

（2）全面调查与抽样调查。全面调查是对所有调查对象逐一进行研究的数据收集，即普查；抽样调查是在所有的调查对象中抽取一部分样本进行调查分析，以获得反映全貌的信息。

（3）人工收集与计算机收集。人工收集是指主要靠人力收集所需的数据和信息；而计算机收集指利用各种设备，如计算机、监控、扫描仪、射频技术、自动成像技术等，来获得所需的数据和信息。

3. 信息传递

信息传递是现代化管理的基本要求。信息传递包括信息在不同组织、不同部门、不同设备和不同使用人之间传递，也就是信息在物理位置上的移动。信息传递的要求：准确、及时、安全。

4. 信息存储

信息在处理的不同阶段都存在存储的问题。如将信息通过纸张保存，通过计算保存等。信息社会信息存储面临一个巨大的挑战：海量数据的有效存储问题，即如何在成本可控的条件下存储大量信息。

5. 信息加工和处理

对信息所采取的任何有目的和有意义的操作或变换，都可以称为"信息加工"或"信息处理"。通过对数据进行不同的加工处理，可以反映不同的事物属性或现象。例如：简单的分类和百分比计算，可以反映事物的分布情况；较复杂的交叉分析，可以反映事物内部的关联性；建模分析，可以发现不同因素之间的因果关系。

6. 信息维护使用

信息的维护使用是信息生命周期中的核心，是将信息发挥价值的阶段。

（1）信息维护。

信息维护是指保持信息处于适合使用的状态。狭义的信息维护指经常更新存储介质中的数据，使其保持正常状态。广义的信息维护指信息系统建成后的全部数据管理工作。其目的是保证信息的准确、及时、安全和保密。

保证信息的准确性，首先要保证数据更新的状态，数据要在合理的误差范围内，同时要保证数据的唯一性，应用数据库容易保证数据唯一性。要保证数据的正确性，一方面要严格操作规程，对输入数据进行正确性检查，避免把一种数据放到另一种数据的位置，或者把错误的数据放进去；另一方面，在键入计算机时，系统应采用检验技术，以保证数据的准确性。

保证信息的及时性，把常用信息放在易取位置，各种设备状态良好，操作人员技术熟练，能及时提供信息。

安全性是防止信息受到破坏，要采取一些安全措施，在万一受到破坏后，较容易地恢复数据。如做好信息备份工作，硬盘要定期复制。一旦信息丢失或遭到破坏，应有补救的措施。

信息是一种资源，也是无形财富，人们越来越重视信息的保密性问题。而信息被盗或者被非法用户查阅的事件越来越多，防止信息失窃是信息维护的重要问题。机器内部可采用口令（Password）等方式实现信息的保密。在机器外部也应采取一些措施，如应用严格的处理手续，实行机房的严格管理，加强人员的保密教育等。

（2）信息使用。

信息使用是使用人调动信息，并发挥信息价值的过程。信息使用包括两个方面：一是如何高速度高质量地把信息提供给使用者；二是如何实现信息内容的价值转化。

第二节　国际市场营销信息系统

一、国际市场营销信息系统的定义

国际市场营销信息系统是由人员、机器设备和计算机程序所构成的一个相互作用的连续复合体。其基本任务是有计划、有规则地收集、分类、分析、评价和分配恰当的、及时的和准确的市场营销信息，供市场营销决策者用于制订或修改市场营销计划，执行和控制市场营销活动。

二、国际市场营销信息系统的构成

不同企业，其信息系统的具体构成会有所不同，但基本框架大体相同，一般由内部报告系统、营销情报系统、营销调研系统、营销决策支持系统四个子系统构成。

首先，由营销主管或决策者确定所需信息的范围；其次，根据需要建立企业营销信息系统内的各子系统（包括内部报告系统、营销情报系统、营销调研系统、营销决策支持系统），由有关系统去收集环境提供的信息，再对所得信息进行处理；进而，由营销信息系统在适当时间，将整理好的信息送至有关决策者；最后，营销经理做出的决策再流回市场，作用于环境。国际市场营销信息系统如图3-1所示。

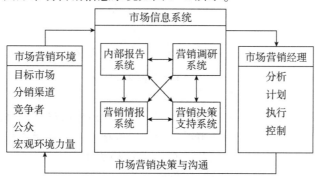

图3-1　国际市场营销信息系统

（一）内部报告系统

内部报告的主要任务是由企业内部的财务、生产、销售等部门定期提供控制企业全部营销活动所需的信息，包括订货、销售、库存、生产进度、成本、现金流量、应收应付账款及盈亏等方面的信息。企业营销管理人员通过分析这些信息，比较各种指标的计划和实际执行情况，可以及时发现企业的市场机会和存在的问题。

内部报告系统是决策者们利用的最基本的系统。它的最大特点是：

（1）信息来自企业内部的财务会计、生产、销售等部门。

（2）通常是定期提供信息，用于日常营销活动的计划、管理和控制。内部报告系统提供的数据包括订单、销量、存货水平、费用、应收应付款、生产进度、现金流量等。

企业的内部报告系统的关键是如何提高这一循环系统的运行效率，并使整个内部报告系统能够迅速、准确、可靠地向企业的营销决策者提供各种有用的信息。

企业应设计一个面向用户的内部报告系统，它提供给营销人员的应是他们想要的、实际需要的和可以经济地获得的信息三者的统一。在设计内部报告系统时，企业还应避免发生下述错误：一是每日发送的信息太多，以致决策者疲于应付；二是过于着重眼前，使决策者对每一微小的变动都急于做出反应。

（二）市场营销情报系统

市场营销情报系统是指营销人员取得外部市场营销环境中的有关资料的程序或来源。该系统的任务是提供外界市场环境所发生的有关动态的信息。企业通过市场营销情报系统，可以从各种途径取得市场情报信息，如通过查阅各种商业报刊、文件、网络资料，直接与顾客、供应者、经销商交谈，与企业内部有关人员交换信息等方式，也可通过雇用专家收集有关的市场信息，通过向情报商购买市场信息等。系统要求采取正规的程序提高情报的质量和数量，必须训练和鼓励营销人员收集情报，鼓励中间商及合作者互通情报，购买信息机构的情报，参加各种贸易展览会等。

由于营销决策者获取情报的途径太多，间断性或偶尔性的获取情报往往使得情报较为散乱，缺少系统性和持续性。管理有方的企业会形成稳定且正规的步骤，来提高所收集情报的质量和数量。例如：训练和鼓励销售人员建立收集情报的习惯和途径；鼓励中间商及其他合作者向自己通报重要信息，或相互共享信息；聘请专家收集营销情报，或定期向专业调查公司购买有关竞争对手、市场动向的情报；参加各种贸易展览会，并对资料进行整理；内部建立信息中心，安排专人查阅主要的出版物、网站，编写简报等。

（三）市场营销调研系统

市场营销调研系统是完成企业所面临的明确具体的市场营销情况的研究工作程序或方法的总体。营销调研系统的任务是：针对企业面临的明确具体的问题，对有关信息进行系统的收集、分析和评价，并对研究结果提出正式报告，供决策部门用于解决这一特定问题，以减少由主观判断可能造成的决策失误。因各企业所面临的问题不同，所以需要进行市场研究的内容也不同。常见的国际市场营销调研包括主要国际市场特性的确定、市场需求潜量的测量、市场占有率分析、销售分析、企业趋势研究、竞争产品研究、短期预测、新产品接受性和潜力研究、长期预测、定价研究等。

营销调研系统与内部报告系统和营销情报系统最本质的区别在于：前者的目的性更明确，是为解决特定的具体问题而从事信息的收集、整理、分析。这些市场问题的研究，无论是内部报告系统还是情报系统都难以胜任，而需要专项的市场研究。如企业在准备进入某一国际市场前，往往要通过专项调研进行可行性研究，了解该国总体市场环境，了解消费者需求和竞争情况。企业打算对产品大幅度降价，往往会对降价的可行性、利和弊、风险性以及预防性措施进行专题研究。再如，某企业打算与外商合资，往往需要对外商的真实背景、合资的可行性、利弊等进行专题调研。

如果专项研究比较简单，企业可以组织一个调研小组来完成这种调研任务。然而，对于复杂的研究问题，企业往往发现自身缺乏专项研究的人力、技巧和时间，需要委托外部的专业调研公司来完成这种任务。大公司一般会设立专门的营销调研部门，由调研部门负责调研项目的组织工作。

（四）市场营销决策支持系统

市场营销决策支持系统是由软件和硬件组成的对数据进行处理的系统，这一系统又被称作专家系统。这个系统由统计分析模型和市场营销模型两个部分组成：第一部分是借助各种统计方法对所输入的市场信息进行分析的统计库；第二部分是专门用于协助企业决策者选择最佳的市场营销策略的模型库。

通过以上市场营销信息系统的四个子系统所研究的内容及这些子系统之间的关系的分析，可以看出企业的市场营销信息系统具有以下重要职能。

（1）集中——搜寻与汇集各种市场信息资料。

（2）评价——鉴别输入的各种信息的准确性。

（3）处理——对所汇集的资料进行整理、分类、编辑与总结。

（4）分析——进行各种指标的计算、比较、综合。

（5）储存与检索——编制资料索引并加以储存，以便需要时查找。

（6）传递——将各种经过处理的信息迅速准确地传递给有关人员，帮助及时调整企业的经营决策。

三、建立国际市场营销信息系统的原则

在建立系统时，要兼顾长远目标与企业现状，兼顾预期收益和费用投入。在系统设计时，将遵循如下原则。

（一）战略性

系统规划从企业战略目标出发。分析企业内部的业务和管理对信息的需求，总体规划，分步实施。

（二）整体性

整个系统能够完成从信息的收集、处理、分析的全部功能。

（三）实用性

系统规划要为实施工作提供指导，为进一步实施提供依据；方案选择应追求实用性，必须切合企业的实际情况，不片面求大、求全。

（四）可操作性

将根据企业最紧迫的问题和企业现状，确定系统建设目标。根据目标，设计信息部组织结构和工作流程，指导其开展工作。

第三节 国际市场营销调研的含义及实施

一、国际市场调研的定义

随着企业营销功能的发展，营销成为企业活动的重点。市场调研是指利用各种科学的手段和方法搜集产品从生产者到消费者转移过程中的一切有关消费者和市场行销的问题和资料，并予以分析和研究。在现代营销观念指导下，它以满足消费者需求为中心，研究产品从生产领域拓展到消费领域的全过程。

国际市场调研是指运用科学的调研方法与手段，系统地搜集、记录、整理、分析有关国际市场的各种基本状况及其影响因素，以帮助企业制定有效的市场营销决策，实现企业经营目标。一个企业要想进入某一新市场，往往要求国际市场调研人员提供与此有关的一切信息——该国的政治局势、法律制度、文化属性、地理环境、市场特征、经济水平、消费需求、竞争情况，等等。

二、国际市场调研的主要内容

从国际贸易商品进出口角度看，国际市场调研主要包括：国际市场环境调研、国际市场商品情况调研、国际市场营销情况调研、国外客户情况调研等。

（一）国际市场环境调研

企业开展国际商务进行商品进出口，如同军队作战首先需分析地形、了解作战环境一样，需先了解商务市场环境，做到知己知彼、百战不殆。企业对国际市场环境调研的主要内容为：

（1）国外经济环境。包括一国的经济结构、发展水平、发展前景，就业，收入分配等。

（2）国外政治和法律环境。包括政府结构的重要经济政策，政府对贸易实行的鼓励、限制措施，特别是有关外贸方面的法律法规，如关税、配额、国内税收、外汇限制、卫生检疫、安全条例等。

（3）国外文化环境。包括使用的语言、教育水平、宗教、风俗习惯、价值观念等。

（4）其他。包括国外人口、交通、地理等情况。

（二）国际市场商品情况调研

企业要把产品打入国际市场或从国际市场进口产品，除需了解国际市场环境外，还需了解国际市场商品情况，主要有：

（1）国际市场商品的供给情况。包括商品供应的渠道、来源，生产厂家，生产能力，数量及库存情况等。

（2）国际市场商品需求情况。包括国际市场对商品需求的品种、数量、质量要求等。

（3）国际市场商品价格情况。包括国际市场商品的价格、价格与供求变动的关系等。

（三）国际市场营销情况调研

国际市场营销情况调研是对国际市场营销组合情况的调研，除上述已经提到的商品及价格外，一般还应包括：

（1）商品销售渠道。包括销售网络设立，批零商的经营能力、经营利润，消费者对批零商的印象，售后服务等。

（2）广告宣传。包括消费者购买动机，广告内容、时间、方式、效果等。

（3）竞争分析。包括竞争者产品质量、价格、政策、广告、分配路线、占有率等。

（四）国外客户情况调研

每个商品都有自己的销售（进货）渠道。销售（进货）渠道是由不同客户所组成的。企业进出口商品必须选择合适的销售（进货）渠道与客户，做好国外客户的调查研究。一般说来，商务企业对国外客户的调查研究主要包括：

（1）客户政治情况。主要了解客户的政治背景、与政界的关系、企业负责人参加的党派及对我国的政治态度。

（2）客户资信情况。包括客户拥有的资本和信誉两个方面。资本指企业的注册资本、实有资本、公积金、其他财产以及资产负债等情况。信誉指企业的经营作风。

（3）客户经营业务范围。主要指客户经营的商品及其品种。

（4）客户业务。指客户是中间商，还是用户，或专营商，或兼营商等。

（5）客户经营能力。指客户业务活动能力、资金融通能力、贸易关系、经营方式和销售渠道等。

三、国际市场调研的原则

（一）科学性

市场调研不是简单地搜集情报、信息的活动，为了在时间和经费有限的情况下，获得更多更准确的资料和信息，就必须对调研的过程进行科学安排：采用什么样的调研方式，选择谁作为调研对象，问卷如何拟订才能达到既明确表达意图又能被调查者易于答复的效果。这些都需要进行认真的研究。同时运用一些社会学和心理学等方面的知识，以便与被调研者更好地交流；在汇集调研资料的过程中，要使用计算机这种高科技产品代替手工操作，对大量信息进行准确严格的分类和统计；对资料所做的分析应由具有一定专业知识的人员进行，以便对汇总的资料和信息做出更深入的分析；分析人员还要掌握和运用相关数学模型和公式，从而将汇总的资料以理性化的数据表示出来，精确地反映调研结果。

（二）客观性

市场调研工作要把搜集到的资料、情报和信息进行筛选、整理，在经过调研人员的分析后得出调研结论，供企业决策之用。因此，市场调研搜集到的资料，必须体现客观原则，对调研资料的分析必须实事求是，尊重客观实际，切忌以主观臆造来代替科学的分析。

（三）目的性

所有的市场调研工作应是围绕着调研目的进行的，避免脱离目的而进行一些意义不大或无意义的调研活动。有些调研结果其实已经是确定的，那再进行调研意义已不大，不需要再浪费人力财力；相反，有些调研是目的所在，则不得忽略。

（四）全面性

以系统要素为指导，处理好整体与局部的关系，全面考虑问题。市场调研的系统性表现为应全面搜集有关企业生产和经营方面的信息资料。因为在社会大生产的条件下，企业的生产和经营活动既受内部也受外部因素的制约和影响，这些因素既可以起积极作用，也可以阻碍企业的正常发展。由于很多因素之间的变动是互为因果的，如果只是单纯了解某一事物，而不去考察这一事物如何对企业发挥着作用和为什么会产生如此作用，就不能把握这一事物的本质，也就难以对影响经营的关键因素做出正确的结论。从这个意义上说，市场调研既要了解企业的生产和经营实际，又要了解竞争对手有关情况；既要认识到其内部机构设置、人员配备、管理素质和方式等对经营的影响，也要调研社会环境的各方面对企业和消费者的影响程度。

（五）时效性

在现代市场经营中，时间就是机遇，也就意味着金钱。丧失机遇，会导致整个经营策略和活动失败；抓住机遇，则为成功铺平了道路。市场调研的时效性就表现为应及时捕捉和抓住市场上任何有用的情报、信息，及时分析、及时反馈，为企业在经营过程中适时地制定和调整策略创造条件。在市场调研工作开始进行之后，要充分利用有限的实践，尽可能多地搜集所需要的资料和情报，调研工作的拖延，不但会增加费用支出，浪费金钱，也会使生产和经营决策出现滞后，对生产和经营的顺利进行极为不利。

（六）经济性

市场调研也是一项经济活动，所以要考虑投入产出比。得到的信息可以发挥多大的价值，而获得信息的成本是多少，这应该是市场调研活动之前要考虑的问题。应以最少的调研费用取得最佳的调研结果。

四、国际市场调研的功能和类型

（一）国际市场调研的功能

市场调研具有三种功能：描述、诊断、预测。描述是指搜集并陈述事实，如消费者对某产品的消费过程，消费者的特征等。诊断是解释信息或活动，如改变包装对销售会产生什么影响。预测是判断市场未来的发展方向和发展特征。

（二）国际市场调研的类型

国际市场调研的类型主要有四类：探索性研究、描述性研究、因果关系研究和预测性研究。

1. 探索性研究

探索性研究的基本目的是提供一些资料以帮助调研者认识和理解所面对的问题，常常用于在一种更正式的调研之前帮助调研者将问题定义得更准确些，帮助确定相关的行动路线或获取更多的有关资料。这一阶段所需的信息是不精确定义的，研究过程很有灵活性，没有什么结构。例如，向行业专家咨询就是一种探索性的研究。样本量一般较小，也没有什么代表性。原始数据一般是定性的。探索性调研的结果一般只是试验性的、暂时性的，或作为进一步研究的开始。

2. 描述性研究

描述性研究是结论性研究的一种，顾名思义，这种研究的结果，就是要描述某些事物——通常是事物总体的特征或功能，具体地说就是描述市场的特征或功能。组织描述性调研主要有如下内容。

（1）描述有关群体的特征。例如，给出某些名牌商店的"重型使用者"（经常购物者）的轮廓。

（2）估算在某一具体总体中显示某种行为的人群所占的比例。例如，估算既是某些名牌商店的"重型使用者"，同时又光顾减价商店的顾客比例。

（3）确定产品特征的概念。例如，不同家庭是如何按照选择准则的一些重要因子来认识各百货商店的。

（4）确定变量间的联系程度。例如，在百货商店购物与外出就餐之间有什么程度的关联。

（5）进行具体的预测。例如，预测某地区的时装（某特定类别的产品）的零售销量会是多少。

描述性研究假定调研者事先已对问题有许多相关的知识。事实上，探索性与描述性研究的主要区别在于后者事先进行了具体的假设，因此，所需的信息是很清楚地定义了的。典型的描述性研究都是以有代表性的大样本为基础的。正式的调研方案的设计规定选择信息来源的方法，以及从这些来源搜集数据的方法。

3. 因果关系研究

因果关系研究是结论性研究中的一种，其目的是要获取有关起因和结果之间联系的证据。因果关系研究的目的包括下述内容：了解哪些变量是起因（独立变量或自变量），哪些变量是结果（因变量或响应）。确定起因变量与要预测的结果变量间的相互关系的性质。

和描述性研究一样，因果关系研究也需要有方案和结构的设计。描述性研究虽然也可以确定变量间联系的紧密程度，但是并不能确定因果关系。要考察因果关系必须将有些可能影响结果的变量控制起来，这样，自变量对因变量的影响才能测量出来。研究因果关系的主要方法是实验法。当然还有些高级的统计方法可以用于检验因果关系的模型。例如为了检验包装（自变量）对销售量（因变量）的影响，可将同类商店随机地分为两组，分别出售新包装的商品和原包装的同种商品，最后再进行比较。

4. 预测性研究

预测性研究是在取得过去和现在的各种市场情报资料的基础上，经过分析研究，动用科学的方法和手段，推测事物或现象在今后的可能发展趋势并做出评估的方法。如估计未来一定时期内市场对某种产品的需求量及其变化趋势的调研。

市场营销所面临的最大问题仍是需求问题。需求为生产的先决条件，也为企业生存的条件，市场需求的估计对每个企业来说，都具有重大意义，因为唯有知道未来的需求（就算估计数字也好），企业才能进行生产、财务、人事、组织等计划。对将来企业产品的需求如果完全不了解或无从估计的话，日后所冒的风险显然很大，可能发生生产过剩（生产大过需求）或生产不足（需求大过生产）。

虽然四类研究的内容和方法不太相同，但也不应将其孤立起来看。事实上，在许多调研中，探索性研究、描述性研究、因果关系研究和预测性研究都是相互补充的。

五、国际市场调研的流程

(一) 国际市场调研的步骤

市场调研是一项有着严密流程的工作，调研人员在进行市场调研活动时，必须根据确定的调研目标，做精心周密的准备和安排，按照一定的调研工作程序进行。一般的市场调研程序应包括以下几个基本步骤。

(1) 确定研究的问题与目标。

(2) 制定市场调研方案。

(3) 问卷设计。

(4) 搜集信息。

(5) 调研资料的整理与分析。

(6) 撰写市场调研报告。

市场调研的步骤也可以简单划分为方案准备、数据收集、分析总结、报告沟通四个阶段。其中方案准备包括调研方案、问卷设计，数据收集包括文案调查、实地调查。

(二) 国际市场调研方案的撰写

调研方案是根据调研目的，在进行实际调研之前，对调研工作总任务的各个方面和各个阶段进行的通盘考虑和安排。以后的工作要按制定的方案有序地实施。调研方案应包括以下几个方面的内容。

1. 确定调研目的

市场调研的第一步是从"调研达到的目标"开始的，即"为什么调研"。要对调研目标进行详细的描述，确保调研目的的明确。调研目标的确定是一项非常重要的工作，没有明确的调研目标，调研工作就会经常偏离实际需要，造成人力、物力、财力的损失。市场调研的范围非常广泛，市场调研的目标也很多，一项具体的市场调研工作不可能将所有的调研题目包罗其中，只能对市场的某个方面进行调研，满足企业现阶段的某些目的，如销售量下降、新产品开发等。

企业调研的目标开始阶段经常比较含糊，涉及的范围很广泛，这需要调研小组反复与决策方进行充分的沟通，将研究问题归结到具体明确的市场调研目标上。

2. 确定调研内容

调研内容是为了达到已确定的调研目的，明确需要从哪些方面进行信息的搜集，即"调研什么"，是调研目标的细分和实现途径。

在确定调研内容时，要注意调研内容一定要紧扣市场调研的目的，不要将和调研目的无关的调研内容列入，也要注意是否已完成调研目的所需的所有信息。

3. 确定调研对象

选择什么样的调研对象，即解决"向谁调研"的问题，取决于调研目的和调研内容的要求。如调研某市场牛奶的市场潜力，选择的调研对象可能是消费者、牛奶的经销商等。调研对象的选择范围有时很具体，如某个人、某个机构，有时也很笼统，如某类消费者，但要注意一定要把调研对象的条件明确地说明，如年龄在 20 ~ 30 岁的男性，本地常住居民，每天有喝牛奶……

4. 确定调研方式

调研方法的选择，即解决"怎样调研"的问题，主要取决于调研对象的特点和公司调研能力（或预算的多少）。如对消费者，一般可采用问卷调研法，对于经销商可以一对一深访等。

调研方式有很多种，如访问法（又分入户访问、街访、座谈会等）、观察法和实验法。

5. 调研区域

解决调研的地理范围，即"在哪调研"。如针对某国市场的调研，可以选择少量具有代表性的大城市，也可以选择能覆盖更大范围的较多城市。

6. 调研进度安排

拟定调研时间进度表也是一项不可少的工作，每项市场调研工作总是有一定的时间限制，市场信息的搜集要在限定的时间内完成工作。理论上调研的时间越短越好，因为越短越可以快速反映市场状况；过长的时间可能存在拿到数据时市场情况已发生较大的变化的情况。当然调研时间的安排也要合理，要保证有充足的时间来搜集数据。

7. 费用预算

进行市场调研需要各方面的投入，需要对预算进行估算。市场调研获得和使用信息，用以支持决策，这是信息发挥价值的过程。而信息的获取和使用也需付出成本。一般而言，信息获取的成本应低于信息本身的价值。因此，要对整个调研活动进行费用的预算，以便对调研项目进行评估，决定该项调研的价值有多大。也就是说，市场调研活动本身也是一个市场活动，要对投入产出比进行分析和判断。

市场调研方案的内容可以概况为 5W2H，即 Why（调研目标）、What（调研内容）、Who（调研对象）、How（调研方式）、Where（调研区域）、When（调研进度）、How many（调研费用）。

（三）搜集信息的类型

搜集信息可以通过文案调查和实地调查。

1. 文案调查

文案调查是指利用各种文字档案资料所进行的市场调查。文案调查收集的是二手数据。它包括两个方面的工作：一是从各种文字档案资料中检索和获取对市场调研目标有关的资料；二是寻找与市场调研目标有关的新的文案资料的来源。

文案调查一个突出的特点是它的调查费用比较小，不受时空的限制。特别是借助互联网进行资料的搜集，效率更高，成本更低。因此，文案调查往往可以收到事半功倍的效果，但调查的结果往往准确性和时效性难以得到保证。如果文案调查搜集的数据来源可靠且及时，那么获取的二手数据在支持调查目的方面是一种直接而经济的方法。因此，熟悉资料的来源及其对资料进行判断是文案调查工作的关键。由于文案资料来源非常广泛，时间跨度大，资料表达往往比较含糊，所以筛选自己所需要的资料完全凭借调查者的个人能力或经验决定。

这里介绍一个对二手数据进行评估的简单方法——六问法。

①谁收集？用来判断数据来源的权威性。

②目的是什么？用来判断产生数据的出发点。

③什么信息？用来判断数据的性质和内容。

④什么时间？用来判断数据的时效性。

⑤如何搜集？用来判断数据获得方法的科学性。

⑥一致性如何？用来判断数据与自己需求的一致性。

文案调查资料来源：

①内部资料来源，如公司档案、部分业务记录、个人卷宗等。

②机构资料来源，如政府信息部门、行业协会、银行、国际展览会、研究机构、我国各级商务组织的外派机构等。

③文献资料来源，如报纸和各种经济出版社、图书馆等。

目前文案调查一般都是借助互联网进行，通过互联网搜索与调查目标有关的数据和信息。中国人最常用的搜索引擎是百度，但国外最常用的是谷歌搜索引擎。如果目标国有其他搜索引擎，也会用目标国的搜索引擎。一般而言，目标国最常用搜索引擎、谷歌和百度搜索结果是不尽相同的，甚至差异是非常大的。所以当了解某国市场信息时，最好选择当地最常用的搜索引擎，可以获得更全，更准确的市场信息。

📖 小链接

全球范围内常用的搜索引擎：

谷歌（http：//www. google. com）

百度（http：//www. baidu. com）

雅虎（http：//www. yahoo. com）

微软必应（http：//www. bing. com）

Excite（http：//www. excite. com）

各国常用的搜索引擎：

法国：http：//www. lycos. fr

德国：http：//www. fireball. de

英国：http：//uk. ask. com

荷兰：http：//www. search. nl

西班牙：http：//www. hispavista. com

意大利：http：//search. tiscali. it

俄罗斯：http：//www. yandex. ru

巴西：http：//www. aonde. com

韩国：http：//kr. altavista. com

印度：http：//www. khoj. com

日本：http：//www. dokoda. com

菲律宾：http：//www. yehey. com

泰国：http：//webindex. sanook. com

埃及：http：//www. egyptsearch. com

南非：http：//www. aardvark. co. za/search

2. 实地调查

实地调查是深入市场，通过对市场有关人员、机构、组织的直接联系、接触和观察，搜集有关市场情报的一手资料。文案调查搜集的是第二手资料，结果比较概括和笼统，准确性和时效性难以保证；而实地调查可获得具体、准确的一手市场信息。

实地调查有具体性和可靠性的特征。具体性表现在通过实地调查，可使调查者了解和掌握有关市场环境、市场潜力、产品特征以及营销途径等有关的具体的、直接的、详细的市场情报。可靠性表现在实地调查利用一系列问卷、抽样、访谈、试验等科学方法和技巧，通过深入市场实地取得大量的第一手资料，这些针对具体市场调查目的而搜集的信息具有可信度和可使用性。

3. 文案调查和实地调查的关系

（1）文案调查和实地调查都是获取资料的办法，各有优点，相互补充。

（2）文案调查存在明显的缺陷，所以文案调查搜集的第二手资料一般作为企业的参考，进行决策时以第一手资料为主。

（3）文案调查搜集的资料可作为下一步实地调查的基础，可以大大减少后期工作的工作量（时间、费用、人力）。

（四）抽样调查

在实地调查中，由于调查对象的数目很多（一般无限多），对于企业来说不可能对每一个需要了解的对象逐一调查，而只能在被调查者中选择一部分具有代表意义的样本进行调查，这就是抽样调查法。

1. 抽样调查的意义

如果对全部调查对象进行调查，称为普查。普查由于涉及所有调查对象，所以理论上讲精度更高，结果更准确，但在实际中，抽查往往比普查的效果更好。主要原因是：

（1）费用方面：普查需要大量的投入，产生搜集市场信息的投入与产出的矛盾。

（2）时间方面：普查需要的时间很长，使信息的时效性大打折扣。

（3）误差方面：普查虽然样本选择误差较少，但产生了很多其他的误差；而抽样调查由于样本量大大减少，相对可以投入更多的时间和费用在每一个样本上，只要抽样方法控制得好，反而可以减少总误差。

因此在市场调查中，往往通过对调查总体中一部分样本来达到对调查总体特征的认识，即采用非全面调查的方法来达到全面调查的目的。

2. 抽样调查的定义

抽样调查是在市场调查对象总体中抽取一部分具有代表性的样本进行观察，并根据观察结果推测调查总体特征的一类方法。

调查总体是指有关市场调查范围内的所有可能存在的个体所构成的整体，也称"母体"。样本是从这个整体中抽选出来一部分对其进行直接调查的个体，也称"子体"。

从总体中抽选样本有两种方法：一种是有放回抽样或重复抽样；另一种是无放回抽样或不重复抽样。前者是从总体中抽选出一个样本后，把它放回去，再从总体中抽选下一个样本，即同一个样本有多次重复中选的可能。后者是从总体中抽选出一个样本后，不再放回去，而从剩下的总体中再选下一个样本，即一个样本只有一次被选中的机会。

3. 抽样调查的组织方式

抽样调查的组织方式可分为随机抽样法和非随机抽样法。

随机抽样法是指在抽样时完全按照随机的原则进行。随机是就概率而言的，指在总体中抽取样本时纯客观，不受任何主观因素的影响，使主体中所有的个体都有相同的被抽中的可能，哪个个体被选中或未被选中都是纯粹的偶然事件。

随机抽样使得用抽样法对总体特征进行推断时具有合理性和科学性。第一：随机抽样能排除主观因素干扰，完全由机遇的规律制约，使得样本的分布结构近似于总体的分布结构，从而保证了样本对总体的代表性。第二，遵守随机抽样原则，对于纯属随机抽样引起的误码率差可以计算和控制。

非随机抽样是指抽样是在一定条件限制下，不完全按照随机原因进行，样本的产生在一定的条件下具有主观性和随意性。

4. 随机抽样方式

随机抽样要求选择样本时每个单位都有相同的被选中的机会，使样本对总体具有较高的代表性。而在实际调查中，由于我们一次只抽取一个随机样本，一个随机样本往往会促成相同的或同类单位的相同机会的选择，从而影响样本对总体的代表性。所以在随机抽样时，可以对总体采取多种抽样技术。

（1）简单随机抽样。

简单随机抽样又称纯随机抽样，它是对调查总体不进行任何的分类或排队，按随机原则直接从总体中抽取样本。对每一个总体单位来说，被抽中的机会是完全偶然和平等的。简单随机抽样是随机抽样中最单纯、简单的抽样方式。它适用于分布比较均匀、变异程度比较小的调查总体。

具体抽选方法是：对所有的总体单位进行编号，然后抽签，或从随机表（乱数表）中抽样，或利用电脑随机抽样。

（2）分层抽样。

分层抽样又称类型抽样，它是在抽样前先对总体各单位按某种标志进行分组，然后按随机的原则从各组中抽取样本。分层抽样把总体中某种特征比较接近的单位归为一类，从而使各类中个体之间的某种特征差异缩小，以此来增加样本总体的代表性。一般对情况比较复杂、各类总体单位之间标志差异程度比较大的总体宜采用分层抽样。

具体操作方法是：将总体的 N 个单位，按某种标志分为 K 组，使 $N = N_1 + N_2 + N_3 + \cdots + N_k$，然后从每组 N_i 中抽取 n_i 个样本，构成样本容量为 n 的一个样本，即 $n = n_1 + n_2 + n_3 + \cdots + n_k$。

分层抽样的特点是：每层调查单位都具有某种同质性，即层内的样本变异性较小；而层与层之间却具有较大的差异性。

（3）系统抽样。

系统抽样又称等距抽样，它是事先将总体各单位按某种标志排列，然后依一个固定的顺序和间隔来抽选样本单位。

系统抽样的具体操作过程是：设总体有 N 个单位，需抽取一个容量为 n 的样本。首先将调查总体按一定的标志排队，其次将总体划分为 n 个相等的部分，每部分都有 K 个单位，$N/n = K$；再从第一部分中随机抽取一个样本，然后每 K 个单位抽取一个样本，共抽取

n 单位组成一个样本。

系统抽样时，排队标志的选择有两种情况：一种是按与调查目标有关的标志进行排队，例如在居民家庭购买支出调查中，对居民住户按家庭收入进行排队；另一种是按与调查目标无关的标志进行排队，如对居民住户按户主的姓氏笔画进行排队。从表面过程来看，按无关标志排队似乎更能体现随机原则；但按有关标志排队加进了人为的技术处理因素，这种技术处理反而能降低抽样误差，提高样本的代表性。

（4）分群抽样。

分群抽样又称整群抽样，它是先将调查总体按其自然的形态划分成若干群，然后以群为单位从总体中随机抽取一部分群作为样本，并对抽中的群中所有的单位都进行的调查。具体操作方法是：首先将调查总体划分为 R 群，每群有 M 个单位；其次从 R 群中随机抽了 r 群，对 r 群中所有的单位进行调查。

分群抽样适用于调查总体变异程度大，由于某些条件的限制不宜订立分层标准，而只能依外观的地域或形态划分成若干群进行的调查。它的特点是群间差异性较小，而群内差异性较大。

5. 非随机抽样

（1）便利抽样。

便利抽样也称任意抽样、随意抽样，样本的选择完全是根据调查人员的方便而定。便利抽样是非随机抽样调查中最方便、最经济的一种调查方式。由于偏差较大，其可信度也较低。注意随意不是随机，随意是带有强烈的主观色彩的，所谓随意是随抽样者的意。因此，随意抽样误差较大。

（2）典型抽样。

典型抽样是市场调查组织者根据其调查目标，主观地判断和确定具有某种代表性的样本。这些样本的代表性可以表现为数量方面，也可以表现为品质方面。代表性调查对象的选择应该建立在对总体有关的特征具有相当了解的基础上，选择中等的、平均的、众多的样本代表，而避免选择具有某种极端性的样本。

（3）配额抽样。

配额抽样是非随机抽样中最为流行的一种方法。具体做法是：以社会经济的各种特征对研究总体进行分组（单因素或多因素），之后确定每组的样本量的比例，然后对各组样本进行抽样。由于对总体的各组都分配了一定数据的样本，使样本较均匀地分布在总体中，提高了样本的代表性。

（4）滚雪球抽样。

滚雪球抽样是通过使用初始被调查者的推荐来挑选另外的被调查者的一种抽样方法。最初抽取的样本量一般无法满足样本量的要求，但通过层层推荐，一传十，十传百，使样本量达到要求。该方法成本较低，也较容易操作，但误差往往较大。

如某药品消费者的调查抽样，直接抽取样本的难度比较大（可能是样本分散，或者是内容敏感），可以先获得少量样本，再由这些初始样本推荐他们认识的符合条件的其他样本，依此类推，直到获得足够多的样本量。由样本来推荐样本可操作性较强，不容易遭到拒绝。

（五）国际市场营销调研的方法

1. 定量研究和定性研究

定量，就是以数字化符号为基础去测量。定量研究通过对研究对象的特征按某种标准做量的比较来测定对象特征数值，或求出某些因素间的量的变化规律。

定性，是非定量手段来反映事物的特征。定性研究，要依据一定的理论与经验，直接抓住事物特征的主要方面，将同质性在数量上的差异暂时略去。

定量研究与定性研究有着紧密的联系，但也有明显的区别。

①着眼点不同。定量研究着重事物量的方面；定性研究着重事物质的方面。

②在研究中所处的层次不同。定量研究是为了更准确地定性。

③依据不同。定量研究依据的主要是调查得到的现实资料数据；定性研究的依据则是大量历史事实和生活经验材料。

④手段不同。定量研究主要运用经验测量、统计分析和建立模型等方法；定性研究则主要运用逻辑推理、历史比较等方法。

⑤学科基础不同。定量研究是以概率论、社会统计学等为基础；而定性研究则以逻辑学、历史学为基础。

⑥结论表述形式不同。定量研究主要以数据、模式、图形等来表达；定性研究结论多以文字描述为主。

定性研究是定量研究的基础，是它的指南，但只有同时运用定量研究，才能在精确定量的根据下准确定性。这是二者的辩证关系。

2. 访问法

访问法是通过调查人员与调查对象接触，搜集有关资料的社会调查方法。从接触方式而言，分为面访和电话采访；从访问类型而言，分为结构型访问（问卷式）和非结构型访问（交谈式）；从访问的人数而言，分为个别访问和集中访问，后者又可分为座谈和集中填答问卷两种。采用访问法，可以对某一主题或某一方面情况进行调查、搜集资料，还可以在访前不做具体限定而在与调查对象的晤谈过程中，捕捉有用的信息，确定访问的具体内容。访问法的优点是：搜集资料的完成率较高，提问方式较灵活，可以对一些问题做深度调查。它的缺点是：面访实施费用较高，时间和人力花费也较大，无法使被访者完全匿名，因而对其答题结果会有所影响。运用访问法搜集资料前，应对调查人员进行先期培训。采用结构型访问时，调查人员必须严格按程度规定操作，掌握核实手段，确保调查对象是特指的人。

访问法可以是入户访问、街头访问、电话访问，正常情况下会借助问卷来进行访问，或者通过小组座谈会的方式，邀请较多人共同来进行交流，以获取市场信息。

3. 观察法

观察法是调查者根据调查目的的要求，深入调查现场，通过对调查对象进行直接的察看或测量，而获得市场资料的方法。例如：在房间里观察儿童玩玩具的动作和过程；在超市观察消费者的购物过程和动作；在路边观测车辆和人流量。

观察法的特点是调查人员的亲临现场，通过自身的感觉器官，眼看、鼻嗅、耳闻、手摸、口尝来感知市场现象，而不需向受访者提问。它更接近于调查者单方面的认识活动。

观察调查方法简单方便，调查结果真实具体。

观察法有很多形式。

（1）按观察者的参与程度不同可分为参与观察法和非参与观察法。

参与观察法是观察者参与到市场活动中，通过与被观察者的共同活动，观察和搜集市场情报。

非参与观察法是指观察者以旁观者的身份对市场情况进行观察。

（2）按观察结果的标准化程度可分为有控制观察法和无控制观察法。

有控制观察法是指观察者所观察的内容受到调查设计的限制，按调查设计所要求的内容或项目进行有控制的系统观察，并将观察结果按设计好的表格进行记录。

无控制观察法是指观察者在一个大致的调查目标要求下，深入现场进行观察，观察内容和项目不受某种调查设计的限制。

（3）按取得资料的时间特征可分为纵向观察法、横向观察法、纵横结合观察法。

纵向观察法是指在同一个地点不同时间进行观察比较，又称为时间序列观察法。

横向观察法是指在同一时间不同地点进行观察比较，又称为横断面观察法。

纵横结合观察法是将纵向和横向观察法结合在一起。

4. 实验法

实验法是指实验者根据调查目的的要求，有意识地通过改变或注入某种市场因素来观察其变化对市场产生的影响。

实验法通过自然科学中的实验求证原理来研究了解市场问题，在市场调查研究中应用的范围也比较广泛。市场实验经常运用在新产品试销上，通过在某些典型市场投放进行销售（实验），将结果推广到更大范围内的市场。

例如：某咖啡店为了了解咖啡杯与咖啡的关系，准备了三种不同颜色的咖啡杯，白色、棕色和深红色。三种不同的杯子装相同的咖啡让客人品尝，之后询问客人对咖啡浓淡的评价。大家普遍反映白色杯的咖啡较淡，深红色杯的咖啡较浓，而棕色杯的咖啡正好。该市场实验研究了咖啡杯颜色对消费者在咖啡浓淡判断上的影响。

一般市场实验有如下三个特点：

（1）实验是通过控制一个或几个因素，来研究该因素的变化对市场产生的影响，以观察市场活动中的各种因果关系。这种研究假定市场变化不受其他因素的影响，则结果同自然科学实验一样准确无误，但这只能是一个理想的假设。

（2）实验法是一种现场实验，不具备实验室的实验条件。因此，实验结果并非单纯受到实验控制因素的影响，而且还受到其他方面的影响。这些影响因素主要来自两个方面：一是外来的各种非实验控制因素的影响。二是实验对象的代表性或测量上的随机性所产生的影响。有些影响是可以通过实验设计加以控制和消除的，还有一些因素是不可控制因素和随机误差，是不可避免的，形成了最终实验误差。

（3）由于实验误差的存在，在一定程度上影响了实验结果的可靠性。所以要尽量消除各种外来非实验因素对实验对象的影响。

5. 专家调查法

专家调查法是一种依靠专家知识、经验和市场观察的能力，来搜集和分析市场情况的方法。典型的专家调查法是德尔菲法。

德尔菲是古希腊阿波罗神殿所在地。因阿波罗神具有高超的预测未来的能力，所以德尔菲就成了预言的代名词。20 世纪 60 年代美国兰德公司将其首创的一种专家调查法命名为德尔菲法。

德尔菲法是一种依靠专家小组成员背对背对市场进行分析判断，使每个专家对市场的不同意见和分歧得到充分的表达和交流，并经过专家反复的分析判断，最后使专家们对市场情况逐渐趋向一种较为一致的意见，将其意见结果作为市场预测的根据的一种集体预测调查法。

德尔菲法的基本步骤：

（1）选定专家。专家们彼此之间不发生联系，仅与调查的组织者通过书信往来或交谈方式进行接触。

（2）第一轮预测。组织者将要预测的问题写成含义明确的提纲，并提供有关的信息资料，分别送给各位专家，请专家在背对背的情况下，各自独立地做出自己的判断。专家提出自己的意见后，将意见反馈给调查组织者。

（3）第二轮预测。调查组织者将专家们的意见进行综合汇总和分析，再将综合归纳的结果分别送给各位专家，请专家根据反馈的资料考虑和修改自己原来的意见。最后专家将重新考虑和修改后的意见寄给组织者。

（4）循环往复。当专家们的判断逐渐趋向于某一种较为集中的意见时，停止预测，这时的汇总结论为最终的预测结论。

德尔菲法的主要特点有：

（1）匿名性。专家彼此之间背对背，相互之间不见面，甚至不知道有哪些专家参加项目。匿名性避免了专家之间的相互影响。

（2）反复性。德尔菲法要经过若干轮预测，直到专家们的判断逐渐趋于统一的意见。

（3）集体性。德尔菲法是专家们的集中活动，最后的结果也是集中智慧的体现。

六、问卷调查

问卷是一组与调查目的有关的问题，或者说是一份根据调查目的而编制的有关的问题表格。问卷的主要任务有二：一是根据问卷向调查者发问；二是通过问卷来记录答案。

问卷调查就是根据统一设计的问卷向被调查者了解有关市场方面的事实、意见、动机、行为等方面情况的一种标准化的、书面的、间接的调查方法。

（一）问卷调查法的特点

1. 范围广

有两方面的含义：一是指问卷调查的问题范围比较广泛；二是指问卷调查对象的范围十分广泛。

2. 匿名性强

问卷调查多属间接、书面的调查，可匿名参加，从而使被调查者无思想负担地将真实的情况说出。

3. 费用省

问卷调查一般不需要调查者逐一向被调查者进行登门访问，而是靠一张问卷代替派人调查，这对调查者的时间、人力和费用都是一种节省。

问卷调查法的局限性：

（1）由于问卷的标准化或统一性，适用于一般的情况，很难对问题进行深入的分析和研究。

（2）调查是一种间接调查，影响调查结果的真实性和准确性。

（3）问卷调查的回复率和有效率较低。（回答不完整和理解出现偏差）

（二）问卷调查的种类

1. 按问卷传递的方式

按问卷传递的方式分为：报刊问卷、邮政问卷、派发问卷、访问问卷、Web 问卷、E-mail 问卷。

（1）报刊问卷。

报刊问卷是随报刊传递分发的问卷，并号召报刊的读者对问卷做出回答，然后按规定的时间将问卷通过邮局寄回报刊部或指定地方。

优点：分布面广、节省费用和时间。

缺点：回收率低、有效率低、调查对象的代表性较差。

（2）邮政问卷。

邮政问卷是通过邮局向被选定的调查对象寄发问卷，要求被调查者按规定填写，然后再通过邮局寄还给调查者。

优点：有利于控制调查对象、节省时间。

缺点：回复率低、费用较高。

（3）派发问卷。

派发问卷是调查者派专人将问卷送给选定的被调查者，待被调查者填制完毕再派人收回问卷。派发问卷适用于被调查者分布比较集中的情况，或结合其他调查进行。

优点：回复率高、费用低。

缺点：代表性差。

（4）访问问卷。

访问问卷是调查者按统一设计好的问卷，向被调查者当面提出问题，然后再由调查者根据被调查者的口头回答而填写的问卷。

优点：准确性高、回复率高、效率高。

缺点：费时、费力、费钱。

（5）Web 问卷。

Web 问卷是调查者按统一设计好的问卷，通过 Web 网页发布，请有兴趣的浏览者回答。

优点：费用低、范围广。

缺点：回复率低。

（6）E-mail 问卷。

E-mail 问卷是调查者按统一设计好的问卷，通过 E-mail 发送给特定的人，请对方点击链接完成问卷。

优点：费用低、针对性强。

缺点：回复率低。

2. 按问卷的填写方式

按问卷的填写方式可以分为自填问卷和代填问卷。

（1）自填问卷是由被调查者自己填答的问卷。除访问问卷之外的问卷为自填问卷。

（2）代填问卷是由调查者代替被调查者填答的问卷。访问问卷是代填问卷。

（三）问卷设计

问卷设计是市场调查的重要一环，问卷设计的好坏，直接决定着调查的质量、回复率、有效率，乃至整个调查项目的成败。

1. 问卷设计的原则

（1）目的性原则。

任何问卷调查都是有目的的：证实或证伪某个结论。目的明确是问卷设计的基础。只有目的明确具体，才能提出明确的假设，才能围绕假设来设计题项。避免出现一些没有明确目的或作用的问题。

（2）可接受性原则。

可接受性原则是指问卷比较容易让被调查者接受。在问卷的说明词中，应该将调查的目的和重要性明确告诉被调查者。问题措辞要亲切、温和。提问要自然、礼貌，尽量通俗化、口语化，要避免出现令被调查者难堪或反感的问题。

（3）顺序性原则。

问卷要注意问题的排序。相同的一组问题但不同排序可能会产生截然不同的答案。如甄别问题要放在最前，背景资料放在最后，按问句要求回答的深入程度排列等。

（4）明确性原则。

明确性原则是指问题是否清晰明确、便于回答，被调查者是否能够对问题做出明确的回答。避免出现专业化名词或含糊不清的词语，使大家做出不同的理解。

2. 问卷设计的程序

（1）把握调研的目的。

首要的工作是充分了解调查目的和内容，只有这样，设计才能做到有的放矢。

（2）搜集与研究课题有关的资料。

问卷的设计不是靠凭空想象，而是要依靠大量的资料（经验）。通过搜集资料，研究者可以对问题有更深入的认识，而且还可以获得大量的题目素材。

（3）个别访问调查。

对个别消费者进行访问，了解受访者的习惯、关心，对哪些问题思考得比较多。使设计者能够更好地把握应该问什么、怎么问。

（4）拟定问卷初稿。

个别访问后，根据搜集的资料和访问结果，以及设计者的经验，进行问卷题目的编写。

（5）预调查/修改。

进行小规模的预调查，其目的是检查问卷初稿所存在的问题并加以修改。在这一过程中会发现大量的问题：如某些答案非常集中，出现了新的答案，表达不清楚，等等。根据发现的问题对问卷进行修改。

预调查的调查方式要与正式调查的方式一致。预调查这一过程可能要重复多遍，直到出现的问题足够少。

（6）制成正式问卷并印刷。

问卷定稿后要进行格式的优化，之后进行印刷。

（四）问卷的一般结构

1. 前言

称呼、自我介绍、目的说明、无负面影响说明、所需时间。

一个典型的前言是：

先生/女士，您好！我是＊＊公司的访问员，我们主要从事消费品研究。今天我们想对您做个访问。这个访问不会占用您太多时间，感谢您的配合！

2. 调查内容

（1）甄别问卷。也称问卷的过滤部分，它是先对被调查者进行过滤，筛选掉非目标对象，然后有针对性地对特定的被调查者进行调查。通过甄别，一方面，可以筛选掉与调查事项有直接关系的人，以达到避嫌的目的；另一方面，也可以确定哪些人是合格的调查对象，通过对其调查，使调查研究更具有代表性。如问被调查者的消费经历："请问您最近三个月是否有购买过手机?"，如果回答"是"，则继续访问，如果回答"否"，则停止访问，寻找下一位被调查者。

（2）主体问卷。主体问卷即调查的主要内容，是问卷的核心部分，它包括了所要调查的全部问题，主要由问题和答案所组成。

（3）背景资料。背景部分通常放在问卷的最后，背景资料为被调查者的个人基本情况，如年龄、教育程度、个人收入、职业等。背景资料用于数据分析。

3. 结语

即问卷的结尾，对被调查者表示感谢。

4. 作业证明记载

对问卷的完成情况进行记载，包括问卷完成的时间和地点，被调查者的联系电话等，用来证明问卷完成的真实性。

（五）问句的种类

1. 按问句本身的性质可分为：事实问句、态度问句和原因问句

（1）事实问句：询问某种事实。一般较易回答。

（2）态度问句：被调查者对某种市场情况的打算、喜欢程度、赞成程度、意愿或评论见解。问句常以"认为……""最喜欢……""感觉……"等表达。

（3）原因问句：搜集被调查者产生各种事实和意见的原因和动机。问句常以"为什么……""您这样的原因是……"等表达。

2. 按问句回答的形式可分为：封闭型问句、开放型问句

（1）封闭型问句：指问题的答案已经列出，回答者只需选出自己所同意的答案即可。

封闭型问句的优点：①回答是标准化的，不同的回答可做比较；②数据处理比较容易；③回答简单，有利于提高问卷的回收率；④避免了无关回答。

封闭型问句的缺点是：①无法判断回答正确与否；②答案太多时会导致难以选择。

（2）开放型问句：指不为回答者提供可能选择的答案，而要求被调查者对问题做出自由的回答。开放型问句有利于调查深层问题。

开放型问句优点是：①能够获取研究者预料未及的答案；②可以让回答者充分陈述自己的看法；③适用于答案太多而且分散，无法用几个简单的答案汇总的问题。

开放型问句的缺点是：①搜集的资料中包含着大量无价值的信息；②开放性问题要求回答者有较强的书面（口头）表达能力；③资料非标准化，难以进行统计；④回答需要很多的时间和精力，容易遭到拒绝（回收率低）。

（六）问句的排序

一份问卷包含许多题目，如何将这些问题进行合理的编排，这是问卷设计中一个重要问题。题目编排合理、恰当，有利于有效地获得资料；题目编排不合理，可能会影响受被调查者作答，甚至会影响到调查结果。问句的排序应遵循两条原则：一是符合正常的逻辑思维，方便被调查者回答；二是注意前后问题的影响。

为此，问句的排序应注意以下几点。

（1）按问句的性质与类别有逻辑次序地排列。如调查涉及品牌知名度、消费者消费习惯和媒体接触习惯三个部分，那应该依次设计问题并排列，先完成一项内容后再开始另一项内容。

（2）按问句要求回答的深入程度排列。在问句的排序上应是先易后难，由浅入深。一般应先事实问句，再态度问句，再原因问句；先一般性问题，后敏感性问题；先封闭型问句，后开放型问句；先简单性问题，后复杂性问题。

（3）如果问句涉及调查项目的时间，则应按时间的先后顺序排序。一般的顺序：过去—现在—将来，或现在—过去—将来。

（4）跳答。不是问卷每道题都适合每一个被访者，有些问题或与一部分回答者无关，而与其他回答者有关，这样可以用跳答的形式。如回答"是"，则继续下一题；回答"不是"，则跳至＊＊题。

（七）记录答案的方式

对于开放型问句，一般在问句后面或下面留下几行空白，回答者用文字在空白处填写答案。如果希望回答者多留意见，空白则应多留一些。

对于封闭型问句，答案记录方式主要有以下几种。

（1）选择。

选择分为双项选择和多项选择。选择要尽量做到出现所有可能或常见的答案，减少遗漏，如果无法确定列全所有的答案，在最后补充"其他"。选择方式还要注意到答案的排列顺序。一般排在前面的答案被回答的机会更大。

（2）排序。

对所列选项进行排序，如按重要程度排序，最重要的排在最前。所排序的选项不应太多，否则容易出现工作量太大而影响结果的准确性。

（3）打分。

对选项进行打分，如对各服务项目按满意程度打分，满分100分。

（4）比较。

对所列选项两两比较。比较的方式不适合选项过多的题目，3个选项两两比较要比较3次，5个选项两两比较要比较10次。一般比较的选择在3~4个比较合适。

（5）态度测量。

（八）题目的措辞

1. 用词简单，定义清楚，避免使用含糊不清的词语

在问句中要使用容易理解、定义清楚的词语，避免模棱两可。如"收入"不同的人有不同的理解，"家庭"存在大家庭和小家庭之分，"你认为美丽吗？"等，由于没有明确的标准，答案缺乏可比性。"你最近是出门旅游，还是休息？"让人不知如何回答。

2. 问句简短，不宜过长

从修辞的角度来讲，修辞多一点、语句长一点好，会使语言更优美，但在调查问卷中，要简单、口语化，使被调查者听一遍即可领会意思，加快答题速度，避免使被调查者感到疲劳或不耐烦。

3. 避免提一般性问题，应具体化

如"您对商场的印象如何？"过于笼统，可能存在以点代面、以偏概全的现象。可具体问"您认为商场商品品种是否齐全？""营业时间……""服务态度如何？"等。

4. 避免一问两答

在问句中，一个题目不要包括两个或两个以上的问题。如"您是通过下列哪一种媒体看到'盖中盖'和'思达舒'的广告的？""请问您的家长是知识分子吗？"让被调查者无从回答，或回答的答案无法进行分析。

5. 避免引导性提问

调查者在提问时不能暗示自己的观点，提示应答者答案的方向。

如"消费者普遍认为＊＊牌子的冰箱好，你认为呢？""您觉得这种包装很精美，是吗？"类提问就带有一定的引导性。

如在美国一项社会科学研究中，分别就同一问题采用两种方式提问：

①您赞同今年提早一星期过感恩节的提法吗？

②您赞同罗斯福总统提出的今年提早一星期过感恩节的提法吗？

第②中提问方式，得到的赞同度提高了五个百分点。

6. 避免提断定性的问题，使用过滤性问句

如"你一天抽多少支烟？""您最喜欢看的报纸是什么？"类提问就暗含了断定性，正确的问法是前面加一条过滤性的问题。

7. 避免提令被调查者难堪的问题，或不愿意回答的问题

如对女士直接问"您结婚了吗？""请问您的年龄是几岁？"等问题，或向抽烟者问

"在公共场合抽烟，您认为讲公德吗？"的问题，都不太合适。

在设计问题时采用迂回的战术，间接提问，如"有些人……""单位里的同事如果……，您认为……"。

8. 问句要考虑时间性

时间过久的问题使人遗忘，如"过去一年您买衣服的费用是多少？"，应将时间范围缩小，使问题容易记忆。

9. 避免问题与答案不一致

"您最经常看哪一个栏目的电视节目？"

A. 新闻联播　　　　　B. 综艺大观　　　　　C. 体育大看台　　　　　D. 偶尔看

答案 D 是不一致的答案。

（九）态度测量

在问卷中，经常需要对被调查者的态度、意见、感觉、动机等心理活动方面的问题进行判别和测定。这些测定具有不同的深度和复杂程度，可以用态度测量尺度和测量表，也就是通过一套事先拟定的用语、记号和数目，来测量人们的心理活动的度量工具，它可将所需调查的定性资料进行量化。态度测量法作为对人们心理行为的分析手段，在心理学、社会学得到了广泛的运用，在市场调查中也经常被使用。

态度测量要用到各种类型的测量量表。量表是由调查者设计各种不同类型的问题，直接向被调查者进行询问，被调查者根据自己的行为、态度对问句直接做出回答的一种方法。量表有是否型量表、选择型量表、标度式量表。在问卷中最常见到的量表是两极式分级量表。量表的两极为极端答案，中点是中性答案。量表的答案从中点向两极逐渐加强。具体可分为 5 级、7 级、9 级等。5 级量表和 7 级量表经常被使用。

5 级量表的选项为：非常重要、较重要、无所谓、较不重要、非常不重要。

7 级量表的选项为：非常重要、重要、较重要、无所谓、较不重要、不重要、非常不重要。

本章小结

国际市场营销信息系统是由人员、机器设备和计算机程序所构成的一个相互作用的连续复合体。其基本任务是有计划、有规则地搜集、分类、分析、评价和分配恰当的、及时的和准确的市场营销信息，供市场营销决策者用于制订或修改市场营销计划，执行和控制市场营销活动。

国际市场营销信息系统一般由内部报告系统、营销情报系统、营销调研系统、营销决策支持系统这样四个子系统构成。

对于特定营销问题，通过专项市场调研进行数据的搜集和分析。市场调研的步骤也可以简单划分为方案准备、数据收集、分析总结、报告沟通四个阶段。其中方案准备包括调研方案、问卷设计；数据收集包括文案调查和实地调查。

关键术语

数据与信息 国际市场营销信息系统 内部报告系统 营销情报系统 营销调研系统 营销决策支持系统 文案调查和实地调查 一手数据和二手数据 访问法 观察法 实验法

复习思考题 ▶▶ ▶

一、单选题

1. 对于国际营销遇到的一些专项研究问题，往往需要通过下列哪个系统解决？（　　）

A. 内部报告系统　　　　　　　　　B. 营销情报系统

C. 营销调研系统　　　　　　　　　D. 营销决策支持系统

2. 市场调查最主要是服务于企业哪一类活动？（　　）

A. 生产活动　　　　B. 营销活动　　　　C. 财务活动　　　　D. 人力资源活动

3. 描述性研究主要是研究（　　）。

A. 是什么　　　　B. 做什么　　　　C. 为什么　　　　D. 将来如何

4. 抽样调查是从总体中抽取样本进行调查，样本的数据（　　）总体的数据。

A. 近似　　　　B. 反映　　　　C. 推测　　　　D. 等同

5. 对于进入一个新市场前进行初步调查，我们可以利用（　　）。

A. 实验法　　　　B. 头脑风暴　　　　C. 文案调查　　　　D. 电话调查

二、多选题

1. 市场调查的功能主要有（　　）。

A. 描述　　　　B. 诊断　　　　C. 策划　　　　D. 预测

2. 市场调查中，通常不用普查的方法而用抽样调查的方法，是由于普查（　　）。

A. 动员太多人力　　B. 时间太长　　C. 预算太大　　D. 误差难控制

3. 文案调查的优势有（　　）。

A. 费用低　　　　B. 不受空间限制　　C. 数据时效性好　　D. 比较准确

4. 实地调查的优势有（　　）。

A. 费用低　　　　B. 不受空间限制　　C. 时效性好　　　　D. 准确性高

5. 下列哪些访问法属于定量调查？（　　）

A. 入户访问　　　　B. 街头拦截　　　　C. 电话访问　　　　D. 小组座谈会

三、简答题

1. 简述信息和数据的区别与联系。

2. 简述市场调查的流程。

3. 随机抽样有哪些抽样方式？具体应该如何操作？

4. 试比较开放型问题和封闭型问题的优缺点。

5. 请对实地调查和文案调查进行比较。

6. 如何对二手数据进行评估？

案例讨论

20 世纪 70 年代中期以前，可口可乐一直是美国饮料市场的霸主，市场占有率一度达到 80%。然而，70 年代中后期，它的老对手百事可乐迅速崛起。对手的步步紧逼让可口可乐感到了极大的威胁，它试图尽快摆脱这种尴尬的境地。1982 年，为找出可口可乐衰退的真正原因，可口可乐决定在全国 10 个主要城市进行一次深入的消费者调查。

可口可乐设计了"你认为可口可乐的口味如何？""你想试一试新饮料吗？""可口可乐的口味变得更柔和一些，您是否满意？"等问题，希望了解消费者对可口可乐口味的评价并征询对新可乐口味的意见。调查结果显示，大多数消费者愿意尝试新口味可乐。

可口可乐的决策层以此为依据，决定结束可口可乐传统配方的历史使命，同时开发新口味可乐。没过多久，比老可乐口感更柔和、口味更甜的新可口可乐样品便出现在世人面前。

为确保万无一失，在新可口可乐正式推向市场之前，可口可乐公司又花费数百万美元在 13 个城市中进行了口味测试，邀请了近 20 万人品尝无标签的新/老可口可乐。结果让决策者们更加放心，六成的消费者回答说新可口可乐味道比老可口可乐要好，认为新可口可乐味道胜过百事可乐的也超过半数。至此，推出新可乐似乎是顺理成章的事了。

但让可口可乐的决策者们始料未及的是，噩梦正向他们逼近——很快，越来越多的老可口可乐的忠实消费者开始抵制新可乐。对于这些消费者来说，传统配方的可口可乐意味着一种传统的美国精神，放弃传统配方就等于背叛美国精神，"只有老可口可乐才是真正的可乐"。有的顾客甚至扬言将再也不买可口可乐。

迫于巨大的压力，决策者们不得不做出让步，在保留新可乐生产线的同时，再次启用近 100 年历史的传统配方，生产让美国人视为骄傲的老可口可乐。

仅仅 3 个月的时间，可口可乐的新可乐计划就以失败告终。尽管公司前期花费了 2 年时间、数百万美元进行市场调研，但可口可乐忽略了最重要的一点——对于可口可乐的消费者而言，口味并不是最主要的购买动机。

讨论：可口可乐公司的市场调查为什么会出现失误？问题出在哪里？

资料来源：简书网　2017 年 6 月 7 日

营销技能训练

资料搜集与研讨：根据本章对市场营销信息和调研的介绍，针对特定的案例企业，进行相关资料、数据和信息的搜集，或通过市场调查的方式，了解国内消费者对该企业的相关数据信息，并对搜集到的资料进行汇报、研讨。

第四章 国际市场营销战略选择

学习目标

知识目标

掌握营销战略的含义，国际营销战略的特征，国际营销战略的制定过程，市场细分、目标市场选择、市场定位的概念；熟悉市场细分的步骤、方法和细分标准，国际目标市场选择的战略和策略，市场定位的步骤和策略；了解市场细分、目标市场选择、市场定位的意义。

技能目标

能够分析不同企业的目标市场；能够帮助企业制定国际营销战略；能够熟练运用国际目标市场选择战略和策略。

思政目标

培养学生严谨的治学态度，增强学生的创新意识，倡导理论与实践紧密结合，公平竞争、诚信经营，践行社会主义核心价值观。

导入案例

中国电信与阿里巴巴签署全面战略合作协议

2017 年 5 月 13 日，中国电信集团公司与阿里巴巴（中国）有限公司在京签署全面战略合作协议。基于良好的业务合作基础及各自领域内的丰富经验及资源，双方决定建立全面战略合作伙伴关系。

根据协议，双方将在电子商务、基础网络和安全、营销服务、云计算、支付、农村渠道、终端和物联网、企业采购服务等多个领域开展广泛深入的合作。双方互为战略大客户，将共同加强中国电信"五圈"（智能连接、智慧家庭、新型 ICT 应用、互联网金融、物联网五大生态圈）和阿里巴巴"五新"（新零售、新制造、新金融、新技术、新能源）的对应合作。此外，还将进一步探讨和开拓未来的深度合作。

此前，中国电信与阿里集团作为战略合作伙伴，已在数据中心、基础通信能力及电商、移动支付等众多领域开展了多层次的合作，实现了双方在产品、业务和营销上的创新，实现了合作双赢。

阿里巴巴集团是全球领先的互联网企业，经过多年发展，已在电子商务、普惠金融、云计算及大数据、操作系统、文化娱乐、智能物流等领域形成了立体化产业布局，并引领带动着行业发展。互联网时代，阿里巴巴正致力于成为新经济发展的基础设施提供者。

中国电信作为全球最大的光网运营商和全球最大的 FDD 运营商，具备为全球客户提供跨地域、全业务的综合信息服务能力和客户服务渠道体系。中国电信积极推进企业转型升级（转型 3.0），实施网络智能化、业务生态化、运营智慧化，引领数字生态，做领先的综合智能信息服务运营商，筑力网络强国，服务社会民生。

资料来源：国务院国有资产管理委员会官网 http://www.sasac.gov.cn/n2588025/n2588119/c4294652/content.html

讨论：中国电信与阿里巴巴是如何达成营销战略合作的？

第一节　国际营销战略

一、国际营销战略概述

（一）营销战略的含义

营销战略是指企业为实现特定的营销目标而制定的行动纲领或方案。企业基于既定的战略目标，向市场转化的过程中必须要关注"客户需求的确定、市场机会的分析、自身优势的分析、自身劣势的反思、市场竞争因素的考虑、可能存在的问题预测、团队的培养和提升"等综合因素，最终确定出增长型、防御型、扭转型、多角型的市场营销战略，以此作为指导企业将既定战略向市场转化的方向和准则。

（二）国际营销战略的特征

国际营销战略具有全局性、长期性、系统性、灵敏性、风险性等特征。

1. 全局性

全局性是指企业的市场营销战略体现了企业全局的发展需要和利益。

2. 长期性

长期性是指营销战略着眼于未来，要指导和影响未来一个相当长的时期。

3. 系统性

系统性是指应该把整个企业的战略作为一个整体系统工程来统筹制定，追求整体发展的最大效益。

4. 灵敏性

灵敏性是指企业的营销受国际市场外部环境和内部条件的综合影响。当外部环境发生变化（如市场需求、政治或经济形势变化、政策与法规变更、原材料供应变化等）时，必须不失时机地做出战略调整。

5. 风险性

风险性是指任何营销决策都不可能是在信息绝对充分的条件下做出的，都是对未来所做的预测性决策，机会和威胁经常是互相转化的，因此总是存在一定的风险。

（三）国际营销战略的制定过程

1. 外部环境分析

营销人员需要监测影响营销活动的主要宏观环境因素，同时还必须监测重要的微观环境因素。这些环境因素会影响企业在市场中的盈利能力。企业需要建立营销信息系统，研究环境因素的发展趋势和规律，从趋势和规律中辨明市场机会和威胁。通常使用 PEST 分析法来分析企业的宏观环境。PEST 包括四个分析要素，即 Politics（政治）、Economy（经济）、Society（社会）和 Technology（技术）。

2. 内部环境分析

外部环境机会对所有企业都是均等的，但并非所有企业都能把握住机会，这是因为不同企业的内部环境不同。只有充分发挥企业自身优势，把环境机会和企业能力结合起来，企业才能成功。企业要定期检查内部环境因素，分析自身的优势及劣势，扬长避短，把握能充分发挥优势的市场机会。通常使用 SWOT 分析法来分析企业的内部环境。SWOT 分析法是用来确定企业自身的优势、劣势，面临的机会和威胁，从而将公司的战略与公司内部资源、外部环境有机地结合起来的一种科学的分析方法。表 4-1 可以用于评估企业的风险状况。

表 4-1　企业风险状况

	优势（S）	劣势（W）
机会（O）	风险小	风险中等
威胁（T）	风险中等	风险大

（1）SO 战略。

当企业自身存在明显优势，环境机会凸显时，可采取发挥优势、利用机会的 SO 战略，也称为增长型战略。

（2）WO 战略。

当企业自身存在明显劣势，环境机会凸显时，可采取利用机会、克服弱点的 WO 战略，也称为扭转型战略。

（3）ST 战略。

当企业自身存在明显优势，环境威胁凸显时，可采取发挥优势、避开威胁的 ST 战略，也称为多角型战略。

（4）WT 战略。

当企业自身存在明显劣势，环境威胁凸显时，可采取发挥克服弱点、避开威胁的 WT 战略，也称为防御型战略。

3. 制定营销目标

营销目标是未来一定时期内营销活动的定性和定量的发展方向。营销目标可能不止一个，而是一个包含多个目标的目标束。常见的目标束包括销售额、市场占有率、利润率、风险分散、企业形象和声誉等多重目标。营销目标的制定过程就是在研究环境机会、威胁的基础上，结合企业的优势和劣势确定每一个分目标，以及各目标之间的组合关系。

合理有效的营销目标应满足如下条件。

（1）层次化。

各目标应按轻重缓急做出安排，确定目标束中的首要目标、关键目标、重要目标和次要目标。这样即使目标之间存在冲突和不平衡，也可以依据重要性的差异协调相互关系。

（2）数量化。

营销目标应尽可能量化。如"2022年，提高A产品市场占有率，达到10％"这一目标描述，就比"2022年，努力提高A产品市场占有率"更加明确，更容易评估目标实现与否。

（3）现实性。

目标应该切实可行，必须在科学分析机会和优势的基础上形成，而不应是主观愿望的产物。过高的、不切实际的目标不仅无法指导行动，同时还容易削减员工士气，打击其工作积极性。

（4）一致性。

目标束里的各目标之间应该尽量协调一致，避免明显的矛盾和冲突。

4. 市场细分

由于市场需求存在明显的差异性，因此企业应在市场调研的基础上，根据顾客现实及潜在需求的差异，按一定标准将某一种产品或服务的整体市场（母市场）划分为两个或两个以上分市场（子市场）。这一行为过程被称为市场细分。市场细分的实质是顾客需求细分，市场细分的客观基础是需求的类似性和差别性。

5. 选择目标市场

目标市场是企业决定投入资源并为之服务的市场。市场细分将整体市场划分为不同的需求具有类似性的若干子市场，企业必须结合自身的优势、特点选择适当的子市场作为目标市场。企业的一切经营活动都是围绕着目标市场进行的。目标市场可以是市场细分后形成的某一个子市场，也可以是多个子市场，还可以是所有子市场。

6. 市场定位

企业一旦选定了目标市场，就要在目标市场上进行产品的市场定位。所谓市场定位，就是根据竞争者现有产品在目标市场上所处的位置，针对顾客对产品特征或属性的重视程度，强有力地塑造本企业产品与众不同的、形象鲜明的个性或特征，并把这种形象生动地传递给顾客。简而言之，市场定位就是寻求产品在消费者心目中的独特位置。

7. 制定营销组合

在确定市场定位之后，就要确定营销组合，综合运用企业可控的营销手段（即4P组合：产品、价格、渠道、促销）来实现企业的网络营销战略目标。

二、战略规划工具

战略经营单位（Strategic Business Unit，SBU）就是企业必须为其专门制定经营战略的最小业务管理单位。区分SBU的主要依据是各项业务之间是否存在共同的经营主线，注意贯彻需求导向，保证切实可行。

常用的战略规划工具有波士顿矩阵法和通用矩阵法。

（一）波士顿矩阵法

波士顿矩阵法（BCG Matrix），又称市场增长率—相对市场份额矩阵、波士顿咨询集团法、四象限分析法、产品系列结构管理法等。波士顿矩阵由美国著名的管理学家、波士顿咨询公司创始人布鲁斯·亨德森于1970年创作。波士顿矩阵如图4-1所示。

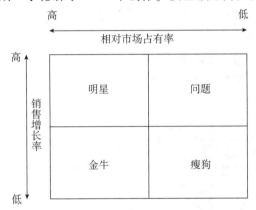

图4-1 波士顿矩阵

波士顿矩阵的横坐标为相对市场占有率，纵坐标为销售增长率。销售增长率是指企业经营单位所在市场的年增长率。相对市场占有率是指企业经营单位的市场占有率相对于最大竞争者的市场占有率的比率。

如图4-1所示，波士顿矩阵包含四类产品，分别为问题（Question）产品、明星（Star）产品、金牛（Cash Cow）产品、瘦狗（Dog）产品。问题产品的特征是销售增长率高，相对市场占有率低；明星产品的特征是销售增长率高，相对市场占有率也高，即"双高"；金牛产品的特征是销售增长率低，相对市场占有率高；瘦狗产品的特征是销售增长率低，相对市场占有率也低，即"双低"。

通常有四种战略分别适用于不同的产品。

1. 发展

此战略以提高经营单位的相对市场占有率为目标，甚至不惜放弃短期收益。要使问题类业务尽快成为"明星"，就要增加资金投入。

2. 维持

此战略维持现状，目标是保持业务单位现有的市场份额，对于较大的"金牛"可以此为目标，以使它们产生更多的收益。

3. 收割

此战略主要是为了获得短期收益，目标是在短期内尽可能地得到最大限度的现金收入。对处境不佳的金牛产品及没有发展前途的问题产品和瘦狗产品应视具体情况采取这种策略。

4. 放弃

此战略的目标在于清理和撤销某些业务，减轻负担，以便将有限的资源用于效益较高的业务。这种目标适用于无利可图的瘦狗产品和问题产品。一个公司必须对其业务加以调整，以使其投资组合趋于合理。

总体而言，对于明星产品，应该重点支持，有效保证，多投入现金维持其增长率和占有率；对于金牛产品，应该保持、维持其市场份额，努力改进，延长其市场寿命，并以其盈利支持其他需要投资的产品；对于问题产品，应该做好两手准备，或积极扶持，或暂时维持，或提前淘汰；对于瘦狗产品，应该有计划地减产，适时从市场上撤退。

企业应该有足够的金牛产品，以提供现金，支持明星产品、问题产品、瘦狗产品；同时应投资有前途的问题产品，使之变成明星产品；应支持明星产品，使之变成金牛产品；如果问题产品和瘦狗产品大大多于明星产品和金牛产品，企业经营情况就会恶化。

📖 小链接

联想的产品组合

联想控股、联想集团创始人柳传志曾生动地介绍联想集团的业务布局分以下三个层次：

一是核心业务，即当前赚钱的主要业务，是"碗里的饭"，要的就是利润，要把钱赚够；

二是成长期业务，是"锅里的饭"，不仅要利润，还要市场份额；

三是种子业务，就是未来要布点的业务，是"田里的粮食"，要把核心业务赚的钱撒到田里做种子，准备将来在那个方面继续发展，这就体现出企业核心竞争力的转移。

思考： 这三类业务分别对应波士顿矩阵中的哪种产品？

（二）通用矩阵法

通用矩阵法又称行业吸引力矩阵、九象限评价法，是美国通用电气公司设计的一种投资组合分析方法。它运用加权评分方法分别对企业各种产品的市场吸引力（包括市场增长率、市场容量、市场价格、利润率、竞争强度等因素）和业务优势（包括生产能力、技术能力、管理能力、产品差别化、竞争能力等因素）进行评价，按加权平均的总分划分为大（强）、中、小（弱），从而形成9种组合方格以及3个区域，如图4-2所示。

左上角1、2、3区域适合采取发展战略，应优先分配资源；对角线4、5、6区域适合采取维持战略，保护规模，调整发展方向；右下角7、8、9区域适合收割/放弃战略。

相对于波士顿矩阵法，通用矩阵法有较大的改进，在两个坐标轴上增加了中间等级，增加了分析考虑因素，形成了较为综合的指标体系。

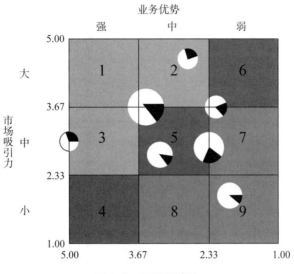

图 4-2　通用矩阵法

第二节　国际市场成长战略

对于企业而言，为了获得成长，在不同阶段会有不同的考虑及做法。首先，在现有业务范围内寻找进一步发展的机会，那么适合采用密集增长战略；其次，分析建立和从事某些与目前业务有关的新业务的可能性，那么适合采用一体化增长战略；最后，考虑开发与目前业务无关，但是有较强吸引力的业务，那么适合采用多元化经营战略。

一、密集增长战略

密集增长战略包括市场渗透战略、市场开发战略、产品开发战略三种，如图 4-3 所示。

图 4-3　密集增长战略

市场渗透战略是一种立足于现有产品，充分开发其市场潜力的企业发展战略，又称为企业最基本的发展战略。由于市场渗透战略是由现有产品和现有市场组合而形成的，所以企业战略管理人员应当系统地考虑市场、产品及营销组合的策略，以达到促进市场渗透的目的。市场开发战略是指利用原有产品开辟新市场的战略。产品开发战略是指向原有市场提供新产品的战略。

二、一体化增长战略

一体化增长战略包括前向一体化、后向一体化和横向一体化战略三种。一体化增长战略如图 4-4 所示。

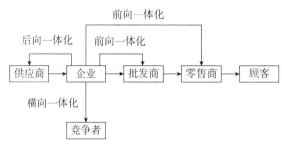

图 4-4　一体化增长战略

（一）前向一体化

前向一体化是指公司进入供应链的下游。

（二）后向一体化

后向一体化是指公司进入供应链的上游。

（三）横向一体化

横向一体化是指公司获得竞争对手的控制权，或者对其加强控制，包括收购、兼并和接管。

三、多元化经营战略

多元化经营战略（多样化经营战略），是指企业在现有业务之外寻求发展机会的战略。

多元化经营战略包括同心多元化、水平多元化和混合多元化战略三种。多元化经营战略如图 4-5 所示。

图 4-5　多元化经营战略

（一）同心多元化

同心多元化是指增加新的但与原来业务有较强相关性的产品或服务的战略。

（二）水平多元化

水平多元化又称为横向多元化，是指增加新的、与原有业务在技术上相关性不高但在

市场上相关性很强的产品或服务的战略。

（三）混合多元化

混合多元化是指增加新的与原有业务不相关的产品或服务的战略。

第三节　国际市场选择战略

市场选择战略是由市场细分、目标市场选择、市场定位等一系列相继进行的决策所组成的战略，也可称为 STP（Segmenting，Targeting，Positioning）战略。STP 战略是决定企业网络营销活动成败的核心战略。

一、国际市场细分

（一）国际市场细分的含义

19 世纪 50 年代，美国著名的营销学家温德尔·史密斯提出市场细分的概念。市场细分是指企业在市场调研基础上，根据顾客现实及潜在需求的差异，按一定标准将某一种产品或服务的整体市场（母市场）划分为两个或两个以上分市场（子市场）的行为过程。市场细分的实质是顾客需求细分。市场细分的客观基础是顾客需求的类似性和差别性。国际市场细分指企业按照一定的细分标准，把整个国际市场划分为若干个子市场。其中任何一个子市场的消费者都具有相同或相似的需求特征。

（二）国际市场细分的作用

1. 有利于企业发掘并把握新的市场机会

企业通过市场调查和市场细分后，将对各细分市场的需求特征、需求的满足程度和竞争情况有更为充分的把握，并能从中发现市场空白点，这些市场空白点为企业提供了新的、极好的市场机会。尤其对于小企业而言，更应善于运用市场细分，寻找市场空白点，拾遗补阙，并采取与目标市场相适应的营销组合策略，从而获得良好的发展机会，取得较大的经济效益。

2. 有利于企业制定和调整营销组合策略

市场细分是营销组合策略成功运用的前提。企业在进行市场细分后，细分市场的规模、特点显而易见，企业可以深入了解顾客需求，更容易把握细分市场的消费者需求，可以针对各细分市场制定和实施网络营销组合策略。同时，比较容易得到目标市场的反馈信息，有利于企业及时调整营销策略，以满足目标市场的需求。

3. 有利于企业合理配置和使用资源

企业通过市场细分，可以确定目标市场的特点，从而扬长避短，选择对自己最有利的目标市场，将有限的人力、物力、财力等资源集中配置于一个或少数几个细分市场上，避免分散力量，以取得事半功倍的经济效益。

（三）国际市场细分标准

研究市场细分的目的是找到客户并对由此形成的目标市场加以描述，确定针对目标市场的最佳营销策略。

1. 国际消费者市场细分标准

（1）地理细分。

地理细分标准的具体变量包括国家、地区、城市、乡村、城市规模、自然环境、气候条件、地形地貌、交通条件、通信条件、城乡建设规划等。

（2）人口细分。

人口细分标准的具体变量包括年龄、性别、民族、国籍、语言、家庭人数、家庭生命周期、职业、收入、受教育程度、宗教信仰等。

（3）心理细分。

心理细分标准是按照消费者的生活方式、个性等心理特征变量来细分国际消费者市场。就生活方式而言，它是指一个人或群体对于生活、工作、消费、娱乐和休闲的看法和态度。对个性而言，它是指决定和折射个体如何对环境做出反应的内在心理特征。

（4）行为细分。

行为细分标准是按照消费者追求的利益、使用情况、使用频率和偏好程度来细分市场。

2. 国际工业品市场细分标准

（1）地理标准。

使用地理标准作为划分世界市场的依据是最常用的方法。通常把世界粗略地分为西欧、东欧、北美、南美、东亚、南亚、西亚及非洲。地理标准包括洲际、国家、地区、城市规模、气候、人口密度、地形地貌等细分变量。

（2）用户规模标准。

用户规模决定了用户资金量多少和购买力大小。

（3）最终用户标准。

最终用户不同，所追求的利益就不同，对产品和营销策略就有不同的要求，据此可以细分市场。

（四）国际市场细分方法

根据细分程度的不同，市场细分有三种方法，即完全细分、按一个影响需求因素细分和按两个以上影响需求因素细分。

1. 完全细分

假如购买者的需求完全不同，那么每个购买者都可能是一个单独的市场，完全可以按照这个市场所包括的购买者数目进行最大限度的细分，即这个市场细分后的小市场数目也就是构成此市场的购买数目。在实际市场营销中，有少数产品确实具有适于按照这种方法细分的特性。但在大多数情况下，要把每一购买者都当作一个市场，并分别生产符合这些单个购买者需要的各种产品，从经济效益上看是不可取的，而且实际上也是行不通的。因此，大多数企业还是按照购买者对产品的要求或对市场营销手段的不同反应，将他们做概括性的分类。

2. 按一个影响需求因素细分

对某些通用性比较大、挑选性不太强的产品，往往可按其中一个影响购买者需求最强的因素进行细分，如可按收入不同划分，或按不同年龄范围划分。

3. 按两个以上影响需求因素细分

按两个以上影响需求因素细分也称为系列因素细分法。大多数产品的销售都受购买者多种需求因素的影响。不同年龄范围的消费者，因生理或心理的原因对许多消费品都有不同要求；同一年龄范围的消费者，因收入情况不同，也会产生需求的差异；同一年龄范围和同一收入阶层的消费者，更会因性别、居住地区及许多情况不同而有纷繁复杂、互不相同的需求。因此，大多数产品都需按照两个或两个以上的因素细分。图4-6即为采用系列因素细分法对手表市场进行市场细分的全过程。

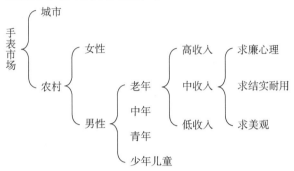

图4-6 采用系列因素细分法对手表市场进行市场细分

📖 **小链接**

麦当劳的市场细分

麦当劳有美国国内和国际两大市场，而不管是在国内还是在国外，都有各自不同的饮食习惯和文化背景。麦当劳进行地理细分，主要是分析各区域的差异，如美国东、西部的人喝的咖啡口味是不一样的。通过把市场细分为不同的地理单位进行经营活动，从而做到因地制宜。

每年，麦当劳都要花费大量的资金进行认真严格的市场调研，研究各地的人群组合、文化习俗等，再书写详细的细分报告，以使每个国家甚至每个地区都有一种适合当地生活方式的市场策略。

例如，麦当劳刚进入中国市场时大量传播美国文化和生活理念，并以美国式产品牛肉汉堡来征服中国人。但中国人爱吃鸡，与其他洋快餐相比，鸡肉产品也更符合中国人的口味，更加容易被中国人接受。针对这一情况，麦当劳改变了原来的策略，推出了鸡肉产品。在全世界从来只卖牛肉产品的麦当劳也开始卖鸡了。这一改变正是针对地理要素所做的，也加快了麦当劳在中国市场的发展步伐。

（五）国际市场细分应遵循的原则

1. 可测量性原则

对细分市场上消费者对商品需求的差异性要能明确加以反映和说明，能清楚界定；细分后的市场范围、容量、潜力等也应能加以定量说明。

2. 可到达性原则

通过市场细分，分出的子市场必须包含目标用户，即目标用户可到达。

3. 足量性原则

应使各个细分市场的规模、发展潜力、购买力等都足够大，以保证企业进入这个市场后有一定的销售额。

4. 可操作性原则

通过市场细分，进入分出的子市场没有不可克服的壁垒。即不存在众多或强大的竞争对手，或竞争对手尚未完全控制、占领该市场。

（六）国际市场细分步骤

国际市场细分步骤包括正确选择市场范围、列出市场范围内所有顾客的全面需求、确定市场细分标准、为各个可能存在的细分子市场确定名称、确定本企业开发的子市场、进一步对子市场进行调查研究、采取相应的营销组合开发市场七个步骤。需要注意的是，市场细分并非分得越细越好，要适度。

二、国际目标市场选择

（一）国际目标市场的定义

市场细分是为了更好地选择目标市场。在市场细分的基础上，企业首先要认真评估细分市场，然后选择最适合企业自身实际状况的目标市场。它可以解决企业在国际市场中满足谁的需求、向谁提供产品和服务的问题。

目标市场是对该企业最具有吸引力、能成为其营销机会，且该企业能有效地满足那些顾客的需求，故决定要进入的特定市场。

简而言之，目标市场是企业投入资源、为之服务的市场。

（二）选择国际目标市场的条件

选择国际目标市场的基准如下。

（1）该子市场有一定购买力，能取得一定的营业额和利润。

（2）该子市场有尚未满足的需求，有一定的发展潜力。

（3）企业有能力满足该子市场的需求。

（4）企业有开拓该子市场的能力，有一定的竞争优势。

（5）遵守法律法规，注重道德伦理。

（三）国际目标市场选择战略

企业在选择国际目标市场时，主要有以下五种战略模式可供参考。

1. 产品与市场集中战略

产品与市场集中战略是一种最简单的目标市场涵盖模式，即企业只选取一个子市场作为其目标市场，集中人、财、物等资源只生产一种产品满足其需要。例如，某服装厂只生产儿童服装，满足儿童对服装的需要。

2. 产品专业化战略

产品专业化战略是企业以一种产品向若干个子市场出售。如冰箱生产厂同时向家庭、科研单位、饭店宾馆销售不同容积的冰箱。这种涵盖方式既有利于发挥企业生产、技术潜力，分散经营风险，又可以提高企业声誉。该模式的不足之处是，科学技术的发展对企业威胁较大，一旦在这一生产领域出现全新技术，市场需求就会大幅下降。

3. 市场专业化战略

市场专业化战略是企业面向某一子市场，生产多种产品满足其需要。如一些电器企业，同时生产家用电冰箱、电视机、录像机、洗衣机等，以满足家庭对各种电器的需要。这一涵盖模式可充分利用企业资源，扩大企业影响，分散经营风险。不过，一旦目标顾客购买力下降，或减少购买支出，企业收益就会明显下滑。

4. 选择性的专业化战略

选择性专业化战略，即企业选择若干个子市场作为其目标市场，并分别以不同的营销组合策略满足其需要。选择专业化实际上是一种多角化经营模式，它可以较好地分散经营风险，有较大的回旋余地，即使在某个市场上失利，也不会使企业陷入绝境。但它需要具备较强的资源和营销实力。

5. 全面覆盖战略

企业用一种或多种产品满足市场上各种需要，以达到占领整体市场的目的，即全面覆盖战略。企业要以所有的产品来服务所有的顾客群体的需要，即不分产品，不分市场，大小通吃。这种战略仅有大公司才能办得到。

（四）国际目标市场选择策略

有三种不同的国际目标市场选择策略供企业选择，分别是无差异性市场营销策略、差异性市场营销策略和集中性市场营销策略。

1. 无差异性市场营销策略

无差异性市场营销策略就是企业不考虑市场的差异性，把整体市场作为目标市场，对所有的消费者只提供一种产品，采用单一市场营销组合的目标市场策略。无差异性市场营销策略如图4-7所示。

图4-7 无差异性市场营销策略

采用无差异性市场营销策略的企业一般具有大规模、单一、连续的生产线，拥有广泛或大众化的分销渠道，并能开展强有力的促销活动，投放大量的广告和进行统一的宣传。无差异性市场营销策略适用于少数消费者需求同质的产品，消费者需求广泛、能够大量生产、大量销售的产品，以探求消费者购买情况的新产品，某些具有特殊专利的产品。

无差异性市场营销策略的优点是有利于标准化和大规模生产，有利于降低单位产品的成本费用，获得较好的规模效益。因为只设计一种产品，产品容易标准化，能够大批量生产和储运，可以节省产品生产、储存、运输、广告宣传等费用；不搞市场细分，也相应减少了市场调研、制定多种市场营销组合策略所需的费用。无差异性市场营销策略的缺点是不能满足消费者需求的多样性，不能满足其他较小的细分市场的消费者需求，不能适应多变的市场形势。因此，在现代市场营销实践中，无差异性市场营销策略只有少数企业采用，而且对于一个企业来说，一般也不宜长期采用。

2. 差异性市场营销策略

差异性市场营销策略是在市场细分的基础上，企业以两个以上乃至全部细分市场为目标市场，分别为之设计不同产品，采取不同的市场营销组合，满足不同消费者需求的目标市场策略。差异性市场营销策略如图4-8所示。

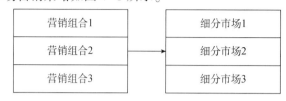

图4-8　差异性市场营销策略

差异性市场营销策略适用于大多数异质的产品。采用差异性市场营销策略的企业一般是大企业，有雄厚的财力、较强的技术力量和较高素质的管理人员，是实行差异性市场营销策略的必要条件。

差异性市场营销策略的优点是能扩大销售，降低经营风险，提高市场占有率。因为多品种的生产能分别满足不同消费者群的需要，扩大产品销售。如果企业在数个细分市场都能取得较好的经营效果，就能树立企业良好的市场形象，提高市场占有率。但是，随着产品品种的增加，分销渠道的多样化，以及市场调研和广告宣传活动的增加，生产成本和各种费用必然大幅度增加。

3. 集中性市场营销策略

集中性市场营销策略是企业以一个细分市场为目标市场，集中力量，实行专业化生产和经营的目标市场策略。集中性市场营销策略如图4-9所示。

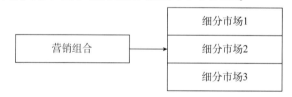

图4-9　集中性市场营销策略

集中性市场营销策略主要适用于资源有限的中小企业和初次进入新市场的大企业。中小企业由于资源有限，无力在整体市场或多个细分市场上与大企业展开竞争，而在大企业无暇顾及而自己又力所能及的某个细分市场上全力以赴，则往往容易取得成功。实行集中性市场营销策略是中小企业变劣势为优势的最佳选择。

集中性市场营销策略的优点是目标市场集中，有助于企业更深入地注意、认识目标市场的消费者需求，使产品适销对路，有助于提高企业和产品在市场上的知名度。集中性市场营销策略还有利于企业集中资源，节约生产成本和各种费用，增加盈利，取得良好的经济效益。集中性市场营销策略的缺点是企业潜伏着较大的经营风险。由于目标市场集中，一旦市场出现诸如较强大的竞争者加入、消费者需求的突然变化等，企业就有可能因承受不了短时间的竞争压力，而立即陷入困境。因此，采用集中性市场营销策略的企业，要随时密切关注市场动向，充分考虑企业在未来可能意外情况下的各种对策和应急措施。

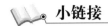
小链接

目标市场营销使"米勒"啤酒获得成功

为了了解消费者购买啤酒的因素，新的米勒酿酒公司调查了美国的啤酒消费者，发现啤酒的最大消费群是男性年轻人，主要是蓝领工人。同时还发现，这些蓝领工人是在酒吧里和同伴一起喝酒，而不是在家里和妻子一起饮用。作为主要消费力量的蓝领工人几乎没有引起公司的重视，各啤酒公司所做的广告刊登的是一些与蓝领工人生活格格不入的东西。为此，米勒公司抛弃了"香槟"的概念，推出了"米勒好生活"牌啤酒——一种适合工人口味的新啤酒。由于不少顾客在钓鱼或打猎时也要喝很多啤酒，米勒公司开始使用听装，并开始向超级市场供货。而且，公司还向全国各地的酒店和保龄球场销售其产品。

为了使人们问津"米勒好生活"啤酒，米勒公司设计了一个旨在吸引蓝领工人的广告宣传活动，并为此投入了大量财力。"米勒好生活"啤酒挤进了工人们的日常生活，人们下班后的时间成了"米勒"时间。米勒的广告词对石油、铁路、钢铁等行业的工人的工作大加赞赏，把他们描绘成健康的、干着重要工作的、并为自己是班组的一员而自豪的工人。为了进入目标市场，米勒公司只在电视上做广告，这是蓝领工人们所乐于选择的传播媒介，并集中在他们所喜爱的体育节目时间播出。

在一年的时间里，米勒公司的市场占有率从第八位跃居第四位，随后又逐步上升到第二位。

三、国际市场定位

市场定位是市场选择战略的第三个阶段。企业做出目标市场决策后，还需要在目标市场上为产品谋划一个有利的市场地位。它在企业整个营销过程中，起着十分重要的作用。

（一）国际市场定位的含义

市场定位是 20 世纪 70 年代，由美国的艾·理斯和杰克·特鲁特首先提出的。市场定位（Market Positioning）是根据竞争者现有产品在细分市场上所处的地位和顾客对产品某些属性的重视程度，塑造出本企业产品与众不同的鲜明个性或形象并传递给目标顾客，使该产品在目标市场上占据强有力的竞争位置。市场定位的实质是使企业与其他竞争性企业严格区分开来，使顾客明显觉察和认识这种差别，从而在顾客心目中占有特殊位置，建立起对企业和企业产品的偏好。

市场定位的精髓就在于舍弃普通平常的东西，而突出富有个性特色的东西，突出自己的差异性优势，有力地表达自己的与众不同。

国际市场定位是指企业为适应国外消费者的特定需求，设计和确定企业以及产品在目标市场上所处的相对位置。

（二）国际市场定位的步骤

市场定位的主要任务，就是通过集中企业的若干竞争优势，将自己与其他竞争者区别开来。市场定位是企业明确其潜在的竞争优势、选择相对的竞争优势和市场定位策略以及准确地传播企业市场定位的过程。

1. 识别潜在竞争优势

要识别企业潜在的竞争优势，首先，要进行市场调研，了解目标市场的需求特点以及这些需求被满足的程度。其次，要研究主要竞争对手的优势和劣势，包括竞争者的业务经营状况、竞争者的核心营销能力和财务能力。在以上分析基础上，识别出企业潜在的竞争优势。

2. 确定核心竞争优势

核心竞争优势是指与竞争对手相比，企业在产品开发、服务质量、价格、分销渠道、品牌知名度等方面所具有的可获得明显差别利益的优势。企业最好选择哪些符合企业长远利益、最具开发价值的竞争优势。

3. 传播独特竞争优势

企业的独特竞争优势必须通过一系列广告、宣传、促销活动来传播。企业首先应使目标顾客了解、认同、偏爱本企业的定位；其次，还要通过一切努力来强化企业的形象，保持目标顾客对企业的了解来巩固企业的定位。

（三）国际市场定位策略

市场定位的策略作为一种市场竞争策略，显示了一种产品或一个企业同类似的产品或企业的竞争关系。定位策略不同，市场竞争态势也不同。下面分析几种主要的国际市场定位策略。

1. 避强定位策略

避强定位策略又称拾遗补阙式定位策略，是指企业回避与目标市场上的竞争者直接对抗，将其位置确定在市场"空白点"上，开发并销售目前市场上还没有的某种特色产品，开拓新的市场领域。由于这种定位方式市场风险较少，成功率较高，常常为多数企业所采用。

2. 迎头定位策略

迎头定位策略又称针锋相对式定位策略或对抗定位策略，是指企业选择靠近于现有竞争者或与现有竞争者重合的市场位置，争夺同样的顾客，彼此在产品、价格、分销及促销等各方面差别不大。现在我国的冰箱、彩电等家电产品，采用的基本上是这一定位策略。如百事可乐宣称自己是"新一代的选择"，将矛头直指可口可乐，运用的就是迎头定位策略。

3. 重新定位策略

重新定位策略又称为再定位策略，是指企业通过变动产品特色等手法，改变目标顾客对产品的认识，塑造新的形象。即使企业产品原有定位很恰当，但出现下列情况时，也需要考虑重新定位：①竞争者推出的市场定位侵占了本企业品牌的部分市场，使本企业产品市场占有率下降；②消费者偏好发生了变化，从喜爱本企业品牌转移到喜爱竞争对手的品牌。企业可以通过变更品牌、更换包装、改变广告诉求来进行重新定位。

4. 间接定位策略

间接定位策略即通过对竞争对手的产品进行定位，事实上达到为自己产品定位的一种策略。如七喜宣称自己"非可乐"及五谷道场宣称自己"非油炸"就是运用了间接定位策略。

5. 反向定位策略

反向定位策略，即企业主动公开自己的不足和差距，从而使消费者产生信任感。如美国汽车租赁企业 Avis 诚恳地向客户表示"因为我们是第二，所以我们更努力"。

6. 俱乐部式定位策略

俱乐部式定位策略，即企业为了彰显自己在市场中的领导者地位，宣称自己是市场第一方阵中的成员。如某广播电台收听率在某城市排名第三，就可以宣称自己为"某市广播三巨头之一"，以表明自己的领先位置。

第四节　国际市场进入战略

一、出口进入

出口进入国际市场方式是指生产企业把本国生产和加工的产品输往国际市场的方式。采用这种模式时，生产地点不变，劳动力、资本没有在国际市场流动，出口的产品与内销产品相同，也可以根据国外目标市场的需要做些调整，甚至专门为国外顾客开发出新产品。企业选择出口的动机包括获取更多的利润、实现规模经济、企业拥有独特的产品和技术优势、有独享的信息，也有的是因为竞争压力、生产过剩、国内市场饱和等被动的情况所迫。出口可以是间接的，也可以是直接的。

（一）间接出口方式

间接出口方式是指企业出售产品给本国的代理商，后者再出口。沃尔玛等大型零售商和一些贸易公司都有采购商品后出口海外的业务。间接出口模式的具体做法有三类。

（1）生产企业把产品卖给出口经销商。出口经销商拥有商品所有权，在国际市场自主销售、自负盈亏。

（2）生产企业委托出口代理商代理出口产品。出口代理商不拥有商品所有权，受生产企业委托，在合同规定的条件下为生产企业出口牵线搭桥，寻找市场机会，出口销售成功后获取佣金，生产企业拥有经营出口产品的决策权。

（3）生产企业委托在目标市场设有销售机构的某个本国公司代销产品，或者由同行业多个制造商共同发起成立的外贸企业销售产品。

采用间接出口模式的多是起步阶段的中小企业，它们不熟悉国际市场情况，可以利用中间商的经验、信息和国际营销渠道，节省了国际市场调研、渠道建立等营销费用。但是，间接出口会导致对中间商的严重依赖，不利于企业自身国际营销经验的积累，也难以及时适应国际市场的变化；另外，中间商的盘剥削减了企业的利润。

（二）直接出口方式

直接出口方式是指生产企业绕过国内中间商，独立承担一切出口业务，直接向国外中间商、分销商，乃至最终消费者销售产品。直接出口是出口贸易的高级形式。一般来说，当企业通过间接出口取得国际营销经验后，可转向直接出口，使企业成为真正的国际营销企业。直接出口分为两种情形。

（1）设立出口部或国际业务部，向目标国的中间商出口产品，由后者在目标市场上进行产品经销或代销，或者向国外顾客或用户提供产品。

（2）在目标国设立专门的销售分支机构或子公司就地销售。

采用直接出口方式能够避免中间商的盘剥和控制，获取更高的利润，也能够积累丰富的国际营销经验，企业对国外目标市场的控制程度比较高，可以直接迅速取得市场信息。但是，企业设立国外销售机构，需要投入大量资源，并拥有一批熟悉国际营销的专才。

二、合同进入

合同进入国际市场的方式是指从事国际营销的生产企业通过与目标国的法人签订协议，将自己的无形资产使用权授予对方，允许其制造、销售该企业的产品或服务，或为其提供服务、设备、技术支持等，以获得报酬并进入国际市场。可授予使用的无形资产包括各种工业产权（如专利、商标、专有技术、管理和营销技能等）和著作权。合同进入模式的类型主要有许可证贸易、特许经营、合同生产。

（一）许可证贸易

企业（许可方）与对象国法人（被许可方）签订合同，允许其在合同期限内使用许可方的无形资产，并获得被许可方支付的报酬（提供费用或其他补偿）。企业选择这种方式进入国际市场的动机或原因主要包括：①确保企业的无形资产在对象国不受损失；②与合作方建立了利益联盟；③产品的生命周期在本国处于衰退期而在对象国仍在成长阶段。

很多企业把许可证贸易作为出口和在国外生产的补充。许可证的类型主要有四种。

（1）普通许可。许可方和被许可方在合同规定的区域、时间内有权使用许可证的标的生产和销售相关产品，也可以把许可证的标的再转让给第三者。普通许可转让的技术多为成熟的、标准化的技术。

（2）排他许可。许可方和被许可方在合同规定的区域、时间内有权使用许可证的标的生产和销售相关产品，但不能把许可证的标的再转让给第三者。排他许可实际上是排斥第三者，使用技术的权利由贸易双方共同分享。

（3）独占许可。被许可方拥有在合同规定的区域、时间内使用许可证的标的生产和销售产品的独占权力，许可方在同时同地无权使用许可证标的生产和销售产品，双方都不能向第三者转让许可证的标的。

（4）交叉许可。许可证合同双方互为许可方与被许可方，在平等互惠的基础上，双方均可取得对方技术的使用权。交叉许可是为了交换技术，或是为了技术互补。

像可口可乐和迪斯尼这种形象导向型的美国公司正在许可海外的饮料、服装、玩具等生产商使用它们的商标名称和标识，仅在中国就有数十家工厂在生产可口可乐授权的饮料。

许可证贸易能够避开进口国的贸易壁垒和投资限制，可以降低国际营销中的投资风险和政治风险，也不需要投入大量资金和人力资源。但是，被许可方可能以其低劣的产品质量破坏许可方的信誉和形象，另外，许可方把一部分技术的优势、独占的权力转让给被许可方，实际上培养了潜在的竞争对手。日本公司宁愿把产品卖给中国，也不愿意授权中国公司生产，因为日本公司担心，中国公司一旦掌握了制造技术，再利用低工资的成本优势，就会成为日本公司强大的竞争对手。

（二）特许经营

特许经营是指特许人将工业产权的整个经营体系（包括专利、商标、企业标志、技术诀窍、经营理念、管理方法等）特许给对象国独立的公司或个人使用，被特许人必须按照特许人的政策和方法经营，并支付初始费用和销售提成。特许方要给予被特许方以生产和管理方面的帮助，例如提供设备、帮助培训、融通资金、参与一般管理等。

特许经营可极大程度地扩大特许商号、商标的影响力，用较少的资源便可迅速拓展国际市场并获得可观的收益，同时，这种合作方式政治风险较小。但是，这种模式要求特许人的商号、商标及其产品、服务具有较大的吸引力。

（三）合同生产

合同生产是指企业为了开拓对象国市场，与当地企业签订订货合同，要求对方按合同规定的质量、数量、时间生产本企业所需要的产品或零部件，交由本企业用本企业品牌销售。实际上，是把生产厂设置在营销对象国，当地生产，当地销售，使国际生产和国际销售紧密结合。

这种方式可以充分利用当地的资源优势和劳动力成本低的优势。但是，企业要提供技术援助和管理支持，有可能培养出未来的竞争对手。

三、投资进入国际市场方式

投资进入国际市场方式是指生产企业将资本连同本企业的管理技术、销售、财务以及其他技能转移到目标国家或地区，建立受本企业控制的分公司或子公司，在当地生产产品，并在国际市场销售。

企业选择对外直接投资方式进入国际市场，主要是为了扩大市场和促进公司成长。另外，对外直接投资可以使公司绕开贸易壁垒，像当地企业一样运作，不受关税和其他进口方面的限制，例如许多日本公司投资于欧洲以抵消日欧贸易摩擦的影响。此外，企业希望获得价格低廉的资源以确保其原料和劳动力的供应。在很多发展中国家，为了解决就业困难和资金短缺问题，政府制定了优惠的税收等政策吸引外国直接投资进入本国，这也是外国直接投资迅速增长的重要原因之一。

一般来说，通过投资进入国际市场必须解决好两大问题：一是所有权类型方面，以独资还是合资的形式进入国际市场；二是在以独资方式进入国际市场时，是收购国外企业，还是在国外创建新的企业。

（一）在国外建立独资企业

在国外建立独资企业，即对在海外建立的企业拥有100%的股权。从企业自身角度看，采取独资形式可以牢固控制所投资的企业，维持企业在技术垄断、经营诀窍、产品品质和产品信誉等方面的优势，确保投资收益的最大化。

如果子公司和总部之间的关系非常密切，以至于任何协调的不到位都会导致整体损失，那么独资是必要的。独资企业需要大量资金和管理人员的投入，以便能够最大限度地参与当地市场的经营。但是，不管是建立新的设施，还是采取并购的方式，都意味着公司要花费大量的财力、人力和物力。今天，日本在中国的子公司多采取独资的方式。

建立独资企业的方式包括并购和创建两种。并购是指国际营销企业通过在资本市场上购买某企业的股票或在产业市场上购买股权，取得该企业的所有权与经营权。通过并购方式可以迅速抢占市场，吸收被收购企业的特长，也节约投资成本和时间。但是，在寻找和评估被收购企业方面存在困难，同时如何处理与被并购企业的原职工、客户和供应商的关系，也会遇到麻烦。另外，被收购企业与母公司的融合也需要时间。

创建是指国际化经营企业通过购买厂房设备、设立组织机构、招聘人员等工作而建立一个全新的企业。创建新的企业有利于提高运行效率，避免收购方式中难以处理的原企业已经存在的各种契约、非契约关系等难题。但是，创建新的企业需要大量的筹建工作，建设周期长、速度慢、灵活性差，因而整体投资风险大。

（二）在国外建立合资企业

合资是两个或多个组织在一个较长的时间内的合作，合作伙伴分享资源，共担风险，共享利润。合作者对合资企业的出资，可以是资金、技术、销售组织、设备和工厂。采用合资方式可以利用双方共同的资源，创造出比每个伙伴单干更好的产出。特别是在每个伙伴都有某一独特优势时，合资的优势就更加明显。例如，一家公司可能拥有新技术，但缺少资金，通过合资伙伴的加入，可以更快地推广新技术并抢占市场。合资经营的方式也有利于与当地政府、金融机构和其他组织保持良好的关系。

从东道国的角度看，吸引外资的同时，又要保护民族经济，特别是要避免国外企业控制本国经济命脉。所以，国际化经营企业采用合资方式，一方面确保对所投资的公司的控制权，另一方面也要满足对象国的要求，规避有关政策的限制，尽可能获得政策优惠，并在东道国树立良好形象。

合资关系的保持有时很困难，因此许多合资公司不能达到预期目标。意见冲突反映在企业决策领域的各个方面，包括战略、管理风格、会计和控制、市场政策和实践、产品、研究、人事等。更为明显的是，在利润的分配方面合作伙伴间常有分歧。

一般来说，影响股权选择的因素有两个：一是企业自身的情况。处于初级阶段的企业大多愿意采取合资安排，而处于高级阶段的企业倾向于采取独资或多数股权的合资安排。另外，如果企业自身的竞争优势明显并且国际营销经验丰富，则倾向于采取独资方式或集中控制。二是东道国的情况。如果东道国是发展中国家，多鼓励采用合资方式。此外，当地企业如果有可被利用的资源、技术、当地政府关系等，也多采用合资方式。

四、国际战略联盟进入国际市场方式

国际战略联盟是两家或两家以上的企业为了相互需要、分担风险并实现共同目的而建立的一种合作关系。它是弥补劣势、增强竞争优势的重要手段，可以迅速开拓新市场，获得新技术，提高生产效率，降低营销成本，谋求战略性竞争策略，寻求额外的资金来源等。

目前，最明显的国际战略联盟出现在航空业中。美国航空公司、英国航空公司、加拿大航空公司、澳洲航空公司是寰宇一家（One World）联盟的成员，该联盟整合了时刻表和里程计划。与之竞争的是以联合航空公司（United Airlines）和汉莎航空公司（Lufthansa）为首的星空联盟（Star Alliance）以及由西北航空公司（Northwest Airlines）与 KLM 率领的飞翼联盟（Wings Alliance）。对单个公司来说，某些业务的成本太高、时间太长或风险太大，通过战略联盟的方式，可以把各自的优势联合起来，能做原本无法做成的事情。

第五节　国际市场竞争战略

在世界经济一体化、新技术革命浪潮全球化、市场竞争国际化的三大趋势影响下，企业在国际营销时面临的竞争也日趋激烈。要想在国际市场上占有自己的一席之地，企业不得不应付各种竞争。为此，企业要分析行业和竞争对手，并在此基础上设计有效的竞争战略和策略。

一、行业分析

企业在分析行业的时候，首先需要分析行业的总体状况。具体来讲，行业的总体状况包括如下内容：市场规模；竞争范围；行业增长速度及在生命周期中所处的阶段；竞争者的数量以及相对规模；购买者数量和相对大小；行业中企业前向和后向一体化的程度；行业中现有的分销渠道；生产流程和新产品引进方面的技术创新速度；各竞争对手提供产品和服务的差别化的程度；是否在采购、制造、运输、营销和广告等方面存在规模经济性；资源获得和进入退出的容易程度；行业利润是否高于社会平均水平。

分析行业总体竞争强度的一个非常有效的工具是迈克尔·波特的五种力量分析模型，即波特五力模型。迈克尔·波特认为，特定行业的竞争强度由五种力量决定，分别是行业内现有企业之间的竞争、潜在竞争者的进入、替代品的开发、供方讨价还价的能力、买方讨价还价的能力，如图4-10所示。

（1）行业内现有企业之间的竞争。现有企业之间的竞争往往是五种力量中最重要的一种。企业间的竞争在这几种情况下会加剧：竞争者数量增加、竞争者在规模和能力方面更为势均力敌、各竞争者投入增加、产品需求下降、降价策略被普遍采用、市场退出壁垒高、固定成本高、产品易变质、合并和收购在行业中很流行等。

（2）潜在竞争者的进入。如果新竞争者可以很容易地进入某特定行业，则该行业内的竞争强度将加剧。当然，很多因素可以构成壁垒，包括技术、专利、经验、最小经济规模、顾客对原来产品的忠诚度、品牌偏好、销售渠道、政府的控制、原材料等。

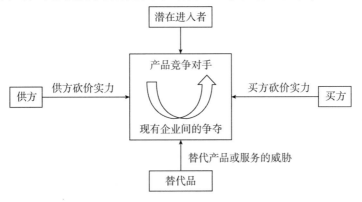

图4-10　波特五力模型

（3）替代品的开发。替代品的存在客观上给企业产品的价格规定了上限，因为，如果超过这个价格，消费者将转向替代品。替代品之间的替代关系越接近，替代品的价格越有吸引力或用户改用替代品能降低成本时，替代品带来的竞争压力将会增强。

（4）供方讨价还价的能力。如果供方的讨价还价能力强，会加剧行业的竞争；反之，则会使行业的竞争强度减弱。如果主要原材料都集中在有限的几个供方手里，那么为了保持生产的稳定性，行业里的企业都会争着去讨好供方，原材料的价格很可能被抬高。

（5）买方讨价还价的能力。如果顾客的讨价还价能力强，也会加剧行业的竞争；反之，则会减弱行业的竞争强度。在以下几种情况下顾客的讨价还价能力强：顾客集中、购买量大；购买本产品的支出在顾客全部支出中所占的比例大；由于顾客的利润低，因此对价格敏感；行业中的产品标准化程度高，相互之间差别不大；存在后向一体化可能性；市场上存在替代品。

二、竞争对手分析

在今天的市场上，竞争是商业活动的现实，很少有企业能回避竞争，因此，要想在市场上立足，企业必须懂得如何有效地应付竞争。而应付竞争首先要研究竞争对手，因此，行业竞争强度分析和竞争对手分析往往构成竞争战略设计的起点。一般来说，可以从五个方面来分析竞争对手。

（一）分析竞争对手的战略

首先，企业要分析竞争对手的战略，包括其总体层次战略、各经营单位战略和主要职能战略，因为它们之间具有密切的内在联系。在总体层次，企业要确定竞争对手采用的是一体化战略、多元化战略还是防御式的战略；在经营单位层次，要明确竞争对手采用的是差别化战略、总成本领先战略还是集中战略；在营销战略层次，要了解竞争对手的目标市场、定位和营销组合策略等。其次，企业不能静态地看待问题，而是要关注竞争对手的战略动向，尤其是监视竞争对手的扩张计划。

（二）分析竞争对手的长远目标

战略只是手段，竞争对手想利用战略获得某些目标，因此，企业一旦了解了主要竞争对手及其战略后，必须进一步弄清楚每个主要竞争对手在市场上追求什么，即竞争对手的长远目标是什么。

（三）分析竞争对手的假设

竞争对手之所以有这样那样的目标，除了与其拥有的资源和能力有关之外，还与其经营理念密不可分，因此，为了更深入地了解竞争对手，有必要分析竞争对手的各种假设。首先，要分析竞争对手所信奉的理念。一些企业信奉短期利润，认为只有利润才能支持生存和发展；而一些企业信奉市场占有率和规模经济理论，认为只要能占领市场，扩大生产销售规模，单位成本自然就会下降，接着利润就会滚滚而来。其次，要分析竞争对手对自己的假设。每个企业都会对自己有所假设，它可能把自己看成是知名的企业、行业霸主、低成本生产者、产品性能领导者等。这样的假设可能正确，也可能不正确。此外，还要分析竞争对手对行业和行业中其他竞争者的假设。正如竞争对手对其自身持有一定的假设一样，每个企业对整个行业和竞争对手也持有一定的假设。同样，这可能正确，也可能不正确。

企业之所以要分析竞争对手的假设，是因为通过对竞争对手假设的检验，可以发现竞争对手在认识环境方面可能存在的偏见和盲点。竞争对手的盲点可能是根本没有看清楚重大问题之所在，也可能是没有正确地认识自己。找出这些盲点可以使竞争对手对企业制定的战略无力做出反应或不想做出反应，以提高自己战略的成功率。

（四）分析竞争对手的优势和劣势

优劣势分析有多种方法，这里从常用的资源和能力两个方面来分析竞争对手相对于企业自身的竞争优势和劣势。

1. 资源

资源指的是企业用来为顾客提供有价值的产品或服务的生产要素。从大的方面来讲，资源可以分为有形资源和无形资源两大类。有形资源易于识别，也容易评价，因而容易通过外部市场获得。无形资源的识别和评价相对就困难得多，因此也就难以从外部市场获得。如果企业拥有的资源其他企业也很容易拥有，那么企业的持久竞争优势就很难建立起来；反之，如果企业拥有其他企业很难拥有的资源，那么，这些资源就可以成为企业持久竞争优势的重要来源。很显然，有形资源容易获得，而无形资源很难获得，因此，构建企业持久竞争优势的重点应当是放在无形资源而不是有形资源的获取上。区分有形资源和无形资源的现实意义是一些企业对无形资源的认识还相当肤浅，突出表现在：重设备和厂房等硬件投资，轻技术等软件投资；重企业的外表，轻内部管理建设；重组织程序、制度等硬性规定，轻学习和创新氛围。这种状况如果不改变的话，企业的持久竞争优势就很难建立起来。

2. 能力

将能够把企业的资源加以统筹整合以完成预期任务和目标的技能称为企业的资源转换能力，简称能力。企业的能力主要有三种类型。竞争优势的基础是企业拥有的资源，但是，单靠资源通常并不能直接形成竞争优势，没有能力，资源很难发挥作用，也很难增值。就像一支拥有众多球星的球队，如果不能对这些"大腕"进行有效的组织，球队还是赢不了比赛。从此意义上说，资源和利用资源的能力一同构成企业竞争优势的基础。

（五）分析竞争对手的反应模式

一般来说，竞争对手的反应模式有四种。

1. 从容型竞争者

这类竞争者对竞争举措反应不迅速或不强烈。原因可能包括：它相信顾客是忠诚于自己的，是不会为竞争对手的行为所动的；反应迟钝；缺乏做出反应的资源。这类竞争者难以捉摸，因此，企业要加倍小心。

2. 选择型竞争者

这类竞争者只对特定类型的竞争举措做出反应。壳牌和埃克森公司就是这类竞争者，它们只对降价做出反应，而对同行的其他促销活动不予理睬。

3. 凶猛型竞争者

这类竞争者对任何竞争举措都会迅速地做出强烈的反应。宝洁公司就是一个典型的例子，它绝不会轻易让竞争对手的任何一种新产品成功上市。

4. 随机型竞争者

这类竞争者的反应模式具有随机性，对同样的一种竞争举措，它可能会也可能不会做出反应。许多小型公司都是这类竞争者,它们的竞争行踪捉摸不定。

三、竞争战略设计

在 20 世纪 80 年代最为广泛流传的竞争方面的著作是迈克尔·波特的《竞争战略》《竞争优势》《国家竞争优势》,迈克尔·波特也因此被公认为世界上最著名的竞争战略专家。迈克尔·波特认为,各种战略使企业获得竞争优势的三个基点是:总成本领先、差别化和集中于一点,据此,他把竞争战略分为三类:总成本领先战略、差别化战略和集中战略。

(一)总成本领先战略

总成本领先战略强调以很低的单位成本向价格敏感的顾客提供标准化的产品。根据波特的定义,所有能有助于企业降低成本,从而建立成本优势的战略都可以称为总成本领先战略,比如零库存管理、及时管理(Just-in-Time)。采用这种竞争战略的企业很多,在我国空调行业采用总成本领先战略的典范是"奥克斯",在微波炉行业是"格兰仕"。

在以下几种情况下企业可能会考虑采用总成本领先战略:①市场上有很多价格敏感的顾客;②实现产品差别化的途径很少;③顾客不太在意品牌间的差别;④企业生产具有明显的规模经济效应和经验效应;⑤竞争者很难以更低的价格提供同样的产品。这里的关键是使自己的成本和价格低于竞争对手,从而提高市场份额,将一些竞争对手彻底赶出市场。

采用低成本战略也有风险:①竞争对手可能会模仿企业的战略,这会压低整个行业的盈利水平,甚至使整个行业无利可图;②本行业技术上的突破可能会使这一战略失效;③顾客的兴趣可能会转移到价格以外的其他产品差别化特征上。

(二)差别化战略

差别化战略是指以较高的价格向那些对价格相对不敏感而对产品质量和特色敏感的顾客提供独特的产品或服务。成功的差别化能够使企业以更高的价格出售产品,并通过产品的差别化特征赢得顾客的长期忠诚。根据波特的定义,所有有助于企业提高产品质量,增加产品功能特色,从而提高产品差别化优势的战略都可以称为差别化战略,比如新产品开发、全面质量管理。采用这种竞争战略的企业也很多,在我国家电行业采用差别化战略的典范是"海尔",在手机行业是"TCL"。

在考虑采用差别化战略的时候,企业必须仔细研究顾客的需求和偏好,以便决定将一种或多种差别化特征结合在一个产品中,构建产品的差别化竞争优势。成功的差别化意味着更大的产品灵活性、更高的兼容性、更好的服务、更大的方便性或更多的特性。因此,不难理解新产品开发就是一种差别化战略。

同样,差别化战略也有风险:①顾客对产品价值的认同和偏好不足以使其接受该产品的高价格,在这种情况下总成本领先战略会轻而易举地击败差别化战略;②竞争对手会模仿本企业产品的差别化特征。因此,要设置壁垒防止竞争对手的模仿,以保证产品具有长期的独特性。

(三)集中战略

集中战略是指把企业所有的资源和能力集中在一个较小的细分市场上,以建立局部优势。集中战略的一个典型是"奥普浴霸"，它的主要产品是在浴室里洗澡时取暖用的灯，不管从灯具行业还是从取暖器行业来看，都非常狭窄。根据迈克尔·波特的观点，总成本领先战略和差别化战略是雄霸一方的战略，一般适合大企业，而集中战略则是蜗居一隅之策，适合小企业或刚创办的企业。其原因是小企业或刚创办的企业由于资源和能力的制约，既无法成为成本领先战略者，也不能成为差别化战略者，而是介于其中。波特同时还指出，如果企业能够约束自己的经营领域，集中资源和能力于某一特殊的顾客群或者特定地理范围，那么企业也可以在一个较小的目标市场建立竞争优势。换言之，集中战略是对选定的目标市场进行专业化服务的战略，比如定制服装、皮鞋等。

集中战略可以作为过渡战略，为企业的未来发展奠定基础。企业在采用集中战略的时候，有几个问题需要注意：①集中战略由于产量和销量较小，生产成本通常较高，这会影响企业的获利能力；②集中战略的利益可能会由于技术的变革或者顾客偏好的变化而突然消失；③采用这种战略的企业会始终面临成本领先战略者和差别化战略者的威胁。

需要注意的是，集中战略不是一种独立的基本战略，也就是说，企业在集中于目标市场的同时，还要决定是倾向于通过产品差别化特征还是低成本建立竞争优势，也就是说，要把这种战略与总成本领先战略或差别化战略结合起来使用。

四、竞争策略设计

对企业而言，在应付竞争的时候，除了要决定所采用的竞争战略的类型之外，往往更需要制定更加具体的竞争策略，包括防守策略、进攻策略、跟随策略和补缺策略。在一个行业里，可以根据竞争地位的不同把竞争者分为市场领先者、市场挑战者、市场跟随者和市场补缺者。其中，市场领先者和挑战者尽管有时也会采用跟随和补缺策略，但更多情况下采用防守和进攻策略，而后两者则经常分别采用跟随和补缺策略。

（一）防守策略

科特勒归纳出的常用的防守策略主要有以下六种。

（1）巩固防守。即巩固自己的薄弱环节，提高自己的免疫力，比如加强渠道管理、减少促销预算的浪费、提高员工的士气和对企业的忠诚度等。

（2）侧翼防守。在主要产品或主要品牌的周围建立侧翼产品或品牌，形成一道防护墙，使得竞争对手难以直接对企业的主要产品或品牌发起进攻。可口可乐、宝洁等都精于此道。

（3）先占防守。市场上存在空白点，如果被竞争对手利用可能会有后患，因此企业会想办法占领这些空白点，避免给竞争对手留下任何机会。

（4）反攻防守。与其死守，不如进攻，有时进攻是最好的防守。

（5）活动防守。把防守范围扩展到新的领域中，这些领域在将来可能成为防守和进攻的中心。

（6）收缩防守。指企业收缩自己的战线。有时，企业的战线可能拉得过长，分散了企业有限的资源，容易给竞争对手留下可乘之机，企业如果意识到这一点会收缩自己的防线。

具体防守的手段包括：收缩市场、缩短产品线、降低成本。

（二）进攻策略

每个行业都有其各自的市场领先者，比如可口可乐、宝洁、通用汽车、格兰仕等。同时，在它们周围还存在着一群虎视眈眈的市场挑战者，例如百事可乐、高露洁、福特等，它们野心勃勃地做着准备，以伺机发动进攻以扭转竞争局面。此外，除了挑战者经常采用进攻策略之外，市场领先者也经常进攻他人。

在发动进攻的时候，首先必然确定进攻的对象。在这个问题上，企业一般可以有三种选择：①进攻市场领导者。把市场领导者作为进攻对象，风险较大，但是利润也很可观。当市场领导者存在不稳定因素或为某个突发事件所困扰时，市场挑战者可大举进攻。②进攻同等规模但经营不善、资金不足的企业。③进攻区域性、规模小、经营不善、资金不足的企业。

科特勒归纳出常用的进攻策略有以下几种。

（1）正面进攻。集中力量，在产品、广告、价格等方面直接与竞争对手交锋。

（2）侧翼进攻。避开对方的强项，选择对手的弱点进攻。比如选择竞争对手力量弱的地区进攻，夺取该市场。

（3）包围进攻。先把竞争对手团团围住，然后发起进攻。在美国市场上，沃尔玛就是采用这种策略打败西尔斯的：沃尔玛先占领各大城市周围的卫星镇，造成西尔斯客源的枯竭，然后向它发起正面进攻。

（4）跨越进攻。绕过实力较强的主要竞争对手，先攻击容易得手的竞争对手，以巩固自己的资源基础。

（5）游击进攻。在竞争的不同区域发起小规模的、断断续续的攻击，其目的是骚扰对方并使对方士气低落，并最终攻下阵地。

具体进攻的手段包括：推出新产品、产品的创新或改进、降低成本、开发新渠道等。

（三）跟随策略

在行业中处在第二、第三位置的企业，比如高露洁、福特、百事可乐等公司，可能攻击市场领先者和其他竞争者，以夺取更多的市场份额，即在行业中扮演市场挑战者的角色；它们也可能参与竞争，但不扰乱市场格局，这时，它们扮演的是市场跟随者的角色。

常用的市场跟随策略有以下几种。

（1）紧随其后。在各个细分市场和营销领域都尽量模仿市场领导者。这种策略在计算机行业非常普遍。

（2）有距离地跟随。在很多方面模仿市场领导者，但在有些方面进行改动，即在跟随的同时又保持一些差异性，主要在价格水平、产品更新、销售方面跟随市场领导者。

（3）有选择性地跟随。不是一味地模仿，而是在模仿的基础上进行改造，即在有些方面紧随领导者，在其他方面则具有独创性。

（四）补缺策略

补缺策略也叫利基策略。几乎每个行业都有一些中小型企业，它们的规模不大，扮演市场补缺者的角色，但生存状况却不错，甚至还获得了高于行业平均水平的利润。这是因为这些中小企业集中力量，专心致力于被大企业所忽略或有意放弃的某些细分市场，在这些小市场上进行专业化经营，因而获取了不错的收益。补缺者的关键是专业化，企业要在市场或产品方面实行专业化。市场补缺者可以扮演以下的角色。

（1）终端用户专家。企业专门为某一类型的最终用户服务。

（2）垂直层次专家。企业把精力集中在价值创造过程的某一环节。

（3）顾客规模专家。集中力量为小规模顾客服务。这是因为小客户往往被大的企业所忽视。

（4）特定顾客专家。企业把生产和销售对象限定在一个或少数几个主要客户身上。

（5）定制专家。企业根据顾客的要求定制产品。

（6）服务专家。企业专门提供一种或几种其他企业所没有或不能提供的服务。

（7）地理区域专家。企业只把销售集中在某个区域。

（8）渠道专家。企业只为一种分销渠道服务。

当然，市场补缺不是企业的终极目标，当企业通过市场补缺策略积累起一定实力之后，还要寻找更大的发展空间。

本章小结

营销战略是指企业为实现特定的营销目标而制定的行动纲领或方案。国际营销战略具有全局性、长期性、系统性、灵敏性、风险性等特征。国际营销战略的制定过程包含外部环境分析、内部环境分析、制定营销目标、市场细分、选择目标市场、市场定位、制定营销组合。

市场细分是指企业在市场调研基础上，根据顾客现实及潜在需求的差异，按一定标准将某一种产品或服务的整体市场（母市场）划分为两个或两个以上分市场（子市场）的行为过程。市场细分的实质是顾客需求细分。市场细分的客观基础是顾客需求的类似性和差别性。

国际市场细分有利于企业发掘并把握新的市场机会，有利于企业制定和调整营销组合策略，有利于企业合理配置和使用资源。消费者市场的细分标准包含地理因素、人口因素、心理因素、行为因素。国际市场细分方法包括完全细分、按一个影响需求因素细分、按两个以上影响需求因素细分。国际市场细分应遵循的原则包括可测量性原则、可到达性原则、足量性原则、可操作性原则。

国际目标市场是对该企业最具有吸引力且能成为其营销机会，该企业能有效地满足那些顾客的需求，故决定要进入的特定国际市场。评估国际目标市场的基准有：该子市场有一定购买力，能取得一定的营业额和利润；该子市场有尚未满足的需求，有一定的发展潜力；企业有能力满足该子市场的需求；企业有开拓该子市场的能力，有一定的竞争优势；遵守法律法规，注重道德伦理。国际目标市场选择战略包括产品与市场集中战略、产品专业化战略、市场专业化战略、有选择性的专业化战略、全面覆盖战略。国际目标市场选择策略包括无差异性市场营销策略、差异性市场营销策略、集中性市场营销策略。

国际市场定位是指企业为适应国外消费者的特定需求，设计和确定企业以及产品在目标市场上所处的相对位置。国际市场定位的步骤包含识别潜在竞争优势、确定核心竞争优势、传播独特竞争优势。国际市场定位策略包含避强定位、迎头定位、重新定位、间接定位、反向定位、俱乐部式定位。

国际市场进入战略包括出口进入、合同进入、投资进入、国际战略联盟进入四种。出口进入国际市场方式是指生产企业把本国生产和加工的产品输往国际市场的方式。出口进入国际市场方式包括间接出口方式和直接出口方式。合同进入国际市场方式是指从事国际营销的生产企业通过与目标国的法人签订协议，将自己的无形资产使用权授予对方，允许其制造、销售该企业的产品或服务，或为其提供服务、设备、技术支持等，以获得报酬并进入国际市场。合同进入国际市场方式包括许可证贸易、特许经营和合同生产。投资进入国际市场方式是指生产企业将资本连同本企业的管理技术、销售、财务以及其他技能转移到目标国家或地区，建立受本企业控制的分公司或子公司，在当地生产产品，并在国际市场销售。合同进入国际市场方式包括在国外建立独资企业和在国外建立合资企业两种方式。国际战略联盟是两家或两家以上的企业为了相互需要、分担风险并实现共同目的而建立的一种合作关系。分析行业总体竞争强度的一个非常有效的工具是迈克尔·波特的五种力量分析模型，即波特五力模型。迈克尔·波特认为，特定行业的竞争强度由五种力量决定，分别是行业内现有企业之间的竞争、潜在竞争者的进入、替代品的开发、供方讨价还价的能力、买方讨价还价的能力。

从竞争对手的战略、竞争对手的长远目标、竞争对手的假设、竞争对手的优势和劣势、竞争对手的反应模式等五个方面来分析竞争对手。竞争战略包括总成本领先战略、差别化战略和集中战略。总成本领先战略强调以很低的单位成本向价格敏感的顾客提供标准化的产品。差别化战略是指以较高的价格向那些对价格相对不敏感而对产品质量和特色敏感的顾客提供独特的产品或服务。集中战略是指把企业所有的资源和能力集中在一个较小的细分市场上，以建立局部优势。

竞争策略包括防守策略、进攻策略、跟随策略和补缺策略。防守策略包括巩固防守、侧翼防守、先占防守、反攻防守、活动防守、收缩防守等。具体防守的手段包括收缩市场、缩短产品线和降低成本。进攻策略包括正面进攻、侧翼进攻、包围进攻、跨越进攻、游击进攻。具体进攻手段包括推出新产品、产品的创新或改进、降低成本和开发新渠道。市场跟随策略包括紧随其后、有距离地跟随、有选择性地跟随。市场补缺者可以扮演终端用户专家、垂直层次专家、顾客规模专家、特定顾客专家、定制专家、服务专家、地理区域专家及渠道专家等角色。

关键术语

营销战略　国际市场细分　国际目标市场　国际市场定位　无差异性市场策略　差异性市场策略　集中性市场策略　出口进入国际市场方式　合同进入国际市场方式　投资进入国际市场方式　国际战略联盟　总成本领先战略　差别化战略　集中战略

复习思考题 ▶▶ ▶

一、单选题

1. 在波士顿矩阵中，低市场增长率和高相对市场占有率的战略业务单位属于（　　）。

A. 问题类　　　　　B. 明星类　　　　　C. 金牛类　　　　　D. 瘦狗类

2. 在波士顿矩阵中，高市场增长率和低相对市场占有率的战略业务单位属于（　　）。

A. 问题类　　　　　　B. 明星类　　　　　　C. 金牛类　　　　　　D. 瘦狗类

3. 某服装企业现在不仅生产服装，还开始生产服装面料，这是（　　）战略的表现。

A. 前向一体化　　　B. 后向一体化　　　C. 横向一体化　　　D. 同心多元化

4. 某企业试图通过自产自销业务来寻求新增长，这属于（　　）。

A. 后向一体化　　　B. 前向一体化　　　C. 横向一体化　　　D. 同心多元化

5. 一家洗发水生产企业在国外市场扩大原有洗发水的销售，这种寻找和增加市场机会的方法叫作（　　）。

A. 市场渗透　　　　B. 市场开发　　　　C. 产品开发　　　　D. 多元化经营

6. 某服装制造商为"时髦妇女""家庭妇女""传统妇女""有男子气的妇女"等分别设计和生产女性服装。其采用的市场细分依据是（　　）。

A. 受教育水平　　　　　　　　　　　B. 性别

C. 消费者追求的利益　　　　　　　　D. 生活方式

7. 企业只选取一个子市场作为其目标市场，然后集中人、财、物等资源只生产一种产品满足其需要是（　　）模式。

A. 产品与市场集中战略　　　　　　　B. 产品专业化战略

C. 市场专业化战略　　　　　　　　　D. 选择性专业化战略

8. （　　）适用于大多数异质的产品。

A. 无差异性市场营销策略　　　　　　B. 差异性市场营销策略

C. 集中性市场营销策略　　　　　　　D. 以上均可

9. 克莱斯勒公司把自己定位为世界三大汽车公司之一，这属于（　　）。

A. 对抗定位　　　B. 避强定位　　　C. 间接定位　　　D. 俱乐部式定位

10. 企业选择靠近于现有竞争者或与现有竞争者重合的市场位置，争夺同样的顾客，彼此在产品、价格、分销及促销等各方面差别不大，可采用（　　）。

A. 重新定位策略　　　　　　　　　　B. 避强定位策略

C. 迎头定位策略　　　　　　　　　　D. 间接定位策略

11. 企业主动公开自己的不足和差距，从而使消费者产生信任感，这采用的是（　　）。

A. 重新定位策略　　　　　　　　　　B. 间接定位策略

C. 反向定位策略　　　　　　　　　　D. 俱乐部式定位策略

12. 企业为了彰显自己在市场中的领先地位，宣称自己是市场第一方阵中的成员。这采用的是（　　）。

A. 重新定位策略　　　　　　　　　　B. 间接定位策略

C. 反向定位策略　　　　　　　　　　D. 俱乐部式定位策略

二、填空题

1. 国际营销战略具有全局性、长期性、系统性、_____、风险性等特征。

2. 消费者市场的细分标准包括地理因素、人口因素、心理因素、_____因素。

3. 一个好的目标市场应当具备以下条件：该子市场有一定购买力；_____；企业有能力满足该子市场的需求以及_____。

4. 国际目标市场选择战略包括产品与市场集中战略、产品专业化战略、市场专业化战略、选择性的专业化战略、_____。

5. 国际目标市场选择策略包括无差异性市场营销策略、差异性市场营销策略和_____。

6. 市场定位的步骤包括识别_____、确定_____、传播_____。

三、简答题

1. 国际营销战略的制定过程包括哪些步骤？

2. 企业在细分消费者市场时可选用哪几种细分方法？具体的细分标准和细分变量有哪些？

3. 国际目标市场选择策略有哪些？

4. 国际市场定位的策略有哪些？

5. 企业可以通过哪些方式进入国际市场？

6. 企业可以采取哪些竞争战略？

7. 企业可以采取哪些竞争策略？

案例讨论

星巴克是在20世纪90年代中后期登陆中国大陆市场的，定位在曾经"稀少"的中高端人群，起初"曲高和寡"，后来还是在中国市场，星巴克获得了前所未有的"高歌猛进"。它的成功之处，就在于它是"面对"着消费者，而不是"背对"着消费者。

100多年前，星巴克是美国一本家喻户晓的小说里主人公的名字。1971年，3个美国人开始把它变成一家咖啡店的招牌。

1987年，霍华德·舒尔茨和他的律师，也就是比尔·盖茨的父亲以380万美元买下星巴克公司，开始了真正意义上的"星巴克之旅"。

如今，星巴克咖啡已经成为世界连锁咖啡的第一品牌。星巴克咖啡已经在全球38个国家开设了13 000家店。虽然传统意义上"根正苗红"的咖啡并非起源于美国，但星巴克咖啡目前已经俨然是这些品类最"正宗"的代名词。1999年1月11日，北京国贸中心一层开设了一家星巴克咖啡店，这意味着星巴克开始了美妙的中国之旅。

星巴克在中国是怎样进行市场定位的？

一、在中国，星巴克、哈根达斯征服的不仅仅是消费者的胃

在网络社区、博客或是文学作品的随笔中，不少人记下了诸如"星巴克的下午""哈根达斯的女人"这样的生活片段，似乎在这些地方每天发生着可能影响着人们生活质量与幸福指数的难忘故事："我奋斗了五年，今天终于和你一样坐在星巴克里喝咖啡了！"此时的星巴克还是咖啡吗？不！它承载了一个年轻人奋斗的梦想。"如果你是一位适龄女子，你所生活的城市有哈根达斯，而你从来没被异性带入哈根达斯，或者已经很久没机会去了，那你就不得不在内心承认，没有人疼你、宠你了。"此时的哈根达斯还是冰激凌吗？不！它变成了一个女人心中爱的祈祷……

这种细腻的感情、美妙的感觉，不仅仅是偶然地在一个消费者心中激起涟漪，而是形成一种广泛的消费共鸣。我们不得不承认，星巴克、哈根达斯的成功与准确的品牌定位不无关系。

二、星巴克的"第三空间"

关于人们的生存空间，星巴克似乎很有研究。霍华德·舒尔茨曾这样表达星巴克对应的空间：人们的滞留空间分为家庭、办公室和除此以外的其他场所。第一空间是家，第二空间是办公地点。星巴克位于这两者之间，是让大家感到放松、安全的地方，是让你有归属感的地方。20世纪90年代兴起的网络浪潮也推动了星巴克"第三空间"的成长。于是星巴克在店内设置了无线上网的区域，为旅游者、商务移动办公人士提供服务。

其实我们不难看出，星巴克选择了一种"非家、非办公"的中间状态。舒尔茨指出，星巴克不是提供服务的咖啡公司，而是提供咖啡的服务公司。因此，作为"第三空间"的有机组成部分，音乐在星巴克已经上升到了仅次于咖啡的位置，因为星巴克的音乐已经不单单只是"咖啡伴侣"，它本身已经成了星巴克的一个很重要的商品。星巴克播放的大多数是自己开发的有自主知识产权的音乐。迷上星巴克咖啡的人很多也迷恋星巴克音乐。这些音乐正好迎合了那些时尚、新潮、追求前卫的白领阶层的需要。他们每天面临着强大的生存压力，十分需要精神安慰，星巴克的音乐正好起到了这种作用，确确实实让人感受到在消费一种文化，催醒人们内心某种也许已经快要消失的怀旧情感。

三、产品中国化

虽然因为一些限制，星巴克在中国的店铺中并没有像其他全球星巴克连锁那样销售星巴克音乐碟片。但星巴克利用自己独特的消费环境与目标人群，为顾客提供精美的商品和礼品。商品种类从各种咖啡的冲泡器具，到多种式样的咖啡杯。虽然这些副产品的销售在星巴克整体营业额中所占比例还比较小，但是近年来一直呈上升趋势。在中秋节等中国特色的节庆时，还推出"星巴克月饼"等。

所以，"我不在星巴克，就在去星巴克的路上"，传递的是一种令人羡慕的"小资生活"，而这样的生活也许有人无法天天拥有，但没有人不希望"曾经拥有"。这就是品牌定位的魅力！

阅读以上案例，讨论如下问题：

星巴克在中国市场定位的成功之处何在？

资料来源：新浪财经《星巴克被批在华暴利》2013-10-21, http://finance. sina. com. cn/chanjing/gsnews/20131021/180917059893. shtml? from=wap

 营销技能训练

1. 选定目标企业，假设其进入某国际市场，为其设计国际市场营销战略。

2. 登录肯德基、麦当劳、可口可乐、亨氏、百事可乐中国网站，分析其国际市场选择战略（市场细分、目标市场选择及市场定位）。

第五章 国际市场营销产品策略

📝 **学习目标**

> **知识目标**
>
> 　　清晰认识国际产品整体概念；全面分析国际产品的标准化和差异化策略；阐明国际产品的调整和适应策略；熟练掌握产品生命周期各阶段的国际营销策略；掌握国际新产品开发策略；明确国际品牌管理及发展全球性品牌的步骤；掌握国际市场产品包装策略。
>
> **技能目标**
>
> 　　能够分析产品的整体概念的不同层次；能够掌握产品生命周期的应用，掌握不同阶段的基本策略；了解国际市场品牌策略的运用。
>
> **思政目标**
>
> 　　培养学生严谨的治学态度，增强学生的品牌意识和知识产权保护意识，倡导理论与实践紧密结合，践行社会主义核心价值观。

🔷 导入案例

　　吉列公司是以刀片为主导产品的公司，它的产品能打入国际市场并持续较长占领时间，与它通过技术创新开发新产品有十分密切的关系。吉列公司的创始人是吉列，当他遇到锯齿瓶塞的发明人彭特尔时，彭特尔向他建议，集中精力去开发顾客必须反复购买的产品，是一条成功的捷径。这一观点激起了吉列的兴趣和好奇心。某天，他要刮胡子时却发现其刮胡刀很钝不能使用，只有等磨刀师磨锋利后才能再用，为此他很生气。突然，他想到如果有一个很薄的非常锋利的刀片……吉列刮胡刀于1901年诞生，并迅速占领了市场。

　　吉列原来的安全刮胡刀的专利权于1921年10月满期，吉列公司早就为此做好了准备。在当年5月，使其竞争对手吃惊的是，吉列同时推出了两种新产品：一种按原价出售的新型改进吉列安全刮胡刀和另一种售价1美元的银朗安全刮胡刀。1923年，公司再推出镀金刮胡刀，售价仍为1美元。当妇女盛行短发的时候，吉列又推出称为得伯特的女用安全刀，而售价仅为 79 美分。1934 年，公司又推出第一种单面安全刮胡刀和 ProbakJunior 刀片，售价为 4 片 10 美分；1936 年，公司推出安全刀片系列以外的产品即吉列无刷刮胡膏，售价为 98 美分；1938 年秋，公司又推出吉列薄刀片，吉列电动刮胡刀也于当年圣诞节问世。1960 年，公司又推出超级蓝吉利刀片，即全世界第一种涂层刀片。超级蓝刀片是吉列刀片最核心和最高级的产品，也是利润最大的产品，最受消费者青睐。在制造和销售剃须刀片这个最主要的业务领域内，吉列公司垄断了市场。1962 年，它占领美国刀片市场的 70%，零售额有 1.75 亿美元。

但 60 年代早期，历史悠久的吉列公司错误地估计了本行业中的新产品——不锈钢刀片对它的影响。威尔金森·斯沃德有限公司 1961 年开始生产不锈钢剃须刀片。它的刀片制造工艺合理，刀刃锋利，不被腐蚀并且使用寿命长（每只刀片可以使用 15 次，一般的碳素刀片平均每只能使用 3.5 次左右）。但碳素钢每吨成本约 1 900 美元，而不锈钢每吨成本约 3 700 美元；而且不锈钢硬度较大，其制造过程费用也更高，复杂的工艺限制了产量。

到 1962 年下半年，威尔金森的不锈钢剃须刀已占有英国刀片市场的 15%。之后利特尔·埃弗夏普公司也向不锈钢刀片市场发起进攻，1963 年的销售额达到了 2 450 万美元。紧接着另一个对不锈钢刀片探险的是菲利普·莫里斯公司。

吉列公司担心由于刀片使用寿命大大增加，导致刀片销量减少，从而使利润下降，并且会影响超级蓝刀片的销量，因此最初不想开发不锈钢刀片。直到 1963 年夏天，吉列才在市场上销售自己的不锈钢刀片。吉列在引进不锈钢刀片时耽搁的时间过长，给了竞争者可乘之机，丢失了市场，而要想重新获得失去的市场份额并非易事。

资料来源：财富故事　2015 年 1 月 18 日

第一节　产品及产品组合

一、产品与产品分类

（一）产品

人们通常理解的产品是指具有某种特定物质形状和用途的物品，是看得见、摸得着的东西。这是一种狭义的定义。在市场营销学领域，将产品定义为作为商品提供给市场，能够被顾客理解的，被顾客使用和消费，并能满足人们某种需求的任何东西，包括有形的物品、无形的服务、组织、观念或它们的组合。

（二）产品的整体概念

通过对市场营销学中产品定义的了解，我们发现，产品是可以分解的，即可以划分为不同的层次，这就是产品的整体概念。目前，最常见的产品整体分五个基本层次。

1. 核心产品

顾客购买某种产品时所追求的利益，是顾客真正要买的东西。如消费者购买电脑是为了利用电脑工作、上网休闲等；购买软件是为了给电脑增加某些方面的功能，如播放 MP3

音乐、文字处理等。

2. 有形产品

有形产品是核心产品的载体，即向市场提供的实体和服务形象，是消费者通过自己的眼、耳、鼻、舌、身等感觉器官可以接触到、感觉到的有形部分。它包括产品的形态、形状、式样、商标、质量、包装、设计、风格、色调等。

3. 期望产品

期望产品指购买者在购买该产品时期望得到的与产品密切相关的一整套属性和条件。比如，顾客购买电脑时，显卡、声卡、音箱都是顾客期望得到的。顾客不会因为企业为他们提供了期望产品而对产品产生偏爱，他们认为那是他们该得到的。

4. 延伸产品

延伸产品指顾客购买有形产品和期望产品时，附带获得的各种利益的总和。一般包括产品维修、咨询、送货、培训、安装、消费信贷等。对于无形产品如软件等产品，延伸部分包括软件的升级、软件的远程诊断等。

5. 潜在产品

潜在产品指产品最终可能会实现的全部附加利益和可能的演变。它主要是产品的一种增值服务，与延伸产品的主要区别是顾客没有潜在产品层次仍然可以很好地使用顾客需要的产品的核心利益和服务。比如电视机，企业从竞争的角度出发，给它增加上网的功能，这种延伸可以达到顾客购买和提供产品价值的目的。当所有电视机都能上网时，上网功能部分就成了期望产品。

潜在产品往往是产品未来的走向，是研发的切入点。

（三）产品分类

产品按照不同的方法可分为以下类型。

1. 根据其耐用性和是否有形分为：耐用品、非耐用品和服务

（1）耐用品。指使用年限较长、价值较高且有多种用途的有形产品，例如汽车、家具等。

（2）非耐用品。指有一种或多种消费用途的低值易耗品，例如化妆品、食品等。

（3）服务。服务的特点是它的生产和消费是同时进行的，是一种无形的、不可分离的、可变的和易消失的产品。

2. 根据其购买特征可分为：便利品、选购品、特殊品和非渴求品

（1）便利品。指客户想到了就要购买，基本不作购买计划的产品。

（2）选购品。指客户在选购过程中，对质量、价格、适用性和式样等方面进行有针对性的比较、挑选后才购买的产品。

（3）特殊品。指具备其他产品所没有的特征和（或）品牌标记的产品。

（4）非渴求品。指客户不了解或即便了解也没有意向购买的产品。

3. 根据其生产过程和性质差别可分为：材料和部件、资本项目、供应品和服务

（1）材料和部件。指提供给制造商进行产品生产的原材料或半制成品。

（2）资本项目。指产品销售中的附加商品。

（3）供应品和服务。指消费品的耗用性产品。

二、产品组合策略

（一）产品组合及相关概念

1. 产品组合

产品组合是指一个企业在一定时期内生产经营的各种产品的质的结构和量的比例关系及其构成的整体，即经营范围和结构。它包括所有的产品线和产品项目。

2. 产品线

产品线指互相关联或相似的一组产品，即我国通常所谓的产品大类。产品线的划分可依据产品功能上相似、消费上具有连带性、供给相同的顾客群、有相同的分销渠道，或属于同一价格范围。

3. 产品项目

产品项目指产品线中各种不同品种、档次、质量和价格的特定产品。例如，某商店经营鞋、帽、服装、针织品四大类产品（4 条产品线），每大类中又有若干具体品种（产品项目）。

（二）产品组合决策的内容

产品组合决策一般是从产品组合的宽度、长度、深度和相关性等方面做出决定。

1. 产品组合的宽度

产品组合的宽度是指一个企业生产经营的产品大类的多少，即拥有的产品线多少，多则宽，少则窄。

2. 产品组合的长度

产品组合的长度是指一个企业的产品组合中所包含的产品项目的总数。

3. 产品组合的深度

产品组合的深度是指产品线中每种产品有多少品种，如花色、口味、规格的多少。

4. 产品组合的相关性

产品组合的相关性是指各个产品线在最终使用、生产条件、分销、渠道或其他方面的相关联的程度。

某企业产品组合如表5-1所示。

表 5-1　某企业产品组合

液晶电视	洗衣机	电冰箱	空调
55 英寸液晶电视	单缸洗衣机	单门电冰箱	窗式空调
60 英寸液晶电视	双缸洗衣机	双门电冰箱	立式空调
65 英寸液晶电视	滚筒洗衣机	三门电冰箱	挂式空调
70 英寸液晶电视		四门电冰箱	
75 英寸液晶电视			

如表5-1所示，产品组合共有4条生产线，产品组合的宽度为4；产品组合的长度为15，则平均深度为3.75（15/4＝3.75）。产品组合中的各产品线都是家用电器，面对的市场和分销渠道基本相同，因此这家公司的产品组合关联性较强。

（三）产品组合决策的作用

产品组合的宽度、长度、深度和相关性在市场营销战略上具有重要意义。

（1）企业增加产品组合的宽度，即增加产品大类，扩大经营范围，甚至跨行业经营，实行多角化经营，可以充分发挥企业的特长，使企业尤其是大企业的资源、技术得到充分利用，提高经营效益；此外，实行多角化经营还可以减少风险。

（2）企业增加产品组合的长度和深度，即增加产品项目，增加产品的花色、式样、规格等，可以迎合广大消费者的不同需要和爱好，以招揽、吸引更多顾客。

（3）企业增加产品组合的相关性，即使各个产品大类在最终使用、生产条件、分销渠道等各方面密切关联，则容易提高企业在某一地区、行业的声誉，也可降低企业的营销成本。

第二节　产品生命周期和新产品

一、产品生命周期

（一）产品生命周期的概念

产品生命周期理论是美国哈佛大学教授雷蒙德·弗农于1966年在其《产品周期中的国际投资与国际贸易》一文中首次提出的。弗农认为：产品生命是指市场上的营销生命，产品和人的生命一样，要经历形成、成长、成熟、衰退这样的周期。就产品而言，也就是要经历一个开发、引进、成长、成熟、衰退的阶段。而这个周期在不同的技术水平的国家里，发生的时间和过程是不一样的，其间存在一个较大的差距和时差，正是这一时差，表现为不同国家在技术上的差距，它反映了同一产品在不同国家市场上的竞争地位的差异，从而决定了国际贸易和国际投资的变化。该理论侧重从技术创新、技术进步和技术传播的角度来分析国际贸易产生的基础，将国际贸易中的比较利益动态化，研究产品出口优势在不同国家间的传导。

经过多年的发展，该理论更加成熟和完善。目前产品的生命周期是指产品从研制成功投入市场开始，经过成长、成熟阶段，最终被市场淘汰的整个过程。典型的产品生命周期共包括四个阶段：导入期（Introduction）、成长期（Growth）、成熟期（Maturity）和衰退期（Decline）。产品生命周期曲线如图5-1所示。

产品生命周期理论是市场营销学中十分重要的理论。研究产品的生命周期，对于有计划地开发新产品、制定产品决策、制定各项营销决策及指导企业的经营活动，都具有重要意义。在国际贸易和国际市场营销上，该理论也发挥着重要的作用。

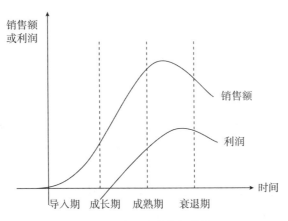

图 5-1　产品生命周期曲线

（二）产品生命周期与产品的使用寿命之间的区别

1. 产品使用寿命

产品使用寿命指在消费过程中，产品实体磨损或消耗所持续的时间，即产品的耐用程度，是有形的、具体的，由产品性质、使用程度及维护保养等因素决定。

2. 产品生命周期

产品生命周期指产品的市场经济寿命，也叫市场寿命，是无形的、抽象的。如某一家电产品（如电冰箱）的使用寿命在 10 年左右，但该产品的生命周期有几十年，甚至上百年。

（三）产品生命周期各阶段的特点

1. 销售量

（1）导入期：生产批量少，消费者不了解，销售量小。

（2）成长期：经过推广介绍，由于市场容量很大，销售量迅速增加。

（3）成熟期：市场普及率高，市场容量接近饱和，销售量增长速度减弱，后销售量逐渐下降。

（4）衰退期：销售迅速下降，增长率为负值。

2. 成本

（1）导入期：生产批量少，固定费用和促销费用比较大。

（2）成长期和成熟期：批量增加、技术成熟，知名度提高，成本下降。

（3）衰退期：批量减少、促销增加、积压仓储，成本提高。

3. 价格

（1）导入期：成本比较高，价格最高，但也可能低于成本。

（2）成长期和成熟期：成本降低，竞争加剧，价格不断下降。

（3）衰退期：避免积压，价格很低，甚至低于成本。

4. 利润

（1）导入期：成本比较高，利润为负值。

（2）成长期和成熟期：成本降低，利润开始增加，在成熟期的后期，利润达到最高，并呈现下降的趋势。

（3）衰退期：利润率逐渐降低，同时成本开始增加，利润出现负值。

5. 市场竞争

（1）导入期：成本高、销量少、知名度低，甚至亏损，竞争少。

（2）成长期和成熟期：利润增加，吸引大量的竞争对手，各种仿制品、代用品甚至冒牌商品大量出现，直接危害企业的声誉和市场地位。而且同类商品之间的价格竞争、广告竞争和销售服务竞争也异常激烈。

（3）衰退期：利润急剧减少，大部分竞争对手纷纷退出，转向其他商品的经营，留存的竞争对手的主要目标在于如何把现有的库存尽快推销出去，竞争的手段主要集中在价格和营销推广。

6. 消费者的态度

（1）导入期：大部分观望，购买者多为喜爱新颖的人或内行。

（2）成长期：了解后，积极要求购买，购买此产品成为时髦，购买者为经济条件优越的人或年轻人，质量和服务不是主要考虑的问题。

（3）成熟期：大部分消费者愿意购买，但对质量、花色品种和服务要求更加严格。

（4）衰退期：绝大多数消费者不再继续购买，只有保守心理或经济条件差、想购廉价货的人继续购买。消费者的要求主要集中在价格方面。

（四）产品生命周期的判断

产品生命周期理论在市场营销决策中发挥重要的作用，因此需要判断产品生命周期的形态和所处的阶段。目前对产品生命周期的判断主要有以下几类方法。

（1）计算判断法。

可以通过年销售增长率来判断产品生命周期。一般情况下，当某产品进入市场后，年销售增长率低于10%时，尚处于导入期；当年销售增长率开始稳定大于10%时，进入成长期；之后年销售增长率降低并保持0.1%～10%时，处于成熟期；年销售增长率降低并转入负增长时，往往意味着进入衰退期。

也可以通过利润变化来判断产品生命周期。一般当利润率由负转正，往往预示成长期来临；当利润率达到最高时，表示进入成熟期；利润率大幅下降，甚至进入负值，则为衰退期。

（2）经验对比法。

和较早投入市场的同类产品比较，以判断产品生命周期的形态，并判断目前处于生命周期哪个阶段，根据所掌握的信息预测各阶段的延续时间。

任何一种产品的生命周期都有其独特性，会受到各种因素的影响而使生命周期发生变化，因此不可生搬硬套，要综合各类信息进行全面分析和判断。

（五）产品生命周期各阶段的营销策略

产品生命周期不同阶段有不同的特点，因此也需要采取不同的营销策略。如果对产品生命周期四个阶段营销策略进行核心总结，那分别是：短、快、长、转。具体可以实施的营销策略如下。

（1）导入期的营销策略。

准——准确地为产品定位，看准市场，抓准目标顾客。

快——"人无我有"，尽快打开销路，在目标市场上站住脚跟。

短——尽可能缩短该期，减少亏损。

（2）成长期的营销策略。

快——尽快抓住市场机会，迅速扩大生产能力，确保市场供货；迅速取得最大的经济效益。

稳——努力站稳并扩大市场，提高市场占有率，完善产品定位，放大产品与竞争者的差异程度，限制潜在竞争者入市。企业通过技术上的改进，进一步提高产品质量，增加新的性能、花色品种和款式，改进包装，增强产品的市场竞争能力，满足顾客更广泛的需求，吸引更多的顾客。

好——"人有我优"，塑造良好的产品形象，加强品牌地位。成长期的广告宣传应转移到树立产品形象上，从而增强消费者对本企业产品的信赖程度。具体方法是，着重介绍本企业产品的特点、性能和功效，培养消费者的品牌偏好；加大宣传品牌和商标，树立企业和产品的良好市场形象。

（3）成熟期的营销策略。

改——进行产品改革、市场改革、营销组合改革，从改革中求发展；其目的是巩固老顾客，尽可能赢得新顾客，开拓新市场，提高产品的销售量。这种策略不是改变产品本身，而是发现产品的新用途或改变推销方式等，以使产品的销售量扩大。如寻找新的细分市场，使产品进入尚未使用本产品的市场；刺激现有顾客，增加使用频率、使用量；发展产品的新用途，即不改变产品的特性、质量、功能而发展的新用途。

延——尽可能延长该"黄金时期"，亦即延长整个产品生命周期，努力维护企业的市场地位，保持市场占有率。

（4）衰退期的营销策略。

缩——缩减产销规模。

转——有计划地转产新产品，适时弃旧换新、推陈出新。企业应尽早把资本投入新产品的开发，制定适时的营销策略，避免出现"仓促收兵"和"难于割爱"两种情形。

（六）研究产品生命周期的意义

（1）产品生命周期理论揭示了任何产品都和生物有机体一样，都有一个诞生—成长—成熟—衰亡的过程，企业应理解并重视其规律，选择进入某一类产品市场的时机。

（2）不同的产品有不同的生命周期曲线。了解企业经营产品的生命周期曲线类型，可以帮助企业制定适合的战略。如大部分高科技产品的生命周期曲线变化相对较快，整个生命周期较短。企业在营销上要制定快速掠取战略，并要加快新产品开发的速度。很多生活必需品的生命周期曲线相对较长，变化较慢，企业在营销上可以制定缓慢渗透战略，着重于现有产品的改良。

（3）在产品生命周期不同阶段有不同的营销组合策略。通过分析判断产品处于生命周期的哪一阶段，推测产品今后发展的趋势，正确把握产品的市场寿命，并根据各阶段的特点，采取相应的市场营销策略，增强竞争力，提高经济收益。

（4）同一产品的生命周期在不同国家的曲线变化是不同的。由于不同国家的技术水平和消费水平的差异，使得产品周期在不同的技术水平的国家里，发生的时间和过程是不一样的，其间存在一个较大的差距和时差。企业在对外贸易上，可以充分利用这种变化的差异，制定相应的产品战略。

小链接

延长黑白电视机的生命周期

20世纪70年代后期，12英寸黑白电视机在日本已处于产品生命周期的尾声。此时正逢中国改革开放，放松了耐用消费品的进口，很多欧美企业对中国市场潜力估计不足而持观望态度，但日本的日立、夏普、东芝等企业看准机会，紧锣密鼓地组织生产，在保持原有生产线基本要素的前提下，根据中国市场特点，对产品和营销组合进行了适当调整，在很短的时间内将符合中国制式、线路的黑白电视机大量投放中国市场，从而占领了中国市场，也成功地延长了该产品的生命周期。

二、国际新产品开发策略

（一）新产品的概念和类型

1. 新产品

凡是产品整体性概念中任何一部分的创新、改进，能给消费者带来某种新的感受、满足和利益的，相对新的或绝对新的产品，都叫新产品。与旧产品相比，新产品具有新的功能、新的特征、新的结构或新的用途，能满足顾客新的需求。因此，新产品往往具备以下一个或一个以上的特点。

（1）具有新的原理、构思或设计。

（2）采用了新材料，使产品的性能有较大幅度的提高。

（3）产品结构有明显的改进。

（4）扩大了产品的适用范围。

新产品在市场营销领域并非单纯技术角度上的新产品，可以是多层面上的新产品。

2. 新产品的类型

（1）全新产品。

全新产品指采用新原理、新材料及新技术制造出来的前所未有的产品。全新产品是科学技术新成果的产物。它往往代表科学技术发展史上的一个新突破。它的出现，从研制到大批量生产，往往需要耗费大量的人力、物力和财力，这不是一般企业所能胜任的。因此它是企业在竞争中取胜的有力武器。

（2）改进型新产品。

改进型新产品指在材料、构造、性能和包装等某一个方面或几个方面改进后的新产品。它是对市场上现有产品进行的改进，以提高质量或实现多样化，满足不同消费者的需求。它的开发难度不大，也是企业新产品发展经常采用的形式。

（3）换代型新产品。

换代型新产品指在原有产品的基础上采用新材料、新工艺制造出的适应新用途、满足新需求的产品。它的开发难度较小，是企业进行新产品开发的重要形式。

（4）仿制型新产品。

仿制型新产品指对市场上已有的新产品在局部进行改进和创新，但保持基本原理和结构不变而仿制出来的产品。落后国家对先进国家已经投入市场的产品的仿制，有利于填补落后国家生产空白，提高企业的技术水平。在生产仿制新产品时，一定要注意知识产权的问题，不要侵犯他人的知识产权。

（二）新产品开发的方向

企业开发新产品，把有限的人、财、物有效地分配在急需的开发项目上，使新产品开发取得最佳效果，关键在于准确地确定新产品开发方向。由于市场竞争日益激烈，消费需求日益多样化和个性化，新产品开发呈现出多能化、系列化、复合化、微型化、智能化、艺术化等发展趋势。

企业在选择新产品开发方向时应考虑以下几点。

（1）考虑产品性质和用途。

在进行新产品开发前，应充分考察同类产品和相应的替代产品的技术含量和性能用途，确保所开发产品的先进性或独创性，避免"新"产品自诞生之日起就被市场淘汰。

（2）考虑价格和销售量。

系列化产品成本低，可以降价出售增加销售量，但是系列化产品单调，也可能影响销售量。因此，对系列化、多样化产品的价格与销售之间的关系，要经过调查研究再加以确定。

（3）充分考虑消费者需求变化速度和变化方向。

随着人们物质生活水平的提高，消费者的需求呈多样化趋势，并且变化速度很快。而开发一样新产品需要一定的时间，这个时间一定要比消费者需求变动的时间短，新产品才有开发意义。

（4）企业产品创新满足市场需求的能力。

曾经代表中国民族通信旗帜的巨龙、大唐、中兴、华为四家企业，面对的市场机会差不多，起步差不多，但经过三四年时间，华为、中兴已远走了前面，巨龙则几乎退出了通信市场。而决定四家企业差距的最关键因素就是各自推向市场的产品所包含的产品和技术创新的能力。

（5）企业技术力量储备和产品开发团队建设。

能否顺利进行新产品的开发，要看企业的资金、设备等是否能为产品开发提供源源不断的支持。同时新产品的开发与企业开发人员能力、团队契合度也有重要关联。

（三）新产品开发的策略

（1）领先策略。

这种策略就是在激烈的产品竞争中采用新原理、新技术、新结构优先开发出全新产品，从而先入为主，领略市场上的无限风光。这类产品的开发多属于发明创造范围，采用这种策略，投资数额大，科学研究工作量大，新产品实验时间长。

（2）超越自我策略。

这种策略的着眼点不在于眼前利益而在于长远利益。这种暂时放弃一部分眼前利益、最终以更新、更优的产品去获取更大利润的经营策略，要求企业有长远的"利润观"理念，要注意培育潜在市场，培养超越自我的气魄和勇气，不仅如此，更需要有强大的技术作后盾。

（3）紧跟策略。

采用这类策略的企业往往针对市场上已有的产品进行仿造或进行局部的改进和创新，但基本原理和结构是与已有产品相似的。这种企业跟随既定技术的先驱者，以求用较少的投资得到成熟的定型技术，然后利用其特有的市场或价格方面的优势，在竞争中对早期开发者的商业地位进行侵蚀。

（4）补缺策略。

每一个企业都不可能完全满足市场的任何需求，所以在市场上总存在着未被满足的需求，这就为企业留下了一定的发展空间。这就要求企业详细地分析市场上现有产品及消费者的需求，从中发现尚未被占领的市场。

（四）国际新产品开发程序

（1）新产品目标和战略。

因应型战略是指顺应环境改变而研制新产品。

预应型战略强调争取主动，努力把握环境变化的趋势，因势利导及时推出新产品。

（2）寻找机遇、新产品创意和筛选。

新产品开发是一种创新活动，产品创意是开发新产品的关键。在这一阶段，要根据社会调查掌握的市场需求情况以及企业本身条件，充分考虑用户的使用要求和竞争对手的动向，有针对性地提出开发新产品的设想和构思。产品创意对新产品开发有至关重要的意义和作用。企业新产品开发构思创意主要来自三个方面：①来自用户。企业着手开发新产品，首先要通过各种渠道掌握用户的需求，了解用户在使用老产品过程中有哪些改进意见和新的需求，并在此基础上形成新产品开发创意。②来自本企业职工。特别是销售人员和技术服务人员，经常接触用户，用户对老产品的改进意见与需求变化他们都比较清楚。③来自专业科研人员。科研人员具有比较丰富的专业理论和技术知识，要鼓励他们发扬这方面的专长，为企业提供新产品开发的创意。此外，企业还通过情报部门、工商管理部门、外贸等渠道，征集新产品开发创意。

新产品创意包括三个方面的内容：①产品构思。产品构思是在市场调查和技术分析的基础上，提出新产品的构想或有关产品改良的建议。②构思筛选。并非所有的产品构思都能发展成为新产品。有的产品构思可能很好，但与企业的发展目标不符合，也缺乏相应的资源条件；有的产品构思可能本身就不切实际，缺乏开发的可能性。因此，必须对产品构思进行筛选。③产品概念的形成。经过筛选后的构思仅仅是设计人员或管理者头脑中的概念，离产品还有相当的距离，还需要形成能够为消费者接受的、具体的产品概念。产品概念的形成过程实际上就是构思创意与消费者需求相结合的过程。

（3）商业策略分析与发展。

一旦选择了一个有前途的概念，就该制定初步的业务和营销策略了。这需要产品管理团队、市场营销和销售团队合作，深入分析最终将用来创建产品并将其销售给目标受众的策略。接着，确定必要的策略，例如产品获利能力和营销组合。为此，必须定义以下战略领域：目标市场；新产品的价值主张；新产品发布后头几年的销售目标、市场份额目标和利润目标；计划的开发、营销、销售和分销预算；长期产品目标。

（4）财务分析。

在着手开发新产品之前，必须分析其他可行的新产品概念，以获取业绩和财务的潜力以及潜在的结果。你需要确保有能力实施之前定义的商业策略和营销策略。为此，必须仔细考虑各种因素，例如成本预测、需求预测、相关竞争对手、最低投资金额、获利能力等，还需要一套用于监视进度的指标系统，例如团队平均花费在每个新产品开发阶段的时间、已发布产品的价值、销售数据和其他有价值的反馈信息。

企业往往通过检查与新产品类似产品的销售历史并进行当前市场调研，来确定最新市场趋势和真实情况，并且评估新产品开发中涉及的风险范围。分析过程越彻底，就越容易选择可负担的和可行的营销、品牌和其他业务策略。

（5）产品设计与开发。

在所有产品概念明确，市场营销、财务和发展战略确定之后，新产品开发进入产品开发过程的第五阶段——有形产品的设计和开发，即实体开发。

实体开发主要解决产品构思是否转化为在技术和商业上可行的产品这一问题。它通过对新产品实体的设计、试制、测试和鉴定来完成。这一阶段往往需要投入大量的费用和时间来完成。企业研发部门和生产部门，包括外部合作公司可能需要几天、几周、几个月甚至更长的时间才能完成该阶段。

通常，真实的消费者会一起参与使用和评估模型及预发布产品。他们可以为新产品开发带来公正的观点，从而促进开发结果的成功。

（6）营销测试。

与概念测试不同，营销测试将实际待售的产品放置在一个或多个样本的市场环境中，并观察其在预定营销计划下的销售状况。同样，客户反馈至关重要，它依赖于实际观察到的客户行为，不是对产品概念的兴趣程度进行调查。因此，这样可以根据需要对新产品进一步更改。新产品开发流程的营销测试阶段的目标是在进行投资之前验证新产品背后整个概念的合理性，并为即将推出的产品做好商品化准备。每种新产品所需的实际营销测试可能会有很大差异。

（7）商业化生产。

新产品试销通过后，就进入正式生产阶段。由于新产品上市初期成本最高，而产品有一个逐渐被市场接受的过程，因此企业要做好各种准备。在正式上市的时机、区域、营销策略方面做好决策，并制定各方面备选方案，以应对各种可能出现的问题。

三、国际产品的标准化和差异化

随着全球化的加剧，未来跨国公司必然是经济活动中的重要组织单位。而摆在跨国公司面前的一个突出问题是采用产品标准化策略，还是差异化策略。

（一）产品标准化和差异化的概念

国际产品的标准化指的是在世界上的不同国家和地区的所有市场上都提供同一种产

品。一份研究报告对来自世界不同国家的 27 家著名的全球性跨国公司如可口可乐、雀巢咖啡、索尼等进行调查后发现，六成以上的产品是"高度标准化"的。

国际产品的差异化，指的是产品因地制宜，对不同国家和地区的市场提供不同或调整过的产品，以适应当地市场的特殊需要。国际产品的差异化又称为定制化，就是要求国际企业的营销人员不断调查研究不同国家和地区的市场在经济、文化、地理等方面的差别，而提供能迎合当地消费者口味的产品。很多案例表明，许多企业在国际营销中的重大错误之一就是产品设计没有因地制宜进行修改，没有采用差异化策略。

（二）产品标准化和差异化的意义

1. 产品标准化的意义

（1）产品标准化策略可使企业实现规模经济，大幅度降低产品研究、开发、生产、销售等各个环节的成本。

（2）在全球范围内销售标准化产品有利于树立产品在世界上的统一形象，强化企业的声誉，有助于消费者对企业产品的识别，从而使企业产品在全球享有较高的知名度。

（3）产品标准化还可使企业对全球营销进行有效的控制。国际市场营销的地理范围较国内营销扩大了，如果产品种类较多，则每个产品所能获得的营销资源相对较少，难以进行有效的控制。产品标准化一方面降低了管理的难度，另一方面集中了营销资源，企业可以在数量较少的产品上投入相对丰富的资源，对营销活动的控制力更强。

2. 产品差异化的意义

产品差异化必然加大公司的生产运营成本。这对全球化激烈竞争的厂家来说十分不利。但由于各国社会文化环境的不同，收入水平、产品的使用条件以及政府的规定等的不同，企业应根据不同的市场环境对产品及营销方法进行修改，以不同的营销方法出售差异化的产品，以适应当地文化环境，更好地满足当地市场的需求，从而提高产品的市场占有率。差异化策略有利于迎合客户的差异化需求，获得更多的市场份额。

3. 产品标准化和差异化策略的应用

（1）规模大的产品适合采取标准化策略。

从产品生产的角度来看，适宜产品标准化的产品类别为在采购、制造和分销等方面获得较大规模经济效益的产品。具体表现为：技术标准化的产品，如电视机、录像机、音响等产品；研究开发成本高的技术密集型产品，这类产品必须采取全球标准化以补偿产品研究与开发的巨额投资。

（2）根据竞争条件选取。

如果在国际目标市场上没有竞争对手出现，或市场竞争不激烈，企业可以采用标准化策略；或者市场竞争虽很激烈，但自身拥有独特的生产技能，且这是其他企业无法效仿的，则可采用标准化产品策略。

（3）法律法规限制和文化冲突。

因为法律法规限制和文化冲突，要想进入一个地区，必须采取差异化策略，比如在印度就不能卖牛肉汉堡，又如很多产品想要进入欧洲，质量要求必须达到欧洲的标准。

（4）国际标准和国别标准的差异。

随着工业化的发展，各国为了规范行业发展，都为产业和产品制定了具体标准。总的来说标准大都相似，但是也存在着细微差别，有些国家明确规定，在本国必须采用本国标准。为了进入这个市场，也需要对产品采取一些差异化策略。

（5）产品生命周期导致差异化。

产品的生命周期在不同国家并非同一阶段，这是因为各国经济发展水平的原因造成的。考虑到这一点所以在不同地区推出不同档次的产品。如在欧美等发达国家推出高档的产品，而在发展中国家推出中档产品。

企业应根据市场环境和企业自身条件来决定采取哪一种策略，以适应当地文化环境，更好地满足当地市场的需求，从而建立自己的竞争优势。这样才不会在盲目的标准化或差异化策略中迷失自我，最终导致自身缺乏核心优势。

第三节　国际市场营销品牌策略

一、品牌的基本概念

（一）什么是品牌

"广告教父"大卫·奥格威认为，品牌代表一种形象。

品牌大师大卫·艾克认为，品牌代表消费者掌握的关于商品、企业相关的知识。

全球知名品牌管理公司 BRANDZ 认为，品牌代表消费者与商品之间的一种关系。

现代营销学之父菲利普·科特勒在《市场营销学》中对品牌做出如下定义：品牌是销售者向购买者长期提供的一组特定的特点、利益和服务。

综上，产品品牌不仅仅是一些可视化、标准化的符号和形象，也是一种精神的元素。因此，产品品牌包含两个层次的含义：一是指产品的名称、术语、标记、符号、设计等方面的组合体；二是代表有关产品的一系列附加值，包含功能和心理两方面的利益点，如产品所能代表的效用、功能、品位、形式、价格、便利、服务等。

一般而言，品牌是用来识别一个或一些销售者的产品或服务的，并用以与竞争者的产品或服务进行区别的一个名称、符号、标志、设计或它们的组合。

品牌与商标不同。品牌是商品的商业名称，是由企业独创的、有显著特征的、未作为商标或已进行商标申请注册的特定名称。商标是品牌经合法的注册得到的。商标具有专有权，受到法律保护，未经许可授权，任何人不得侵权使用。因此，品牌是一个商业名称，而商标是一个法律名称。

（二）品牌的基本特征

"品牌"是舶来语，翻译自英文"BRAND"，词源来自德国北部语言 Old Norse，最早的意思是"to burn"也就是"烧灼"：在文明的初期，人们将独特的标记用烧红的铁烙印在自己的货物上以起到辨识和区分的作用。所以品牌最初的意义非常明确和简单，就是

"区分"。到今天我们仍然可以在苏格兰的牧场上看到放牧的绵羊的尾巴被染成了各种颜色，以帮助牧场主分清楚哪些是自己家的羊，这也是最早的品牌遗留下来的存在形式。

随着商业文明的进展，品牌的"区分"作用开始逐步延展和丰富：借助品牌，我们不只想要知道这个产品属于谁，还需要知道这个产品来自哪里，是否值得信赖，价格能否负担以及有哪些与其他同类的产品不同的特点，并以此来决定是否应该购买这个产品。一个好的品牌，意味着商家的产品（包括实体产品与任何形式的服务）可以卖得更好，因而带来更大的利润回报。好的品牌对于目标用户的购买决策具备直接而强大的影响力：让更多人愿意选择你的产品，愿意付出更高的价格，并且在相对长的时间内会重复选择，品牌因此具备了商业价值。

品牌具有三个基本的特征。

（1）鲜明个性。吸引人的注意力，让人产生兴趣。

（2）差异性。独特的个性，让人对品牌有一对一的联想和感觉。

（3）持续性。品牌个性是长期形成的，积累是建立品牌的必由之路。

进一步，将品牌整体含义分为六个层次。

（1）属性。品牌首先带给人们某些特定的属性。例如：梅赛德斯（Mercedes）汽车：昂贵、制造精良、耐用、高的声誉、高的再售价值、快速等。

（2）利益。品牌反映消费者的利益。消费者购买的是产品所带来的利益。需要把属性转化为功能型或情感型利益。如：耐用性——我这几年将不需要购买新车；昂贵——该车使我感到自己很重要和令人羡慕；制造精良——万一出交通事故，我会是安全的。

（3）价值。品牌也反映了该制造商的某些价值观。如：梅赛德斯汽车包含的价值有：高绩效、安全和名声。

（4）文化。品牌可能代表了一定的文化内涵。如：梅赛德斯汽车包含德国文化：组织性、效率和高质量。

（5）个性。品牌也可能具有一定的个性。如：把品牌联想为一个特定的个人、一头动物或一个物体。

（6）使用者。品牌建议购买或使用该产品的消费者类型，反映出品牌的用户形象。

二、品牌化战略的意义

美国"现代营销之父"菲利普·科特勒曾针对中国制造的产品讲过：中国有些企业在为一些世界品牌"默默无闻"地打工，这在企业起步阶段是可以的，但以后要逐步加上自己的名字，努力打造自己的品牌。

（一）识别强化企业形象

品牌建设有利于塑造企业形象，提升企业知名度。品牌建设的过程是创建、宣传，形成品牌影响力，实现品牌价值转化的过程。这个过程最初始阶段是对品牌的宣传，也是树立和宣传企业形象的阶段；企业随着品牌建设同步发展壮大。例如，格力空调和海尔冰箱，成为格力电器和海尔电器的重要品质标杆，由此树立了海尔和格力电器质量领先的企业形象。

（二）扩宽企业市场规模，增加收益

品牌建设有利于企业的营收增长。从企业发展进度来看，品牌建设不仅仅有利于增强企业公信力，塑造企业形象，促进企业产品销售和市场规模的扩张，也有利于增加企业产品的附加值和品牌延伸价值，从而获得更多经济收益。由于企业品牌知名度的提升，消费者有了认知并产生信赖感，企业相关产品能够更加迅速和大规模地被消费者所接纳和选择，市场规模也由此打开，为企业创造更多的经济收益，例如世界知名的苹果手机、华为手机等。

（三）提高产品的延伸价值和附加值

品牌建设对于企业发展的意义还在于增加企业相关产品的附加值和延伸品牌价值。品牌对于产品的附加值的作用在奢侈品方面体现得更加明显，例如，售价几十万的爱马仕包，90% 以上的费用为品牌增值。品牌的延伸价值主要体现在品牌加盟付费以及品牌特许经营付费等，例如快乐番薯奶茶店、依思 q 等女鞋品牌每店加盟费用就高达十几万，特许经营费用收益也极为可观。

（四）提升企业的竞争力

品牌代表着企业的竞争力，企业产品参与市场竞争有三个层次：第一层是价格竞争；第二层是质量竞争；第三层是品牌竞争。今天的竞争已经发展到了品牌的竞争。品牌意味着高附加值、高利润、高市场占有率；品牌意味着高质量、高品位，是消费的首选。好的品牌可以为企业带来较高的销售额，可以花费很少的成本让自己的产品或服务更有竞争力。未来营销之战将是品牌之战，是为获得品牌主导地位而进行的竞争。拥有市场比拥有企业更重要，而拥有市场的唯一途径是拥有占据市场主导地位的品牌。由此可见，品牌及品牌战略已经成为企业构筑市场竞争力的关键。

📖 小链接

世界品牌 500 强

英国品牌评估咨询公司品牌金融（Brand Finance）发布了"2022 年全球品牌价值 500 强榜单"。榜单以 5 000 个全球最大的品牌为评估对象，该品牌价值被理解为品牌所有者通过在公开市场上许可该品牌所获得的净经济收益。

2022 年全球品牌价值排行榜显示，榜单前 100 强品牌价值达到 47 598.71 亿美元，同比上年增加 6 218.34 亿美元。百强入围门槛为 190.4 亿美元，同比上年提高了 12.9 亿美元。

从总部所在地来看，美国有 199 个品牌入围世界品牌 500 强，品牌价值合计达 3.9 万亿美元，占总价值的 49%，居全球第一。其次中国有 84 个品牌入围全球品牌 500 强，品牌价值合计达 1.6 万亿美元，占总价值的 19%，居全球第二。

从中国品牌表现来看，中国 TikTok 的品牌价值从 2021 年的 187 亿美元增加到 590 亿美元，翻了 3 倍，是全球品牌价值 500 强榜单中增长最快的品牌。此外从营销投资、利益相关者权益和业务绩效等指标来看，微信连续第二年进入"世界品牌 500 强排行榜"。2022 年世界品牌 500 强排行榜（前 20 名）如表 5-2 所示。

表5-2　2022年世界品牌500强排行榜（前20名）

排行	品牌	总部所在地	核心领域	品牌价值/年增率
1	苹果	美国	科技	3 550.80 亿美元/+34.8%
2	亚马逊	美国	零售	3 502.73 亿美元/+37.8%
3	谷歌	美国	媒体	2 634.25 亿美元/+37.8%
4	微软	美国	科技	1 842.45 亿美元/+31.2%
5	沃尔玛	美国	零售	1 119.18 亿美元/+20.1%
6	三星	韩国	科技	1 072.84 亿美元/+4.5%
7	Facebook	美国	媒体	1 012.01 亿美元/+24.2%
8	工商银行	中国	银行	751.19 亿美元/+3.2%
9	华为	中国	科技	712.33 亿美元/+28.6%
10	Verizon 威瑞森	美国	电信	696.39 亿美元/+1.1%
11	建设银行	中国	银行	655.46 亿美元/+9.9%
12	丰田	日本	汽车	642.83 亿美元/+8.1%
13	微信	中国	媒体	623.03 亿美元/−8.2%
14	农业银行	中国	银行	620.31 亿美元/+16.7%
15	奔驰	德国	汽车	607.60 亿美元/+4.4%
16	国家电网 STATE GRID	中国	公用事业	601.75 亿美元/+9.0%
17	德国电信 DETECON	德国	电信	601.69 亿美元/+17.7%
18	抖音	中国	媒体	589.80 亿美元/+214.6%
19	迪士尼	美国	媒体	570.59 亿美元/+11.3%
20	家得宝	美国	零售	563.12 亿美元/+6.4%

资料来源：https：//www. maigoo. com/news/612820. html

三、国际品牌的建立原则

（一）合法性

产品品牌名称及标志应符合当地政府的法律、法规，并在当地专利和商标管理部门申请注册，取得合法销售的地位，使企业的权益得到保护。

（二）独特性

产品品牌应别具一格，富于创意，易于识别，有别于其他企业的品牌。如麦当劳的大黄金拱门的品牌标识已经深入人心，成为人们最熟知的世界品牌之一，人们在很远看到金色拱门就知道前方是麦当劳。

（三）适应性

国际品牌要符合所在国当地市场的文化习俗，否则容易在意义上引起误解而给国际营销造成困难。

（四）提示性

品牌名称应向消费者暗示产品所含的某种意义或效用。如红牛饮料（REDBULL）品牌名称在向消费者暗示产品可以帮助消费者在长时间的工作或者驾驶中保持清醒和精力充沛。

（五）稳定性

国际品牌要具有稳定的品质，一方面有利于企业在国际上进一步延伸品牌，另一方面也让消费者容易记住。

（六）简明性

品牌如能易于记忆、易于读取和易于理解，就有利于消费者识别，对企业而言也便于宣传，降低宣传成本。

四、国际品牌决策

（一）品牌化决策

国际化经营企业首先要决定是否给产品规定品牌名称、设计标志。一般情况下可以选择有品牌策略和无品牌策略。

在过去，许多产品都不用品牌，生产者和中间商直接通过桶、箱子和容器来销售，无须任何识别标志。但随着商品经济的发展，商品不断丰富，促使品牌从诞生到发展，产品品牌化现象到今天已经十分普遍，小到蔬菜、水果、食盐，大到飞机、汽车，无一不使用品牌。品牌化给企业带来相当大的好处，但是否建立品牌还是要考虑多方面的因素。一方面建立品牌要付出很大成本，诸如设计费、包装费、宣传费、维护品牌成本等。另一方面存在品牌不被市场所欢迎的可能性，企业还必须承担相应的风险。

（二）品牌归属决策

在决定对产品使用品牌后，企业在如何使用品牌方面有几种选择。

（1）制造商品牌。产品可以以制造商品牌推入市场。

（2）经销商品牌。产品以经销商的品牌推入市场。

（3）部分使用制造商品牌，部分使用经销商品牌。

当制造商的品牌一直在市场上居于主导地位时，绝大多数制造商多使用自己的品牌，如索尼、松下、海尔等；当制造商在不熟悉的国际市场上销售产品或者自己的声誉远不如经销商的商誉时，大部分就会考虑使用经销商的品牌，以利用经销商在消费者中建立的信誉使自己的产品尽快进入目标市场。目前比较著名的经销商品牌有美国的沃尔玛、英国的马狮百货、法国的家乐福等。

（三）品牌家族决策

企业决定采用自己的品牌时，对企业生产的各种不同的产品，是使用同一个品牌还是分别使用不用的品牌，成了企业面临的一个重大决策。通常情况下，品牌家族决策至少可以分成以下四种情况。

1. 统一品牌

企业的所有产品都统一使用一个品牌。日本索尼公司的所有产品都使用"SONY"这个品牌名称，中国台湾统一食品公司也在其产品上使用"统一"这个品牌。统一品牌的好处是可以利用已经成功的品牌推出新产品，容易使消费者产生信任感，可以壮大企业的声势，提升企业的市场形象，以及节约建立新品牌的费用。但是，如果某个产品信誉出现了危机，将会严重影响企业的整体形象，整个产品组合也将会面临极大的危机。

2. 个别品牌

企业对各种不同的产品使用不同的品牌，即一牌一品。像宝洁公司在它的产品中就使用了不同的品牌，"汰渍""海飞丝""飘柔""快乐""收获"等；美国的菲利浦·莫里斯公司推出了"万宝路"牌香烟、"卡夫"酸奶和奇妙酱、"果珍"饮品、"麦斯维尔"咖啡以及"米勒"啤酒。使用个别品牌，能严格区分不同质量水平的产品，防止产品之间冲突，便于消费者识别和选购所需的产品，当个别产品出现信誉危机时，对其他产品和整个企业的信誉影响较小。但是，这种策略会增加品牌建立费用和产品促销费用。

3. 分类品牌

企业按不同大类区分产品，一个产品大类（产品线）下的产品使用共同的品牌。中国的海尔集团在销售其家用电器如冰箱、彩电、洗衣机等产品时使用的是"海尔"品牌，而其产品线延伸至保健品行业时，用的却是"采力"品牌。分类品牌可以兼顾个别品牌和统一品牌的优点。

4. 企业名称与个别品牌并用

即在个别品牌之前冠以企业名称。以企业名称表明产品的好处，以个别名称表明产品的特点。汽车业、计算机业、家电业多采用此策略。

如海尔集团的冰箱依据其目标市场定位不同而分别命名为"海尔双王子""海尔小王子""海尔帅王子"等，洗衣机也有"海尔小小神童"洗衣机。每个品牌名称前都冠以"海尔"，使用此策略，既可使每一种产品能得益于企业已建立的信誉，又可以反映每一种产品各自的特色。

（四）品牌策略决策

1. 品牌延伸策略

企业在现有品牌产品基础上推出新的产品。例如本田公司利用"本田"之名推出了许多不同类型的产品，如汽车、摩托车、铲雪车、割草车、雪车、轮机等。品牌延伸策略要考虑以下几方面的因素：品牌核心价值与个性、新老产品的关联度、行业与产品特点、产品的市场容量、企业所处的市场环境、企业发展新产品的目的、市场竞争格局、企业财力与品牌推广能力等。而上述众多因素中，品牌核心价值与个性又是最重要的。

品牌延伸策略有许多优点：①一个受人注意的好品牌名称能给予新产品即刻的认知和较容易被接受。它使企业更容易进入一个新的产品领域。②品牌延伸节约了大量广告费，而在正常情况下使消费者熟悉一个新品牌名称花费较大。

品牌延伸策略也有风险：①新产品可能使买者失望从而损坏对公司其他产品的信任；②原有品牌名称可能不适用于新产品；③过度延伸会使品牌失去在消费者中的特定的定

位，出现品牌稀释现象（消费者不再把品牌与一个特定的产品或类似的产品相联系）。

2. 多品牌策略

企业在同一产品类型中采取多个品牌名称。多品牌策略以宝洁公司最为典型，例如它的洗发水产品就有飘柔、潘婷、海飞丝和沙宣等多个品牌。企业采取多品牌策略，可带来如下优点。

（1）抢占陈列空间。

即派出多人多占位置。一个品牌如能获允进入零售店销售，即可以在零售店的货架上占有一个位子（一定的陈列空间），所以当使竞争者所能占的位子相对地减少，敌消我长，就会使各品牌间销售量的多寡发生变化。采用多品牌者，往往能够在以众击寡的优势下，总销量较单一品牌时增加。

（2）抓住流动购买者。

虽然有些消费者对某些品牌会有相当高的品牌忠诚度，但还是有相当比例的消费者习惯变换品牌，他们会尝试其他品牌。所以，制造商若不引进新的品牌，在消费者喜新厌旧或周期性改换品牌的影响下，单一品牌的销售量将会逐步减少，市场占有率就会降低。要抓住此种流动购买者，一个有效的办法就是推出多个品牌，以多品牌来增加被选购的机会。

（3）自我激励。

创立新品牌往往能使厂商之组织内部引起刺激与振奋，凝集员工的战斗意志，从而增进他们的工作效率。此外内部各品牌的负责人之间会产生相互比赛的激烈竞争，从而促成厂商总销售量的不断成长。

（4）涵盖不同市场细分。

在市场细分理论下，认为市场具有多元化性质，故一个品牌同质的产品，不能涵盖所有不同的细分市场。而采用多品牌策略可使厂商在不同细分市场上，吸引不同特性的消费者，获至最大可能的销售量，有时甚至两个品牌间少许的差异与变化，亦能带来很多新的顾客。

（5）取代老化之品牌。

一个品牌销售多年后，在市场激烈竞争、此消彼长的情况下，销售量有时会长期陷于停滞，甚或不增反减。由于在消费者心目中，品牌印象已经定型或陈旧老化，虽然大力拓展亦难有起色。此时如推出新的品牌，取代老的品牌的市场，可能带来销售量的增长。

（6）作为市场竞争的筹码。

新品牌的推出，有时厂商并不把它与原有品牌同等对待，而只是充当市场竞争中的筹码，即建立副品牌，主副品牌配合参与市场竞争。如主品牌的价格保持稳定，维持品牌形象；副品牌出面降价抗衡其他竞争品牌，削弱竞争对手。

采用多品牌的缺点是：①每个品牌可能仅仅只占领了很小的市场份额，也可能毫无利润或利润下降。②资源分散，不能集中于高绩效的品牌。③可能是自相残杀而不是蚕食竞争者。

3. 新品牌策略

当公司在推出新产品种类时，发现现有的品牌名称不适合新产品，或现有的品牌形象不能帮助新产品时，最好创建新的品牌。

采用新品牌需要考虑的问题有：

（1）引入新品牌的风险是否足够大？

（2）产品将持续多久？

（3）避免使用现有品牌是最好的选择吗？

（4）新产品所带来的收益能补偿建立新品牌的费用吗？

4. 品牌重新定位策略

也许一种品牌在市场上最初定位是适宜的，但是到后来公司可能不得不重新定位。如竞争者环境的变化，或者消费者需求或偏好发生变化，使得自己品牌的需求减少；或者是自己的品牌老化，消费者对品牌没有新鲜感或购买欲望。一般来讲，品牌再定位策略主要考虑以下两点因素：①再定位的成本的高低。再定位离原定位的距离越远，品牌形象变化越大，所需的费用就越高。②再定位的收益的大小。它取决于新的定位所能吸收顾客的数量、目标顾客群体的购买能力以及竞争者的数量和实力因素。

一个典型的成功范例是"万宝路"香烟的品牌再定位。最初"万宝路"的品牌定位是女性，消费群体也是女性为主，之后销售量一直下降。于是"万宝路"进行了品牌的重新定位，将品牌定位到男性，强调"万宝路"香烟的男子气概，以散发着粗犷、豪迈气质的西部牛仔作为品牌形象表现，在包装的设计上也更为硬朗化。

五、包装策略

（一）包装的概念和分类

1. 包装的概念

产品包装通常是指产品的包装物。产品包装是依据内装的商品特征、形态、数量以及物流、销售和消费者需求，采用特定包装材料和技术方法，按照流通和消费需要设计和创造出来包装的造型、色彩、图案、文字以及商标（品牌）、标志相结合的实体。产品包装具有技术和艺术双重特色。

2. 包装的分类

（1）按包装的功能分类。

①运输包装。运输包装指以满足运输、仓储需求为主要目的的包装。这类包装的目标就是要在满足物流要求的基础上，使包装费用越低越好。

②销售包装。销售包装指直接接触商品并随商品进入流通环节的包装。这类包装以促进商品销售为主要目的，其主要特点是外形美观，有必要的信息，包装单位的规格大小应能按消费者的需求来设计。

（2）按商业经营习惯分类。

①内销包装。内销包装是为适应在国内销售的产品所采用的包装，具有简单、经济、实用的特点。

②出口包装。出口包装是为了适应产品在国外的销售，针对产品的国际长途运输所采用的包装，在保护性、装饰性、竞争性、适应性上要求更高。

③特殊包装。特殊包装是为工艺品、美术品、文物、精密贵重仪器、军需品等所采用的包装，一般成本较高。

（3）按流通领域中的环节分类。

①小包装。小包装也称单件包装，是直接接触商品，与产品同时装配出厂，构成产品组成部分的包装。产品的小包装上多有图案或文字标识，具有保护商品、方便销售、指导消费的作用。

②中包装。中包装是产品的内层包装，通称为产品的销售包装，多为具有一定形状的容器等。它具有防止产品受外力挤压、撞击而发生损坏或受外界环境影响而发生受潮、发霉、腐蚀等变质变化的作用。

③外包装。外包装是产品最外部的包装，又称运输包装，多是若干个产品集中的包装。产品的外包装上都有明显的标记。外包装具有保护产品在流通中安全的作用。

（二）包装的作用

1. 保护力

产品包装最基本的功能便是保护商品，便于储运。有效的产品包装可以起到防潮、防热、防冷、防挥发、防污染、保鲜、防易碎、防变形等系列保护产品的作用。

2. 精准力

产品的定位对于包装调性尤为重要，面对不同的消费群体，需要不同的包装设计来迎合消费者的需求。

3. 识别力

在同质化的商品中，寻求差异让自身产品脱颖而出。要让产品自己会说话，把产品的功能、特点恰如其分地表示出来。

4. 销售力

在销售终端购买时，包装对其购买行为的影响最直接、最强烈。随着社会生产的不断扩大，社会产品越来越丰富，再加上市场竞争的日趋激烈，商品包装在广告宣传方面就占据着越来越重要的地位，通过商品的系列化可以更好地提升人们对此商品的关注程度，从而诱使消费者产生购买行为。

5. 品牌力

包装设计作为品牌的载体，对品牌内涵、品牌形象、品牌认知度起着举足轻重的作用。因此，包装设计上将品牌内涵融入其中，凸显产品的品质，通过包装把品牌理念表现出来。

6. 文化力

在当今的消费时代，消费者不再仅仅追求物质上的满足，更多的是产品所呈现的文化感染力和精神上的满足感。在包装设计上，文化要素的体现更能为产品增添活力和生命力，促使品牌上升到更高一层级，扩大品牌影响力。

（三）产品包装设计的原则

1. 适用原则

包装的最基本目的是保护商品。因此，首先要根据产品的不同性质和特点，合理地选用包装材料和包装技术，确保产品不损坏、不变质、不变形等，尽量使用符合环保标准的包装材料。其次要合理设计包装，便于运输等。如海运包装要求牢固、防挤压、防碰撞；铁路运输要求包装防震，而航空运输要求包装轻便等。

2. 美观原则

销售包装具有美化商品的作用，因此在设计上要求外形新颖、大方、美观，具有较强的艺术性。

3. 促销原则

适合的包装形式或策略，可以起到促进销售的作用。

4. 经济原则

在符合营销策略的前提下，应尽量降低包装成本。运输成本的高低往往与运输包装的重量、体积有着直接的关系。包装费用直接影响着企业的经济效益。

5. 环保原则

产品包装要符合环境保护的要求，不会对自然环境造成污染。包装可回收或者可以有多种用途，可以多次使用，或者可以有重新装满使用的功能。

（四）主要的产品包装策略

1. 类似包装策略

即企业所有产品的包装，在图案、色彩等方面，均采用统一的形式。这种方法，可以降低包装的成本，扩大企业的影响，特别是在推出新产品时，可以利用企业的声誉，使顾客首先从包装上辨认出产品，迅速打开市场。但有时也会因为个别产品质量下降而影响到其他产品的销路。

2. 差异包装策略

即企业生产的各种产品都有自己独特的包装，在设计上采取不同的风格、色调和材料。这种策略能够避免由于某一种产品推销失败而影响其他产品的声誉；但也相应地增加设计成本和新产品推销费用。

3. 组合包装策略

即把若干有关联的产品，包装在同一容器中。如化妆品的组合包装、节日礼品盒包装等，都属于这种包装方法。组合包装不仅能促进消费者的购买，也有利于企业推销产品。特别是推销新产品时，可将其与老产品组合出售，创造条件使消费者接受、试用。

4. 复用包装策略或多用途包装策略

即包装内产品用过之后，包装物本身还可做其他用途。这样，购买者可以得到一种额外的满足，从而激发其购买产品的欲望。如设计精巧的果酱瓶，在果酱吃完后可以作茶杯之用。这种策略目的是增加消费的额外利益从而扩大产品销售。包装物在继续使用过程中，实际还起了经常性的广告作用，增加了顾客重复购买的可能。

5. 分等级包装策略

即对同一产品采用不同等级的包装，以适应不同购买力水平。如礼品采取不同等级的包装。此外，对不同等级的产品，也可采用不同包装。高档产品，包装精致些，表示产品的身份；中低档产品，包装简略些，以减少产品成本。

6. 附赠品包装策略

即在包装上或包装内附赠奖券或实物，以吸引消费者的购买，能造成顾客重复购买的意愿。这一策略对儿童尤为有效。

7. 改变包装策略

当由于某种原因使产品销量下降，市场声誉跌落时，企业可以在改进产品质量的同时，改变包装的形式，从而以新的产品形象出现在市场，改变产品在消费者心目中的不良地位。这种做法，有利于迅速恢复企业声誉，重新扩大市场份额。

本章小结

产品策略是国际市场营销最基本的策略。首先要理解什么是产品，以及产品的整体概念。目前最常见的产品整体分五个基本层次，即核心产品、有形产品、期望产品、延伸产品和潜在产品。

产品组合策略包括确定产品组合的宽度、长度、深度和相关性。

产品生命周期理论将产品的生命周期分为导入期、成长期、成熟期和衰退期四个阶段。研究产品的生命周期，对于有计划地开发新产品、制定产品决策、制定各项营销决策及指导企业的经营活动，都具有重要意义。

国际新产品开发是产品策略的重要组成部分，要根据具体情况明确新产品开发的策略和开发程序。

品牌化战略对于国际市场营销有着重要的意义。品牌决策包括品牌化决策、品牌归属决策、品牌家族决策和品牌策略决策。

包装是产品的一部分，体现了保护力、精准力、识别力、销售力、品牌力、文化力的作用。

关键术语

产品　产品整体概念　核心产品　有形产品　期望产品　延伸产品　潜在产品　产品生命周期　新产品开发　品牌　统一品牌　个别品牌　分类品牌　多品牌策略　新品牌策略　品牌重新定位　包装　包装策略

复习思考题 ▶▶▶ ▶ ▶

一、单选题

1. 购买化妆品的消费者是在购买美容的希望，这说的是（　　）。

A. 核心产品层次　　　　　　　　B. 形式产品层次

C. 期望产品层次　　　　　　　　D. 附加产品层次

2. 购买电器时，提供送货和安装服务，是产品的（　　）层次。

A. 核心产品　　　B. 有形产品　　　C. 期望产品　　　D. 延伸产品

E. 潜在产品

3. 产品组合的宽度是指产品组合中所拥有（   ）的数目。

A. 产品项目　　　　　B. 产品线　　　　　C. 产品规格　　　　　D. 产品品牌

4. 某企业生产的不同产品采用不同的品牌，是属于（   ）。

A. 统一品牌　　　　　　　　　　　B. 个别品牌

C. 分类品牌　　　　　　　　　　　D. 企业名称与个别品牌并用

5. 企业在产品生命周期的（   ）应该实施延长战略。

A. 导入期　　　　　B. 成长期　　　　　C. 成熟期　　　　　D. 衰退期

6. 产品销售量的增长减慢，利润增长接近于零时，说明产品已进入（   ）。

A. 导入期　　　　　B. 成长期　　　　　C. 成熟期　　　　　D. 衰退期

7. 埃克森公司改变汽油的配方以适应不同市场上常见的气候状况，同时不做改变地延伸其基本的宣传诉求"让老虎进入你的油罐"，其采用的是（   ）。

A. 产品不变，促销改变　　　　　　B. 产品改变，促销不变

C. 产品改变，促销改变　　　　　　D. 产品创新

8. 下列产品中，属于全新产品的是（   ）。

A. 蒸汽机　　　　　　　　　　　　B. Windows 11

C. 第二代奥妙洗衣粉　　　　　　　D. iphone14 plus

二、简答题

1. 以洗衣机为例，说明其产品整体概念的五个层次分别是什么。

2. 什么是产品生命周期？产品生命周期各阶段应该分别采用怎样的营销策略？

3. 简述国际新产品开发的程序。

4. 品牌化对于国际化企业的意义是什么？

案例讨论

在过去很长一段时间里，宝洁一直是快消领域里的王者，但是近年来遭遇连续 13 个季度业绩下滑，以往旗下中国消费者熟知的卡玫尔、激爽等品牌，市场表现已经严重不佳，无论是在美国还是中国市场都在面临品牌老化问题。面对当下情况，宝洁集团当机立断，决定缩减30%的品牌。一时间，在砍掉超过 100 个品牌后，宝洁品牌版图依然没有达到集团认为的合理状态。宝洁近日宣布，继续缩减品牌总数，从目前超 200 个减少到 65 个左右，完成再一次的大瘦身。

如今的宝洁正面临品牌老化的危机，被许多"80后""90后"消费者认为是妈妈的牌子，甚至还有部分"80后"感觉宝洁大多产品品牌形象相对低端。随着年轻一代对生活质量要求的提高，宝洁产品定位就仅仅是能用，不会带来额外的满足感。

瘦身一度令外界唏嘘，怀疑宝洁是否能够借助此举有所好转。面对质疑，宝洁大中华区传播与公关副总裁许有杰表示，目前，宝洁在中国市场的品牌仅有 20 个，即便缩减品牌至 65 个，依然有足够分量的品牌能够入驻中国市场，此次削减品牌不会对中国市场造成太大影响。借此次品牌调整，有助于甩掉累赘，能够更加专注表现良好、更具潜力的品牌。

宝洁最新公布的 2017 财年数据显示，截至 6 月 30 日宝洁利润上升到 154 亿美元，同比增长 45%，净销售额 651 亿美元，与上年同期基本持平，排除不利的汇率波动，有机增幅为 2%。但是就 2% 的增长水平宝洁投资人仍然不满意。整体来看，宝洁同期的净销售额与高露洁持平，而联合利华也以微弱的优势领先于宝洁。不论是美容部门还是男士护肤部门，或者婴儿、女性和家庭护理部门的营业利润都有所下降。

然而在相当长一段时间的品牌削减之下，宝洁正面临另一种困境：新品牌补充力度不足，依靠老品牌苦撑。目前，宝洁旗下拥有 8 个年销售超过 100 亿元的品牌，包括帮宝适、吉列、汰渍、海飞丝、潘婷、Olay、佳洁士和 SK-Ⅱ。护舒宝、舒肤佳等品牌从目前的市场容量上看，也均有实力进入百亿俱乐部。不过，近年来，这些品牌面临不同程度的品牌老化、销售不佳等问题。在 2005 年花费 570 亿美元"天价"收购的剃须品牌吉列，也因竞争对手的挤压，在今年不得不实施降价，吉列以及诸多美容品牌显露的颓势让宝洁公司也不得不思考新的应对措施，除了升级产品、控制成本外，宝洁下一步的品牌战略或许不再是单纯抛售，而是通过出售部分处于生命周期末端的品牌，给更有价值的收购标的腾地方，而宝洁 CEO David Taylor 也在不久前表示将不会仅仅只抛售旗下的品牌，也会积极寻找收购对象，弥补技术不足，丰富产品线，为品牌注入新的活力。

料来源：搜狐网　2017 年 8 月 3 日　作者：林子

思考：

1. 宝洁的品牌遇到了什么问题？
2. 除了削减品牌外，你对宝洁还有什么建议？

营销技能训练

资料搜集与研讨：任意选择 1 个国际知名品牌，搜集与该品牌相关的资料数据，了解该品牌的发展历程以及国际化策略，理解品牌对于企业开展国际营销的价值。结合所学的理论知识，利用一手资料或二手资料，比较 2 个品牌的国际化策略差异，进行汇报、研讨。

第六章 国际市场营销价格策略

📐 **学习目标**

知识目标

清晰认识影响国际定价的各种因素；清楚阐述国际产品的定价方法和程序；熟练掌握国际营销企业常用的定价策略；明白应采取合适对策对国际价格加强管理和提高控制程度；清楚认识平行输入问题；正确认识跨国公司的转移定价问题。

技能目标

能够分析企业采取的国际市场价格策略，理解常见的营销现象。

思政目标

理论联系实践，帮助学生把握学科前沿发展动态；引导学生思考价格策略在企业实践中的运用，培养学生的工匠精神；启发学生通过现象看本质，建立合理定价，诚信经营的意识，落实诚实信用原则。

📦 **导入案例**

特斯拉美国再涨价：最高 6 000 美元，交付最长需等待一年

时隔 3 个月，特斯拉美国售价再度大幅提升。

2022 年 6 月 15 日晚间，特斯拉更新了美国官网多款车型售价，最大涨幅为 6 000 美元，最长交付等待时间为一年。

Model 3 长续航版售价，从 5.549 万美元涨至 5.799 万美元，上涨 2 500 美元。

Model Y 长续航版涨价 3 000 美元至 6.599 万美元；Model Y 性能版涨价 2 000 美元至 6.999 万美元。

Model S 则突破了 10 万美元门槛，涨价 5 000 美元至 10.499 万美元；Model S Plaid 售价不变。

Model X 双电机全轮驱动版涨价 6 000 美元至 12.099 万美元；Model X Plaid 售价不变。

对于涨价原因，电动车专业网站 Electrek 分析认为，这依旧与原材料涨价和物流价格上涨有关。

值得注意的是，目前特斯拉在北美地区的交付已长达数月甚至一年，最受欢迎的 Model Y 车型预计交付时间为 2023 年 1 月到 4 月，而交付周期最久的 Model X 预计交付时间则为 2023 年 5 月到 6 月。

据悉，特斯拉北美地区上一次大幅提价是在今年 3 月，全系车型涨幅从 1 000 美元至 5 000 美元不等。

值得注意的是，就在今年 4 月 21 日的第一季度财报电话会议上，马斯克还提到，特斯拉近期不会涨价，因为当时的定价已考虑了对成本增长的预期，"目前的价格针对的是未来 6 到 12 个月交付的汽车，这是我们的最佳预估。"

资料来源：澎湃新闻　2022 年 06 月 16 日　作者：吴遇利

台媒：台积电已确定明年 1 月起大多数制程代工价格涨约 6%

台积电代工涨价似乎板上钉钉。

2022 年 6 月 28 日，据台湾电子时报报道称，台积电已确定，从 2023 年 1 月起，大多数制程的代工价格将上涨约 6%。尽管最近有人担心，2022 年下半年许多终端市场需求可能会让人失望。

2022 年 5 月 10 日，日经亚洲援引知情人士的消息称，台积电在不到一年的时间里第二次告知客户，计划提高价格，理由是迫在眉睫的通胀担忧、成本上升以及其大规模扩张计划，以帮助缓解全球供应紧缩。

日经亚洲称，台积电计划将成熟和先进芯片生产技术的价格提高"个位数"。知情人士说，计划中的价格上涨将在 2023 年年初生效。

台湾媒体也报道称，台积电已通知客户，明年 1 月起将全面调涨晶圆代工价格，涨幅 6%。部分台积电客户已证实接获涨价通知，先进制程涨幅 7% ~9%。

一位知情人士告诉日经亚洲："提前通知是为了给客户一些缓冲，为价格调整做准备，而台积电提高价格的举措是为了解决历史性扩张不断增加的成本和资金需求。"

尽管台积电因为通胀以及成本上涨等客观原因计划提价，但鉴于智能手机和个人电脑等产品的需求放缓，客户可能很难完全接受台积电的提价计划。

之前有业内人士认为，台积电这一轮涨价对于先进的芯片来说，可能是可行的，但对于成熟的工艺的客户来说可能是一个相当大的挑战。

2021 年，台积电已经实现了十年来最大的提价。2021 年 8 月，台积电对客户表示，由于原材料价格上涨、芯片产能紧缺等因素选择上调代工价格，其中先进制程涨价 10% 左右，成熟制程涨价在 10% ~20%。

台积电总裁魏哲家在 4 月法人说明会中曾说，2022 年产能维持紧绷，不会调降代工价格。台积电看好长期毛利率达 53% 以上的目标可以实现。

资料来源：澎湃新闻　2022 年 6 月 28 日　作者：周玲

价格是国际市场营销活动中最为敏感的因素，调整价格也是竞争的重要手段，整个国际市场的变化往往会通过价格反映。公司的产品能否为国际市场所接受，其产品能否在国际市场上占据有利的竞争地位和市场占有率，很大程度上取决于公司能否以适宜的定价参与国际市场的竞争。

要注意：制定最高价格不一定能帮助企业获取最大利润，只有合理的价格策略才是企业获取最大利润的保障。价格是产品价值的货币表现，成本被看作价格的下限，价格通常是单位总成本与利润之和。不同消费者对同一产品可能有不同的认知价格，就算同一消费者，他对某产品价值的认知也随着竞争产品价格的不同而不同。

第一节　国际市场定价的影响因素

一、企业目标

（一）维持企业生存

当企业以维持生存作为目标时，会制定相对较低的价格。

（二）获取当前理想利润

当企业以获取当前理想利润作为目标时，会制定相对较高的价格。

（三）保持和提高市场占有率

一般情况下，价格下降会伴随需求量的上升。当企业以保持和提高市场占有率作为目标时，会制定相对较低的价格。

（四）应付或抑制竞争

当企业以应付或抑制竞争作为目标时，会制定相对较低的价格。

（五）树立优质的企业形象

当企业以树立优质的企业形象作为目标时，会制定相对较高的价格。

二、成本

成本是影响定价的重要因素。定价的下限一般取决于成本因素，定价的底限取决于单位可变成本。具体而言，成本包含关税及其他税负、中间商毛利，融资、通货膨胀及汇率波动成本等。

三、市场需求

定价的上限一般取决于需求因素。一般来说，市场出现供不应求的状况，将导致产品价格上涨；若市场出现供过于求的状况，产品价格将会下跌。

四、竞争

定价的具体水平一般取决于竞争因素，竞争对手的定价会成为消费者衡量产品价格高低的参考和重要标尺，形成对产品价格的直接认知。

五、营销组合

产品、价格、渠道、促销作为营销组合的有机整体，它们之间是相互影响的。因此，产品、渠道和促销都会对价格产生影响。产品的属性不同，成本不同，定价自然不同。产品的销售渠道不同，售价也不同。例如，同一款商品在电商平台和线下渠道价格亦不同。电商平台会开展经常性的促销活动，用具有吸引力的价格来吸引消费者在线选购。企业加大宣传推广力度，一方面提升了用户认知，同时也在一定程度上增加了营销成本，进而导致产品价格上涨。

六、国际价格协定

同业之间为了避免在国际市场上出现恶性竞争，有时会采取价格协定的方式来解决这一问题。有些协定是政府推动达成的，有些协定是由企业自行达成的，还有些协定是经过国际会议达成的，例如石油输出国组织（OPEC）经常开会讨论价格问题。无论哪一种方式的价格协定都能影响国际营销的价格策略。国际价格协定主要有如下几种。

（一）专利授权协定

通过专利授权协定，专利所有人必须划分市场范围，使用者拥有在某一特定地区的独家产销权，因此具有定价的控制权。

（二）卡特尔协定

卡特尔是由数个生产相同或相似产品的生产者组织而成的。这种组织签订协定以设定价格，分配市场范围，甚至分配利润。

（三）联合协定

联合协定较卡特尔协定更具控制力。它由各参加公司组成理事会，对外采取统一定价。会员中如有违反协定者，将会受到罚款处分。

（四）同业公会

同业公会控制其会员产品的价格水平，使所有会员都能获利，如我国台湾地区的许多行业和同业公会都有核算制度，对出口价格进行管制。

（五）国际协定

许多农、矿产品，如咖啡、可可、糖、小麦、煤、石油等的价格，必须经过生产国与消费国的谈判来决定。一般来说，这些产品的出口国大多数属于发展中国家，它们联合起来可以制定更为有利的价格。

第二节　国际市场营销的定价方法

一、成本导向定价法

成本导向定价是指企业在确定产品价格时主要依据产品的成本因素，即以成本为基础确定产品的价格。

成本导向定价法的思路比较简单，并且可以保证企业不亏本。那些刚开始从事国际营销的企业在初步取得全球市场地位的时候，往往会采取成本导向定价法。企业在定价的时候按照自己的意图，首先考虑收回在生产经营中投入的全部成本，随后确定一定的利润。成本导向定价法包括成本加成定价法、目标利润定价法和变动成本定价法。

（一）成本加成定价法

成本加成定价法是指企业在确定产品价格时是以单位产品成本包括生产成本、运输成本以及其他一切成本，再加上一定比例的利润作为价格基础。

计算公式如下：

$$单位产品价格 = 单位产品成本 × （1+预期利润率）$$
$$单位产品成本 = 单位变动成本 + 单位固定成本$$

例6-1： 某企业生产一种产品，单位变动成本为200元/件，年固定成本为1 000万元，今年计划生产10万件，目标利润率是10%，该产品应定价多少？

解： 单价 = （200+1 000/10）×（1+10%）= 330（元/件）

（二）目标利润定价法

目标利润定价法可以保证企业实现既定的目标利润收益，使企业确定的目标利润率得以实现。具体思路是：企业按照总投资资本额定下一个目标利润率，然后根据这一目标利润率计算出目标利润额，最后再根据总成本和预测销售量及目标利润额测算出单位产品的价格。目标利润定价法适合市场占有率很高的企业、垄断企业、大型公用事业型企业采用。

计算公式为：

$$单位产品价格 = （产品总成本 + 目标总利润）÷ 预测销售量$$

例6-2： 某企业出口一批电子产品，年固定成本为50万元，每件电子产品变动成本为60元，若预测国际市场定货量为5万件，投资收益率为15%，其每件电子产品保本点的出厂价应为多少？如果按成本加成定价法，其每件电子产品出厂价应为多少？

解：

（1）保本点的出厂价格 = （产品总成本 + 目标总利润）÷ 预测销售量

　　　　　　　　　 = （50+60×5+0）÷5

　　　　　　　　　 = 350÷5

　　　　　　　　　 = 70（元/件）

（2）目标利润的出厂价格 = 保本点出厂价格 ×（1+投资收益率）

　　　　　　　　　　　 = 70×（1+15%）

　　　　　　　　　　　 = 80.5（元/件）

（三）变动成本定价法

在掌握变动成本定价法之前，需要理解单位边际贡献这个概念。单位边际贡献是单价与单位可变成本的差额，用公式表示为：单位边际贡献 = 单价 – 单位可变成本。如果单位边际贡献>0，即单价>单位可变成本，则这样的定价或可以帮助企业增加盈利，或可以减少亏损，或可以消除亏损，对企业都是有利的。如果单位边际贡献=0，即单价=单位可变成本，则这样的定价对企业而言虽然仍然亏损，但对于其占领或保住市场是有利的；如果单位边际贡献<0，即单价<单位可变成本，这样的定价会使企业增加亏损，对其不利。因此，判断企业能否接受这样的价格，只需要判断单价与产品单位可变成本的大小关系。

例6-3： 某企业产销一种商品，年产2万件，年固定成本为80万元，单位变动成本为60元/件，单位成本为100元/件，单价为120元/件。现市场价降为40元/件，该企业能否停产？

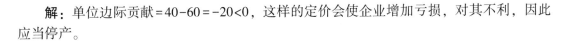

解：单位边际贡献=40-60=-20<0，这样的定价会使企业增加亏损，对其不利，因此应当停产。

二、需求导向定价法

企业可以依据消费者对产品价值的理解、认识及欣赏程度，灵活制定市场价格。在其他条件相同的情况下，消费者如认为企业的产品有很高的价值，且较为欣赏，从而市场需求较大时，企业可以制定相对较高的价位；反之，则需制定相对较低的价格。

需求导向定价法主要包含四种具体的做法。

（一）理解价值定价法

这种定价方法的关键不是建立在企业的产品成本上，而是建立在消费者对企业产品价值的认同水平上。因此，企业在为其产品定价时，首先要调查测定产品在顾客心目中的价值水平及其激发的市场需求，再制定出产品的初定市场销售价格，然后依据这个初定价格水平下的产品成本和预测销售量，测算出销售收益水平。

理解价值定价法的程序如下。

（1）根据企业产品的特性、质量和市场营销组合水准，判定消费者心目中对产品的价值认同水平，得出产品的初定价格。

（2）根据初定的价格和可能的市场需求量，预测可能实现的销售额。

（3）计算预测目标成本，公式如下：

单位产品目标成本=单位产品价格-单位产品目标利润-单位产品税金

（4）定价决策。定价决策需要考虑两种情况：预测目标成本如大于实际成本，表示实际销售目标利润可以得到实现，初定的价格是可行的；实际成本如大于预测目标成本，表明初定价格不能保证实现目标利润，企业需要调整目标利润水平或实际成本水平，或重新检验生产和销售计划的可能性。

例6-4：假定表6-1中数字为所有用户评议结果的平均值。已知该产品的市场平均价格为200元，按理解价值定价，计算三个企业产品的理解价值定价。

表6-1　用户评议结果

特征 ＼ 产品	联想	IBM	DELL	权重
质量	40	40	20	0.25
服务	33.3	33.3	33.3	0.3
价格	50	30	20	0.3
技术	45	35	20	0.15

解：

联想产品理解价值=40×0.25+33.3×0.3+50×0.3+45×0.15=41.74

IBM产品理解价值=34.24

DELL产品理解价值=23.99

三个产品理解价值的平均值=33.3

该产品的市场平均价格为200元，则各企业可按理解价值定价：

联想产品价格=200×41.74/33.3=250.7（元）

IBM 产品价格 = 200×34.24/33.3 = 205.6（元）

DELL 产品价格 = 200×23.99/33.3 = 144.1（元）

如果一家企业的定价低于其理解价值，就能得到较高的市场占有率；如果一家企业的定价高于其理解价值，就会得到较低的市场占有率，或者根本得不到市场承认。

（二）需求差别定价法

国际市场上处于不同购买时间或不同购买地点的消费者，对某种产品会产生不同的需求感觉强度，或具有不同的购买力。企业可以根据这种市场条件，制定不同的价格来销售其产品。对同一类产品根据需求的差别定不同价格，而价差与成本无关或不成比例。

需求差别定价法主要体现在以下几个方面。

（1）顾客差别（"人"）：针对不同顾客群制定不同的价格。

（2）产品差别（"品"）：针对不同顾客对产品特征、性能及用途等不同的心理需要制定不同的价格。

（3）空间差别（"空"）：针对同一产品在不同的地区具有不同的效用特点制定不同的价格。

（4）时间差别（"时"）：针对产品在不同的时间阶段具有不同的市场需求特征制定不同的价格。

需求差别定价法在各国市场上有所限制，企业应依据当地市场的法规随机应用。

（三）需求量定价法

依据不同价格的预计销量，计算得出企业获得的预期利润，以利润最大化为指标确定合适的定价方案。

例 6-5：某企业产销一种商品，单位变动成本为 300 元/台，年固定成本为 50 万元。现要在以下预测的基础上确定定价方案。

定价（元/台）：350，400，450，500。

年销量（万台）：1.4，0.8，0.6，0.4。

解：

当定价为 350 元/台时，年利润为：350×1.4−50−300×1.4 = 20（万元）

当定价为 400 元/台时，年利润为：400×0.8−50−300×0.8 = 30（万元）

当定价为 450 元/台时，年利润为：450×0.6−50−300×0.6 = 40（万元）

当定价为 500 元/台时，年利润为：500×0.4−50−300×0.4 = 30（万元）

答：应定价 450 元/台。

例 6-6：某企业产品定价 2 000 元/件时，月销量为 800 件；当价格降至 1 800 元/件时，月销量增至 1 200 件。假设销量同价格变化呈线性关系，要使月销售额达到最高，应如何定价？

解：设定价 P 元/件，月销量为 Q 件时销售额能达到最高，假设销量同价格呈线性关系，则：

$$(P - 2\,000)/(Q - 800) = (1\,800 - 2\,000)/(1\,200 - 800)$$

$$Q = 4\,800 - 2P，月销售额 PQ = 4\,800P - 2P^2$$

要使 PQ 达到最大，必要条件是 $4\,800-4P=0$，因此

$P=1\,200$ 元/件，即应定价 1 200 元/件。

（四）需求弹性定价法

需求价格弹性：商品的需求量对其价格变动的反应程度。

例 6-7：某商品单价为 12 元，需求价格弹性值为 0.5，如何调价能使销量增加一成？

解：需求价格弹性值＝需求量变化率/价格变化率

价格变化率＝10%/0.5＝20%，12×20%＝2.4（元），所以 12-2.4＝9.6（元），即应降价至 9.6 元。

三、竞争导向定价法

竞争导向定价法在考虑市场供需关系的同时，又密切关注竞争对手的定价水平，并随时调整自己的价格策略，以从容地应付激烈的市场竞争。

（一）参与竞争定价法

企业与生产销售同类同质产品的竞争者进行竞争时，以相对较低的价格参与竞争，使自己的产品更具有竞争力。许多实力雄厚的企业通常采用这种定价方法参与市场竞争，利用价格优势击垮竞争对手，达到扩大市场占有率的目的。

（二）追随定价法

追随定价法也称为随行就市定价法，是指企业依据同行业其他企业的价格水平或行业领导者的价格水平制定价格，以减少企业之间价格竞争的风险，有利于稳定市场、长期经营。

（三）拍卖定价法

拍卖定价法是在一个卖方和多个买方之间经过拍卖而确定价格的方法，属于需求导向定价。拍卖又分为英国式拍卖（加价拍卖）和荷兰式拍卖（减价拍卖）两种。英国式拍卖由卖家出示一件商品，多个买方不断加价竞标，直到一个买家以最高价格购得商品为止，通常适合不动产、古董等具有一定稀缺性和独特性的产品。荷兰式拍卖由拍卖人公布一个最高价格，然后逐渐降低报价，直到有买家愿意购买该产品为止，通常适用于需要快速成交、快速周转的商品。

📖 **小链接**

巴菲特午餐拍卖

2022 年 6 月 19 日，一位匿名买家以 1 900 万美元拍得与美国著名投资人沃伦·巴菲特共进午餐的机会，创下"巴菲特午餐"拍卖最高纪录。据美联社报道，巴菲特声明今年是最后一次拍卖与他共进午餐的机会。

"巴菲特午餐"拍卖于 2022 年 6 月 12 日在 eBay 上开启，起拍价 2.5 万美元。买家将可邀请最多 7 人在纽约市史密斯-沃伦斯基牛排餐馆与巴菲特共进午餐。先前的最高纪录近 460 万美元，于 2019 年成交。

资料来源：新华社客户端　2022 年 6 月 19 日

第三节　国际市场营销的定价程序

国际营销定价程序如图6-1所示。

图6-1　国际营销定价程序

一、确定企业定价目标

对于企业而言，定价目标可以是维持企业生存、获取当前理想利润、保持和提高市场占有率、应付或抑制竞争等。当企业以维持生存作为目标时，会制定相对较低的价格。当企业以获取当前理想利润作为目标时，会制定相对较高的价格。一般情况下，价格下降会伴随需求量的上升。当企业以保持和提高市场占有率作为目标时，会制定相对较低的价格。当企业以应付或抑制竞争作为目标时，会制定相对较低的价格。当企业以树立优质的企业形象作为目标时，会制定相对较高的价格。

二、估算成本

成本是影响定价的重要因素。定价的下限一般取决于成本因素，定价的底限取决于单位可变成本。具体而言，成本包含关税及其他税负、中间商毛利，融资、通货膨胀及汇率波动成本等。

三、分析竞争对手的产品、成本和定价策略

定价的上限一般取决于需求因素。一般来说，市场出现供不应求的状况，将导致产品价格上涨；若市场出现供过于求的状况，产品价格将会下跌。

定价的具体水平一般取决于竞争因素，竞争对手的定价会成为消费者衡量产品价格高低的参考和重要标尺，形成对产品价格的直接认知。

四、选择基本定价方法

企业可以采用成本导向定价法、需求导向定价法、竞争导向定价法等基本定价方法。成本导向定价是指企业在确定产品价格时主要依据产品的成本因素，即以成本为基础确定产品的价格。需求导向定价法是指企业可以依据消费者对产品价值的理解、认识及欣赏程度，灵活制定市场价格。在其他条件相同的情况下，消费者如认为企业的产品有很高的价值，且较为欣赏，从而市场需求较大时，企业可以制定相对较高的价位；反之，则需制定相对较低的价格。竞争导向定价法在考虑市场供需关系的同时，又密切关注竞争对手的定价水平，并随时调整自己的价格策略，以从容地应付激烈的市场竞争。

五、运用定价策略，确定最终价格

通常，国际营销企业为产品制定的价格，不是一项单一价格，而是一个价格体系，其

不同的价格反映了买方在购买时间、地点、数量、频率、服务等方面的差异。一般讲，国际营销企业经常使用的价格策略主要有：产品组合定价、差别定价、折扣定价、心理定价和新产品定价等。

六、适时调整产品价格

（一）企业降价的主要原因

（1）生产能力过剩，处理积压库存。这时企业库存积压严重，需要扩大业务，但是企业又不能通过产品改良和加强促销等手段来扩大销售，就必须考虑通过降价来提高销售量。

（2）维持和扩大市场份额。在强大的竞争压力下，企业的市场占有率下降，迫使企业降低价格来维持和扩大市场份额。

（3）扩大销量，降低成本。企业通过销售量的扩大来进一步降低成本费用，从而降低价格。

（4）市场需求不振。在宏观经济不景气的形势下，价格下降是许多企业借以渡过经济难关的重要手段。

（5）根据产品生命周期变化进行调整。相对于导入期时较高的价格，在进入成长期后期和成熟期后，市场竞争不断加剧，可以通过下调价格来吸引更多的消费者。

（二）企业提价的主要原因

（1）应付产品成本增加，减少成本压力。这是所有产品价格上涨的主要原因。成本的增加或者是由于原材料价格上涨，或者是由于生产或管理费用提高。企业为了保证利润率不会因此而降低，便采取提价策略。

（2）受到通货膨胀的影响。在通货膨胀条件下，即使企业仍能维持原价，但随着时间的推移，其利润的实际价值也呈下降趋势。为了减少损失，企业只好提价。

（3）产品供不应求，遏制过度消费。对于某些产品来说，在需求旺盛而生产规模又不能及时扩大而出现供不应求的情况下，可以通过提价来遏制需求，同时又可以取得高额利润，既可以解市场压力、使供求趋于平衡，又为扩大生产准备了条件。

（4）创造优质效应。作为一种策略，企业可以利用涨价营造名牌形象，使消费者产生价高质优的心理定式，以提高企业知名度和产品声望。

第四节　国际市场营销的价格策略

通常，国际营销企业为产品制定的价格，不是一项单一价格，而是一个价格体系，其不同的价格反映了买方在购买时间、地点、数量、频率、服务等方面的差异。一般讲，国际营销企业常用的价格策略包括产品组合定价、差别定价、折扣定价、心理定价和新产品定价等。

一、产品组合定价

产品组合定价是指将产品依特定标准细分后，分别就每个组成部分定价，从而形成组合价格，而不是一项单一价格。组合定价是市场竞争不断激化的必然结果，是长期分析、适应和引导消费者需求的实践总结，受到许多大企业的重视和偏爱。

（一）产品线定价

产品线定价是指企业赋予同一品牌且基本功能相同的产品以不同的外观特征，形成系列产品，并分别定以不同的价格。如给相同的书籍的平装和精装本定以不同的价格。此策略在耐用消费品中得到了广泛的使用。美国锐步公司生产著名的沙克牌运动鞋，该企业给此牌号的运动鞋不断增添功能，使之形成系列，并据此定出从最低 60 美元到最高 135 美元的四个等级价格，以迎合消费者的不同需求。产品线定价的关键是决定价格档次的幅度。其制约因素主要有：各档次产品的成本变化；消费者对不同档次产品的认同度；竞争对手的产品的情况等。如果档次之间的价差较小，消费者倾向于购买偏爱的一种，这时只要价格差大于成本差，企业的总盈利将增加。但是，在档次差价较大的条件下，消费者通常购买价格较低的产品。因此，这种产品的获利能力决定了企业的盈利水平。另外，有些耐用品和服装在消费者心目中已经形成了价格与质量的定式关系，如男士西服套装，300～500 元为低档、1 000～2 000 元为中档、3 000～5 000 元为高档等。这时，商家的任务是在消费者心中树立起本企业产品的质量形象。总体而言，应考虑产品项目之间或产品组之间的成本差异、顾客评价和预期以及竞争者产品的价格，合理分级、分档定价，形成价格梯级，以便于顾客按等级、档次选购，各取所需。

（二）任选功能定价

许多企业在提供产品时，一并提供若干种附带功能，由消费者自行决定是仅购买主产品，还是连带购买某些添加功能。如计算机、移动电话制造商在提供主产品的同时，也出售防辐射装置。企业采用任选功能价格策略，旨在增加销售总额和利润额。但实现这一目标的关键是合理处理产品基本功能与增添功能两者之间的关系，正确决定哪些功能为基本功能或增添功能。美国的主要汽车生产商一直是以只拥有基本功能的产品来做广告，如宣传某品牌汽车的售价为 1 万美元，然后在专卖店展示的都是这种品牌的添加功能型的汽车，售价从 1.3 万美元起步，而真正售价为 1 万美元的汽车，不是脱销就是因功能太少，使人感到不舒服。另外，餐饮业也偏爱任选功能价格策略，以饭菜为主的餐饮店，通常是主产品饭菜定低价而酒水定高价。以酒水为主业的餐饮店，则是酒水定低价、饭菜定高价。

（三）制约产品定价

有些产品的某些部件需要定期更换，如剃须刀需要更换刀片，电灯需要换灯泡。生产此类产品的企业通常从产品需要经常更换的部分获取最多利润。如美国吉列公司曾以成本价出售剃须刀架，以吸引顾客购买它的高利润刀片；美孚石油公司曾向我国居民赠送煤油灯，为的是卖煤油赚钱；移动运营商推出形形色色的"资费套餐"贱卖（甚至赠送）手机，减免电话、宽带安装费，是为了赚日常通信费、上网费；旅行社推出一些十分廉价的旅游线路、节目，以零团费甚至是负团费吸引游客，其实是在吸引游客去购物消费。

制约产品定价目前面临的最大挑战就是非法仿制和盗版行为。有关企业试图借助专营渠道来对抗非法仿制品，但不能从根本上解决问题，超额利润率总是诱使假冒品生产者不断变换手法，使竞争更加错综复杂。

企业一般会考虑把功能不同，但必须共同、搭配使用的产品形成"贵贱组合"。对主要产品，定价时可定相对低价，在其价格范围内就低不就高，以其作"引诱品"吸引购买；调价时可适当降价，以增加销售量和销售收入。对配套产品，定价时可定相对高价，在其价格范围内就高不就低，以其作"俘虏品"把购买主要产品的顾客"套牢"；调价时可适当提价，以增加销售收入。

（四）两部分定价

服务业企业经常使用两部分价格策略，即对其所提供的服务，在收取定期固定费用的同时，再视情况收取变动费用。如电信公司按月对每部电话收取一笔固定费用，又依用户的电话使用频率计算变动费用。大型娱乐场所一般都采用两部分价格策略，即收取固定金额的门票，而在场所内部某些部分再另收观摩费。采用此策略的企业面临的主要课题是如何在两部分价格之间找到利润总额的最大点。通行的做法是固定部分定低价以吸引消费者，变动部分则定高价以获取利润。

小链接

天猫入驻资费标准

天猫入驻资费标准包括保证金、软件服务年费、软件服务费。

（1）保证金。

商家在天猫经营必须缴存保证金，保证金主要用于保证商家按照《天猫服务协议》、天猫规则经营，且在商家有违规行为时根据《天猫服务协议》及相关规则规定用于向天猫及消费者支付违约金。续约商家须在当年续签要求的时间内一次性缴存次年保证金，新签商家在申请入驻审核通过后一次性缴存当年的保证金。

（2）软件服务年费。

商家在天猫经营必须缴纳年费。年费缴纳及结算详见《天猫＊年度各类目年费软件服务费一览表》。

（3）软件服务费。

商家在天猫经营需要按照其销售额一定百分比（简称"费率"）缴纳软件服务费。天猫各类目软件服务费费率标准详见《天猫＊年度各类目年费软件服务费一览表》。

（五）副产品定价

某些企业可从出售副产品中获取收益，来降低主产品的成本和价格，以提高其竞争力。许多农、牧、渔业企业和矿业企业在生产过程中的下脚料或废料，具有很高的开发价值，可成为生产其他产品的重要资源。如石油冶炼过程中的某些废弃物，是生产某些重要化工产品的原材料。这类企业可从出售副产品中获取收益，来降低主产品的成本和价格，以提高其竞争力。然而，这类企业面临的主要问题是：并不知道本企业产品的下脚料和废料的使用价值，以致将其白白浪费。为了改变这一局面，企业必须重视对此问题的研究，尤其在消费者和各国政府都十分重视环保的情况下，在此方面的投资会收到事半功倍的效果。

二、差别定价

差别定价由弹性定价、一揽子定价和组合定价构成。

（一）弹性定价

所谓弹性定价，是指企业以不同的价格，向不同的目标顾客，提供相同数量和质量的产品。集团市场的卖方经常使用此策略。他们依据竞争环境的特点，决定产品的价格水平。弹性定价主要有三种形式。

1. 市场弹性定价

市场弹性定价是指将企业产品的整个市场按地理区域或其他标准划分为若干子市场，然后分别确定企业产品在各个子市场的价格。例如，西方某些汽车制造公司将其同一产品，以不同的价格销往世界不同地区的市场。又如，销售给工业企业使用的塑料原料与出售给牙科医生使用的塑料制品，在成本上基本相同，但每个单位的售价却相差达百倍之多。

2. 产品弹性定价

产品弹性定价是指根据顾客从同一产品所获的价值不同，分别决定产品的价格。例如，集团市场的买方在产品的运输成本方面往往各不相同，企业可以据此确定不同的价格。

3. 时间弹性定价

在集团市场上，产品的采购过程较长，有时达数月之久，因此，在用户收到所购产品时，各种成本因素都可能发生变化。企业可以根据这一变化的特点，调整产品的价格水平。另外，某些产品的专有技术具有很强的时间性，企业应按照该产品技术的相对先进性，随着时间的推移，不断地调整产品的价格。

（二）一揽子定价

所谓一揽子定价，是指在产品价格中加入各种服务的费用，变出售产品为出售整个系统。这一策略在技术资金密集型产品的销售中得到广泛应用。例如，IBM 在出售计算机主机的同时，提供配套软件、技术咨询、人员培训、设备安装等各种服务，使销售主机的交易变成出售整个计算机系统的活动。

从卖方角度讲，此策略有助于企业在市场竞争中保持和发展现有的市场份额。如仅出售计算机主机的企业，因无法满足客户的多方面需求，就很难与上述的计算机公司竞争。另外一揽子定价还使卖方能够及时了解买方的新要求，为新产品的设计提供了依据。但此策略在经济发展周期的低谷阶段不宜使用，因为产品的一揽子价格水平高于一般价格水平。在这种情况下，企业可以采取分别收费的方法，如百货商店在经济萧条时期，商品运输费、礼品包装费等都可分别向顾客收取，给顾客留有降低成本的余地。

（三）组合定价

从事国际化经营的企业，在国际市场上站稳脚跟后，都力图推出更多的产品，以满足不同层次的消费者的需求和扩大市场占有率。这时，企业面临着如何给每一种产品定价才能使总利润最大化的课题。

组合定价旨在使企业的总利润最大化。运用此策略，必须注意掌握以下要点。

（1）企业要将其所有的产品按抵消固定成本和间接费用的能力分为三类：第一类产品在抵消其应抵的固定成本和间接费用之后，仍有余力；第二类产品只能抵消其应抵部分；第三类产品没有抵消固定成本和间接费用的能力。

（2）企业应分析不同产品在各自细分市场上所处的地位及其竞争环境。对其中某些竞争环境较好的产品，可以定较高的价格，以保持企业的总利润水平。

（3）企业要注意其产品之间的关系，尤其对于具有替代关系的产品，更要权衡新老产品的定价。如推出速溶咖啡时，就要考虑对现有普通咖啡产品的影响，使两种咖啡给企业创造的利润之和最大化。

（4）对于以整个市场而不是某个细分市场为目标的产品，企业定价时要参考行业的最低价和最高价。如果企业想要扩大市场，可采用低定价手段；若想创造产品形象，则可采用高定价手段。

三、折扣定价

折扣定价指企业为鼓励顾客及早付清货款、大量购买、淡季购买等而酌情降低价格的策略。要注意区分折扣与折让。折扣是降低一定比例，折让是减少一定金额。如原价为1 000元的商品，限时9折，促销价为900元，这采用的是折扣策略；而限时立减100元，促销价也为900元，这采用的是折让策略。在大多数情况下，企业只有通过中间商这一间接渠道，才能将其产品送至国外最终的购买者。企业为了控制产品的最终价格，就必须确定留给中间商的价格折扣水平。只有这样，才能促使中间商积极推销本企业的产品。企业常用的折扣定价有四种。

（一）数量折扣定价

数量折扣是指卖方对大批量采购的买方，按牌价给予一定折扣的优惠价格。这种折扣，既可以提供给中间商，也可以提供给最终消费者。而折扣幅度的大小，是由购买数量决定的。数量折扣的优点是：既能为企业节约订货、运输、搬运、仓储等方面的费用，又能达到吸引买主扩大销售量的目的。数量折扣可以分为累计数量折扣（如年卡）和非累计数量折扣（如团队票）。累计数量折扣有利于鼓励用户长期购买。

（二）功能折扣定价

功能折扣定价是买方对卖方所提供的流通服务的酬劳。其数额的大小，取决于买方提供的商业流通服务的范围和程度。对产品分销过程中发挥功能多或功能重要的中间商"论功行赏"给予的折扣，一般给批发商的折扣率高于给零售商的，对特约经销商也给予折扣。一般来说，该折扣率较为稳定，是以买卖双方都能获得的平均利润为基础而制定的。

（三）现金折扣定价

现金折扣的目的是鼓励买方尽早付款。现金折扣对买卖双方都有利，使买方能以较低的价格购进产品，使卖方能加速企业流动资金的周转，提高资金利润率。例如，某项商品的交易条款注明"2/10 净价30"（或2/10，N/30）意思是：如果在成交后10天内付款可以享受2%的现金折扣，但最后应在30日内付清全部货款。

（四）季节折扣定价

季节折扣策略是指卖方为刺激淡季市场销售，以产品过季为由给予买方一定百分比的价格减让的一种营销方案。奥特莱斯（Outlets）最早诞生于美国，迄今已有近一百年的历史。奥特莱斯是由销售名牌过季、下架、断码商品的商店组成的购物中心。Outlets 最早就是"工厂直销店"，专门处理工厂尾货。后来逐渐汇集，慢慢形成类似 Shopping Mall 的大型 Outlets 购物中心，并逐渐发展成为一个独立的零售业态。奥特莱斯采用的就是季节折扣策略。

四、心理定价

心理定价，就是根据不同目标市场国的消费者的心理特征和心理需求，采取使其乐于接受的各种灵活价格策略，达到满足消费心理需求和扩大销售额的目的。心理定价的主要形式有以下四种。

（一）尾数定价

尾数定价又称奇数定价。即把商品价格的尾数定为奇数，特别是奇数"9"。如本应定价为 50 元的商品，而定价为 49.99 元。一般讲，许多消费者购买日用商品时，总认为单数尾数比双数尾数价廉，零数尾数比整数尾数精确。本该定价为 10 元的商品，定价为 9.99 元，这样虽然只降价 1%，却给消费者一种价格便宜的感觉，因而具有强烈的引导和促进消费的作用。当然，采用尾数定价时，还要考虑目标市场国的文化环境因素。如中国消费者传统上会偏爱以 8 结尾的商品，因其有发财的寓意。

（二）整数定价

与尾数定价相反，整数定价是去零数取整数。这种价格策略主要用于名优产品、高档消费品或礼品等。它能给消费者带来一种高档次的感觉，从而满足其显示自己高贵地位的心理。如一架高档照相机，本应定价为 1 865 元，采用整数价格策略就可改定为 1 900 元。

（三）声望定价

这种定价是利用消费者认为价高质优的心理，凭借企业或商店在消费者中的声望，制定高的价格吸引顾客购买产品。一般讲，采用此策略应该具备以下条件：①商店声望很高，得到消费者的信赖，他们认为在此购物货真价实，不会吃亏上当；②产品本身声望很高，如瑞士的高级手表、法国的高档服装等。但是，采用声望定价的产品，必须做到价格真正与声望和质量相符。否则，就会导致产品滞销和声望丧失。

（四）习惯定价

习惯定价即按照消费者长期习惯的价格定价。许多日用消费品长期按固定价格出售，在消费者心目中逐渐形成了习惯价格。如果企业以高于此价格的水平出售产品，必然引起消费者的不满和抵制，从而使企业的产品无法打开销路。生产这类产品的企业通常采用降低质量或减少分量的方法，来消化上升的成本部分。

五、新产品定价

新产品一般是企业的创新产品，也可能是改进型产品或在国内畅销的产品。一般讲，

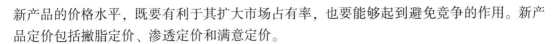

新产品的价格水平，既要有利于其扩大市场占有率，也要能够起到避免竞争的作用。新产品定价包括撇脂定价、渗透定价和满意定价。

（一）撇脂定价

所谓撇脂定价，就是在新产品进入目标市场时，制定较高的价格，以期在竞争对手以较低价格推出相似产品以前，迅速获取利润，收回产品开发的成本和投资。由于这种定价方法与在牛奶中撇取奶油的做法相近，因而人们将它称为撇脂定价。

撇脂定价适用于市场潜力和需求价格弹性较小、功能独特、时尚性强的产品或有专利权保护的产品。它的主要优点是：产品价格大大高于其价值，使企业在新产品导入期内就有可能收回投资，并为以后同替代品进行价格竞争提供了有利的条件；该价格策略往往能够吸引高收入、支付能力强的消费者的注意，诱发其从速购买的欲望，并且能够带动中等收入阶层进入消费领域。但是，撇脂定价也存在明显的弱点：如企业不能在目标市场上建立稳定的市场份额，而且从较长时期观察，这种做法还可能给企业带来较高的风险。另外，价格定得过高也不利于开拓市场和吸引收入较低的消费者进入消费领域。

（二）渗透定价

所谓渗透定价，是把投放市场的新产品的价格尽可能地定低，以便迅速占领市场，排斥竞争对手，取得领先地位。

1. 适用条件

（1）企业产品需求的价格弹性较大，如采取较低的价格就会带来销售量和利润的较快增长，使总销售收入上升。

（2）企业实力雄厚，能够承受新产品导入期的亏损。

（3）企业具有迅速扩大生产和销售的能力。

2. 主要优点

（1）能够促使消费者尽快接受新产品，从而打开产品销路，使企业的生产成本随着产品产量的提高而不断下降。

（2）能够防止竞争者大量进入市场，有利于企业保持和扩大现有市场份额。

（3）易于企业产品打入购买力较低的市场。

3. 主要缺点

（1）企业将新产品的定价压低，会影响其现有产品的销售前景和生命周期。

（2）以后因各种因素变化需要提价时，很难得到消费者的理解，并可能造成销售量的剧减。

（三）满意定价

满意定价是介于撇脂定价和渗透定价的适中价格策略。满意定价法亦称"中间定价法"，是一种适中的、让买卖双方均感合理的新产品定价方法。满意定价能综合撇脂定价和渗透定价的优点，由于照顾到大多数用户的利益，易令消费者感到满意。以此定价法销售产品，可以在长期稳定的销售量的增长中，获得按平均利润率计算的平均利润。

第五节　国际市场的价格管理与控制

对国内营销来说，价格是企业的可控因素，这比较确切，但国际营销的情况则不同，因为影响国际营销价格策略制定的因素较复杂。国际营销企业的出厂价是可控的，而目标市场的最终价格则难以控制。由于最终价格直接影响产品在国际市场的竞争力和市场的拓展，因此有必要采取各种对策来加强管理和提高控制程度。

一、外销产品的报价

外销产品的报价具体反映在国际销售合同的价格条款上，合同的价格条款必须明确划分商品运输中各方的责任。例如：由谁支付运费和从什么地方开始支付；明确商品的数量、质量和单价的计量单位、贸易术语、单位价格、计价货币，如有佣金和折扣应说明其百分比。所有这些，在国际贸易实务等相关学科都有详尽的介绍，在此重点讨论的是出厂价的确定和报价的技巧问题。

外销产品的报价可采用工厂交货价、装运港船边交货价、装运港船上交货价、完税后交货价等多种方式。这些报价的基础是工厂交货价，即出厂价。出厂价也是目标市场最终价格的基础，控制最终价格必须首先控制出厂价。出厂价的确定可采用常见的成本导向定价、需求导向定价和竞争导向定价三种类型的定价方法。

许多不熟悉国际营销业务的企业，包括我国的外销产品企业，往往喜欢采用简便易行的成本导向定价方法。在存在国际市场价格的情况下，产品的价格是由国际市场价格决定的，某一国家的产品成本偏高偏低难于避免，因此而确定的价格偏低会失去盈利的机会，偏高又会减弱价格竞争的能力。以成本导向定价法制定的固定价格难以适应各个国家竞争性的价格水平、需求水平、价格的波动、通货膨胀和汇率波动，还可能受到各国相关法律的限制。从我国企业的外销产品来看，由于基本上是采用成本导向定价法，我国产品在国际市场上的价格普遍偏低。如在法国市场上最好的中国米酒只卖40法郎一瓶，还不及法国一瓶普通酒的价格；中国制造的胶鞋和绣花拖鞋，每双售价是10法郎，比看一场电影的票价还少20法郎。如此低廉价格的商品，在发达国家的市场里不但可能被视为"低劣商品"，影响产品销路和获利水平，还可能被指控为倾销行为。

综上所述，国际营销企业的产品出厂价的确定不能仅简单地采用成本导向定价法，而要根据各个目标国家市场的具体情况，更多地采用需求导向、竞争导向的定价方法，使出厂价在国内外市场有所区别。随着我国外销产品的迅速增长及我国企业在国际市场上的地位的提高，做出这种改变是必要的。

当然，需求导向、竞争导向定价比成本导向定价要复杂困难得多，必须通过深入的国际市场调查研究，来掌握各个目标国家市场的需求、竞争、价格、法律等信息。但只要企业不是为了一次性地外销产品，而是为了实施国际市场营销战略，长期稳定地占领某一外国市场，多花一些精力在制定具有竞争力的价格上是值得的。

外销产品的报价不但影响目标国家市场的最终价格，而且反映了国际营销企业与外国中间商的关系，因此报价这一定价行为应有一定的原则性与灵活性，可把它看成是一种技巧。国际营销企业运用报价技巧要着重考虑以下几个因素。

（一）与客户的关系

作为本企业的国际销售渠道系统成员的老客户，在正常情况下可按原价格条款报价，以便巩固与老客户的良好关系，维护国际营销企业的商誉；对新客户可参照与老客户交易的当时价格报价，使渠道系统的价格政策保持一致性。

（二）产品的竞争力

产品的竞争力可通过与同一市场的相同、类似或替代商品的比较表现出来，这就要求国际营销企业在报价时适当调整价格条款（包括单价、支付条件、交货期等），使本企业的产品能在这种比较中显示出较强的竞争力。如果目标市场已有处于垄断地位的同类商品，则应参照其价格来报价。如本企业的产品在目标市场适销对路且处于垄断地位，则应按垄断产品的定价办法对外报价。

（三）市场环境变化

当目标国家市场的供求变化有利于买方时，可参照竞争对手的价格报价，或采取适当削价措施，或在原报价的基础上给以较优惠的交易条件，以便维护渠道系统和原有的市场。当市场供求出现有利于卖方的情况时，应及时提出提升价格的要求，从中获取应得的利润。

（四）新产品

刚进入国际市场的新产品难以准确合理地报价。当发现报价偏高，不能为买方所接受时，卖方可做出适当让步，如提供较优惠的价格条件，甚至适当压低价格等，使新产品能顺利进入国际市场。当报价偏低，买方迫不及待要求立即成交时，可通过降低交易优惠条件、控制交易进度等办法来挽回损失，待将来使价格恢复到合理的程度。总之，新产品报价偏高偏低在所难免，其技巧在于谈判开始时使交易条件模糊，以便在谈判过程中掌握讨价还价的主动权。

（五）有效期限

由于通货膨胀、市场竞争、价格和汇率波动等因素的影响，合理的价格应该随着这些因素的变化而变化。在国际营销中，应警惕买方为此而大做文章。买方往往会在市场不明朗时拖延对报价的答复，利用时间因素衡量有利或不利的时机做出接受或拒绝报价的决定，把各因素变化的风险推给卖方。为此，报价一定要注明有效期限，把主动权留给自己。

二、价格扬升的控制

同一产品的价格在出口国与进口国有不适当的差异，在国际营销中通常把这一现象称为价格扬升。人们常常会惊讶地发现，本国市场中相当便宜的商品到了其他国家却贵得惊人。不了解事实真相的人认为这是营销企业提价获取暴利的结果，某些生产企业见此诱人的价差也想到国外市场上一展拳脚。事实上，在这一价差中，生产企业所获取的利润只是一小部分，绝大部分是将商品从一国出口至另一国所产生的附加成本。即商品的装运、保险、包装、关税以及较长的销售渠道、中间商毛利、特殊税金、管理成本、汇率波动等所产生的附加成本，足以把目标市场的最终价格扬升到某一可观的水平。

价格扬升的现象是国际营销企业所面临的主要定价障碍之一，高昂的价格只适合对价格反应敏感程度低的高收入消费者群这一狭小的细分市场，产品从生产成本高的国家出口到购买力低的国家就很难找到顾客。另外，高价的产品销量少，中间商为维护自身的利益便会提高毛利水平，结果使价格再次扬升。国际营销企业为在国际市场上成功地赢利，就应采取适当的对策控制国外市场的最终价格，尽量降低价格扬升的幅度。

（一）降低商品生产成本

如果能通过降低商品生产成本来降低出厂价，就能有效地抑制价格上扬的幅度，这是解决价格扬升问题的根本途径。国际营销企业可采取在外国生产产品的办法来降低生产成本。这也是跨国公司迅速发展的原因之一。

减少成本高昂的功能特性或降低整体产品的品质，是降低产品生产成本的另一办法。在发达国家市场中所需的某些品质与额外的功能，在发展中国家就可能是多余的。如洗衣机的自动漂白剂、肥皂分配器、变温装置、适当时间响铃装置等，在美国市场是必要的，但在其他许多国家就可能毫无这一需求。又如日本生产的彩电出口到中国市场时，减少价格达 2 000 元左右的"丽音"功能也曾是明智之举。降低产品生产成本不但可降低出厂价，同时还可能降低关税，因为报价低所征收的从价税也随之减少，可见它具有双重利益。

（二）降低关税

关税是产生价格扬升的主要原因之一，如能降低关税，自然可降低价格扬升的幅度。在国际营销中，可采用许多办法来人为地降低关税。

1. 产品重新分类

不同类别的产品的税率不同，某一具体产品属何种类别有时模棱两可，这就有利于国际营销企业争取把自己的产品归入低税率的类别中。

2. 修改产品

即按较低税率的标准来适当修改产品。在鞋类工业里，运动鞋上"鞋面皮"与"似鞋面皮"在征收关税时就有实质的差异。

3. 改变商品形式

一般而言，零部件与半成品的关税税率都比较低。为此，可外销零部件和半成品，然后在进口国组装和深加工，以达到降低关税的目的。有时甚至重新包装也有助于降低关税。龙舌兰酒进入美国时，以 1 加仑左右的容器盛装的关税是每加仑 2. 27 美元；而用较大的容器盛装时，则关税仅为 1. 25 美元。如果再装瓶的成本每加仑少于 1. 02 美元，也就等于降低了关税。

（三）降低渠道成本

缩短渠道则有可能使价格扬升得到控制。设计一条中间商较少的渠道，一方面可减少中间商的加价，另一方面又可减少整体税金。许多国家对进入分销渠道的商品须征收增值税，增值税可以是累积的，也可以是非累积的。累积增值税按总销售价格计征，商品每换手一次都要征收一次；非累积增值税则是按中间商进货成本与销售价格之间的差额来计征。为此，在征收累积税的国家里，为了少纳税，人们都乐于缩短分销渠道。但缩短分销渠道并不是在任何情况下都能节省成本，也不是分销渠道越短越好，因为某些中间商在某些市场里可能发挥着某些特殊的功能作用，这时就要对取消这些中间商后自己所要付出的代价进行具体的分析，或对取消这些中间商前后的成本进行比较，然后再做出正确的决策。

（四）利用特殊区域政策降低成本

某些国家为促进国际贸易，纷纷建立了一些所谓的国外贸易区、自由贸易区或自由港。在我国也有类似的特殊区域（保税区、出口加工区等）。产品进入这些区域时不必征税，只有当产品离开这些区域正式进入其所在国时才征收所有的关税。

国际营销企业将未装配的零部件运至进口国的自由贸易区，降低成本的原因主要包括以下五个方面。

（1）零部件与半成品的税率通常较低，因此关税可以降低。

（2）当进口国的生产成本比较低时，最终产品的成本则可随之降低。

（3）未装配的商品的运费可能比较低。

（4）可减少因先纳税而造成的资金占用和利息支出，从而降低产品的出口成本。

（5）如以进口国的包装物或部分组件用于最终装配，关税可能会进一步降低。

三、平行输入的管制

所谓平行输入，是指同一生产企业的同一产品通过两条通道输入某一国家市场：一条正规的分销渠道系统，一条是非正规的分销渠道系统。导致平行输入的根本原因是同一产品在不同的国家市场存在价格差异，当价格差异大于两个市场之间的运费、关税等成本时，就可能产生这一贸易行为。

（一）各国间币值的变动

德国奔驰汽车的供给在美国受到限制时，美国市场上每辆奔驰汽车的售价高达 2.4 万美元，而当时美国人在德国市场只用 1.2 万美元便能买到一辆奔驰汽车，这一巨大价差产生的部分原因是配销限制及美元币值上升而马克币值下降，为此，许多美国人从德国市场购买奔驰汽车，然后按在德国价格的近两倍的售价在美国销售，这种情况持续了相当一段时间，直至美元对应马克的币值衰弱时才终止下来。

（二）国际营销企业实行差别价格策略

日本企业所采用的差别价格策略使某一产品的价格在国内高于国外，SONY 公司 VAIO 14 寸笔记本在纽约的售价为 649.99 美元，在东京的售价却高达 750 美元，因此，这些商品倒流回日本后售价低于其正常的国内售价还有利可图。日本企业的这一价格策略促使外国企业在日本市场也以高价出售产品，这又导致外国产品平行输入日本市场。例如，从洛杉矶购买可口可乐液浆运销日本，比通过日本正规渠道购买的可口可乐液浆还要便宜。

（三）各国税率与中间商毛利的差异

如前所述，各国可征增值税，也可不征增值税；增值税的税率可高可低；可能征收累积增值税，也可能征收非累积增值税；各国中间商的毛利水平参差不齐。因此同一生产企业的同一产品在各国的最终价格会相去甚远。这种价格差异，就可能导致平行输入。例如在美国，名牌香水的批发价往往比其他国家的批发价高出 25%，这样，就吸引了其他国家中未经授权的经销商以低于美国批发商甚多的价格转售给美国未经授权的零售商，从中牟利。

平行输入会导致目标国家市场产生恶性的价格竞争，损害了正规分销渠道成员的利益，也损害了顾客的利益，顾客无意中买了未经授权的进口商品，就不能取得该产品的品质保证以及售后服务、更换零件的保证。当产品维护得不到保证时，顾客责怪的是出口生产企业，产品的形象就会受到损害。为此，国际营销企业必须加强对平行输入的管制，建立强有力的监视控制系统，以维护正规分销渠道成员的利益。其中，最有效的措施是授权经营，明确规定各国持证人的经营范围，一旦发现持证人超出经营范围或非持证人有侵权行为，便能诉诸法律解决问题。此外，要堵塞商品流通的漏洞，一方面不要把外销产品交给信誉欠佳的中间商经营，另一方面尽量加强对持证人以下层次的管理与监督，降低平行输入的影响范围和程度。

四、跨国公司定价策略

随着跨国公司的迅速发展，它所采用的定价策略已对国际市场产生重要的影响，也越来越受到人们的普遍重视。

（一）统一、多元与协调的价格策略

1. 统一价格策略

统一价格策略指跨国公司的同一产品在国际市场上采用同一价格的策略。这里所指的"同一价格"，应理解为母公司与各国子公司的同一产品出厂价折合为同额的各国货币或同额的可兑换货币。例知，某一跨国公司在美国生产的产品的出厂价为每件 1 美元，在德国和日本子公司生产同一产品的出厂价是与美元市场汇价相等的马克和日元，这就是同一价格。

采用这一策略的好处是：简单易行，跨国公司不需要调查掌握市场竞争等信息；有利于在国际市场上建立跨国公司及其产品的统一形象；便于公司总部对整个国际营销活动进行控制，可减少公司内部产品竞争带来的影响。但这种策略的缺点也是很明显的。现实市场中的汇率是波动的，因此确定同一价格比较困难；各个子公司生产的产品出口到其他国家时，因各国的税负、税种、税制、中间商毛利水平等不一致，就会使最终价格产生实质性的差异，难以实现统一价格的目标；由于各国的生产成本、需求水平、竞争程度等均不相同，为此统一价格在某些东道国可能会失去获取最大利润的机会，而在另一些东道国则可能缺乏竞争能力。

综上所述，跨国公司较少采用统一价格的策略，当产品的竞争力强且竞争地位稳定，或所生产的产品是国际市场的新产品，或不通过任何中间环节直接销售产品时，则有可能采用这一策略。

2. 多元价格策略

多元价格策略指跨国公司允许其国外子公司的同一产品制定不同价格的策略。采用这一策略时，跨国公司对国外子公司的定价不加以干预，不提出硬性的要求，各个子公司完全可以根据当地当时市场的具体情况自行做出价格决策。这一价格策略兼顾了各个子公司的利益。除独资方式外，跨国公司拥有各国子公司的股权可多可少，母公司与子公司之

间、子公司与子公司之间的利益不可能完全一致，各个子公司自主定价，就能按预定的目标实现自己应得的利益。

多元定价的最大优点是体现了各国市场实际存在的差异性，它充分考虑了各国生产成本、竞争、供求、税收等定价的影响因素，有利于实现利润最大化。例如，在成本较低的国家定低价、在成本高的国家定高价是合情合理的，如果以统一价格进行控制，就可能出现低成本高价格或高成本低价格的不合理现象，最终将失去市场或应得的利润。

多元定价的致命弱点是可能导致平行输入。例如，英国潘多拉特别产品公司在本国市场以较低的价格销售产品，而其美国子公司的同一产品则以高价出售，结果英国中间商把产品运销美国市场，即使扣除运费、税收和中间商毛利，美国零售商从英国进口潘多拉产品，仍可以低于美国子公司 15% ～20% 的价格进行销售。这种跨国公司内部的价格竞争，不但给相关的子公司带来营销困难，也损害了跨国公司的整体利益。

3. 协调价格策略

协调价格策略指跨国公司对同一产品既不采用同一价格，也不完全放手让各个子公司独立定价的策略。采用这一策略的目的是利用统一定价与多元定价的优点，克服其缺点，以跨国公司的价格政策协调各个子公司的定价行为，对同一产品的定价既有计划性又有灵活性，以维护跨国公司的整体利益和个别子公司的特殊利益。

这一策略允许多个子公司根据当地生产成本、收入水平、竞争状况和营销目标等进行灵活定价，以便提高产品的竞争能力。但对跨国公司的子公司之间的价格竞争则进行必要的管理，如划定商圈范围，统一控制分销渠道，适当调整可能发生平行输入的子公司的定价方法等。有时则要求某些子公司贯彻公司总部的政策，如在某国市场实行低价渗透，以便开拓和长期占有该国市场；而在另一国家市场实行高价销售，在短期内占有这一特殊市场，待该国这一产业成熟后及时降低价格或撤出市场。跨国公司采用这一策略时会增大管理的难度并需要花费较大的精力。

以上三种价格策略同样适用于出口生产企业，其区别仅在于：出口生产企业把国内生产的产品分销到各国市场，国内外销售产品的出厂价相同就是统一定价，出厂价不同则是多元定价；跨国公司在东道国生产产品，产品在东道国销售或运销其他国家时采用统一定价、多元定价或协调价格策略。

（二）转移价格

1. 转移定价及其产生

转移定价（Transfer Pricing）是指跨国公司的母公司与各国子公司之间或各国子公司互相之间转移产品和劳务时所采用的定价方法。

第二次世界大战后，发达国家的企业兼并和联合迅速发展，公司规模越来越大。同时，对外投资增长很快，跨国公司大量涌现。在这种情况下，公司之间的分工转向公司内的分工，形成了大规模的公司内部贸易。据估计，现在国际贸易中还有 1/3 属于跨国公司内部贸易，转移定价也就应运而生。

2. 转移定价的目的

由于跨国公司内部管理日益分散化，转移定价成为公司实行全球利益最大化的重要调节机制。其希望达到的目的有如下几种。

（1）减少税负。

通过转移定价，跨国公司可以设法降低在高税率国家的纳税基数，增加在低税率国家的纳税基数，从而减少跨国公司的整体税负。

从所得税的角度分析，各国税率相差很悬殊。世界上有一些以低税率闻名的"避税天堂"，如巴拿马、列支敦士登、巴哈马群岛等。许多大型跨国公司在这些国家或地区设有子公司。当国外子公司之间进行贸易时，跨国公司先将货物以低价出售给避税区的子公司，再由该公司以高价转售给其他子公司。实际货物并不经过避税区子公司，只是通过转移定价的形式在公司之间进行转账。这样便可以达到减轻税负的目的。即使不在避税区设立控股公司，跨国公司也可以避税，即位于高税率国家的子公司从关联企业购进原材料、零部件时价格较高，售出成品时价格较低。位于低税率的国家进行相反的操作。

从关税的角度分析，跨国公司同样可以利用转移定价减少税负。不过，只有在征收从价税和混合税条件下转移定价才具备这样的功能。当国外子公司出售产品给关联企业时，可以采用偏低的价格发货，从而减少公司的纳税基数和纳税额。

值得注意的是，减少关税和所得税有时是互相矛盾的。例如，如果进口国所得税率比出口国高，企业需要提高价格以减少所得税，但这样做会加大关税税额。这时公司就要从全局的角度出发，根据各种税率进行计算、比较和分析，最后制定出使公司整体利益最大化的转移价格。

📖 小链接

跨国公司如何节税

情况1：A→M→B（低进高出）

如果A、B公司均处于高税区，M公司处于避税地，则A公司可以先以低于市价的转移价格将商品卖给M公司，M公司转手以高于市价的价格将商品卖给B公司，从而减少税负。

例6-8： 总部计划由A公司向B公司调拨设备。A公司所在国的税率为33%，B公司所在国的税率为55%。如果将80万元的设备定价提高到112万元（提高32万元），则总体税额减少多少？

解： $32 \times 33\% = 10.56$（万元）（多交）

$32 \times 55\% = 17.6$（万元）（少交）

因此，总体税额将减少7.04万元。

情况2：A→B

如果A公司处于高税区，B公司处于低税区，则A公司应以低于市价的转移价格将商品卖给B公司。

情况3：A→B

如果A公司处于低税区，B公司处于高税区，则A公司应以高于市价的转移价格将商品卖给B公司。

（2）攫取利润。

许多跨国公司在国外的子公司都是与当地企业共同投资兴建的合资企业。跨国公司可以运用转移定价将利润转移出去，损害合作伙伴的利益。例如，某个跨国公司握有60%股份的合资企业当年本应该盈利100万美元，但由于跨国公司已将利润转移给其国外其他子公司，该企业当年盈利为0。这样，跨国公司独占了100万美元的利润，也就是说将本属于合作伙伴的40万美元据为己有。

当然，转移利润时要考虑跨国公司在利润输入公司所持的股份，还要计算所得税及关税上的得失。国际企业只有在经过综合比较后才能制定出价格。

（3）规避风险。

跨国公司在国外从事生产经营，面临各种各样的风险，如政治风险、经济风险、外汇风险、通货膨胀风险等。为了逃避这些风险，跨国公司可以利用转移定价将资金转移出去，使其将可能遭受的损失降到最低的限度。例如，当地公司遇到较大的政治风险时，跨国公司可将易被没收的物资以低价转移到国外，或以高价购买其他子公司的物品，以达到将资金转移出东道国的目的。

（4）对付价格控制。

大多数国家对外国公司的产品或劳务的价格都有一定的限制。但是跨国公司可以利用转移定价摆脱东道国政府的这种限制。当东道国认为跨国公司的产品或劳务是以低于其成本的价格进行"倾销"时，公司可以尽量降低原材料、零部件的供应价，减少其成本，使其较低的价格成为"合理"的价格，从而逃避东道国的限制和监督。当东道国认为跨国公司的产品或劳务价格太高，利润过多时，公司对海外子公司尽可能提高原材料、零部件的供应价格，增加其成本，使较高的价格成为"合理"的价格，这样也有效地避免了东道国的限制和监督。

（5）提高竞争力。

跨国公司为提高海外子公司在国际市场或在东道国市场上的竞争能力，在向其子公司供应原材料、零部件时，常常设定极低的转移价格，使子公司能以低价击败竞争对手，并使该公司显示出较高的利润率，提高其资信水平和市场形象。

（6）减轻配额限制的影响。

如果配额是针对产品数量，而不是产品金额，跨国公司可利用转移定价在一定程度上减轻限制。

3. 转移定价采取的手段

转移定价采取的手段是多种多样的。其中既有有形货物的转移，也有无形资产的转让；支付方式既包括贸易性支付，也包括非贸易性支付。具体方法有如下几种。

（1）货物购销时"高进低出"或"低进高出"是跨国公司转移定价最常见的手段。若跨国公司子公司从境外关联企业购进原材料、零部件、机器设备时，其定价高于市场价格，向国外子公司出口产品时，其定价低于市场价格，这样的情况称为"高进低出"，利润可以从国内转到国外。相反，"低进高出"可以把利润从国外转到国内。

（2）支付高额的管理、广告、咨询、劳务等费用也是一种手段，有时也支付高额的佣金和折扣。

（3）通过对专利、专有技术、商标、商誉等无形资产转让时收取费用的高低，外商可以对各子公司的成本、利润施加影响。

（4）调节子公司贷款利息的高低和设备的租金，外商可以将利润转移至境外。

4. 转移定价的特点

转移定价的形成与作用机制与市场价格有显著不同的特点。

（1）转移定价是在公司有计划有意识地参与下形成的。第二次世界大战后，跨国公司大都实行集中领导，公司为推行内部机构的计划管理，总公司通常要根据全公司的战略目标和长期计划目标直接参与并制定和协调其内部的转移价格。

（2）转移定价是有效配置公司内部资源的重要工具之一。全球性跨国公司在经济利益的驱动和国际竞争的压力下，为了提高自身的竞争能力，近年来已由"金字塔"型管理改变为"森林"型管理，对内部实行严格的责任制，各子公司往往成为硬预算约束的利润中心或半利润中心。制定有利的转移价格既能保证既定利润中心或半利润中心的最终生产和经济效益，也有利于合理分配资源，从而引导利润中心或半利润中心的生产和经营不断优化。

（3）转移定价是实现公司长远目标和利润最大化的重要手段。转移定价服从总公司整体利益、长远目标以及公司利润最大化的目标。它不完全取决于外部市场的供求情况，常与外部市场价格相背离。为此，跨国公司为使其利润最大化和达到长远目标，经常利用转移定价来调节资金流量和转移利润。

5. 转移定价的确定与限制

转移定价一般是根据公司的总目标来最后确定的。例如：增加公司的利润；便于对整个公司实施控制，保证总战略的贯彻执行；使各公司成员单位的经营实绩在公司总利润中得到合理的体现，以保护和提高它们的积极性。

对转移定价的限制主要来自两个方面。一是来自跨国公司内部。高低价格的利用，虽然能使公司整体利益达到最优化，但它以转移部分子公司的经营实绩为前提，在跨国公司管理实行高度分权的模式下，有些转移定价的政策会受到一些子公司的抵制。在国外的合资企业中，由于东道国一方决策权力的存在，通过转移定价以实现公司整体利益最优化更难办到。为了解决公司集中管理与分散经营相对独立的矛盾，大型跨国公司往往通过设置结算中心来进行统一协调。二是来自东道国政府。各国政府都很重视外国公司通过转移定价来逃税。因而通过税收、审计、海关等部门对其进行检查、监督，并在政策法规上采取一系列措施，以消除通过转移定价进行逃税的现象。目前国际上普遍采用的是"比较定价"原则，即将同一行业中某项产品一系列的交易价格、利润进行比较，如果发现某一跨国公司子公司的进口货价格过高，不能达到该行业的平均利润率时，东道国税务部门可以要求其按"正常价格"进行营业补税。此外，很多国家政府还通过调整征税方法，建立严格的审计制度，加强海关的监督管理等措施，防止或限制跨国公司转移定价的滥用。

6. 转移定价的方法

跨国公司在制定转移价格时首先要确定一个基础价格，然后再在基础价格上调高或调低。常见的基础价格的确定方法有三种。

（1）按市场价格定价或以外销价定价，这是最常见的定价方法。

（2）协调定价。由于中间产品的供求双方都有自身的利益和预期目标，为使利益均沾，又不影响公司的总目标和总利益，企业可通过供求双方协调确定一个双方均能接受的转移价格。

（3）以成本为基础定价。此法包括四种形式。

①按完全成本定价。即以中间产品的完全成本作为价格，不包括企业利润。

②按成本加成定价。即以中间产品的成本加一定比例的利润作为转移价格。常见的有以有关生产单位的制造成本加上标准利润加成出售，还有以跨国公司内效率最高的生产单位的制造成本加上标准利润加成出售。

③按变动成本定价。当中间产品供应单位设备闲置、原材料积压、开工不足时，公司可按变动成本确定价格。

④按边际成本定价。即按中间产品的边际收入与边际成本相等时的边际成本来确定中间产品的转移价格。

上述四种以成本为基础的转移定价方法，所依据的成本一般为标准成本或定额成本，即假定在一定的销售范围内单位产品的成本不变。但实际上成本会随产量的变动而表现为一条"U形"曲线。为此，按边际成本定价更切合厂商实际。

在确定基础价格之后，跨国公司要根据关税税率、所得税税率、各子公司所持股份以及市场竞争等各种因素，在基础价格上调高或调低，使之符合自己的最大利益。

跨国公司在制定转移价格的时候，一定要注意了解各有关国家的法规对转移定价的规定。鉴于各国政府对转移定价采取越来越严格的限制措施，企业有必要了解政府这方面的规定，以避免出现被动局面。

五、倾销与反倾销

（一）倾销

倾销是指某一企业以低于国内市场的价格，甚至以低于生产成本的价格向某目标市场国大量抛售商品，以达到打垮目标市场国同类竞争企业，垄断整个市场的目的。

（二）反倾销

反倾销是指进口国政府为了维护正常的国际贸易秩序，通过立法以及对倾销产品征收高额反倾销税等措施来遏制倾销的一种手段，以此保护本国工业的发展。

本章小结

国际定价的影响因素包括企业目标、成本、市场需求、竞争、营销组合、国际价格协定。

国际市场营销的定价方法包括成本导向定价法、需求导向定价法、竞争导向定价法。成本导向定价法包括成本加成定价法、目标利润定价法和变动成本定价法。需求导向定价法包括理解价值定价法、需求差别定价法、需求量定价法和需求弹性定价法。竞争导向定价法包括参与竞争定价法、追随定价法和拍卖定价法。

国际营销定价程序包括确定企业定价目标，估算成本，分析竞争对手的产品、成本和定价策略，选择基本定价方法，运用定价策略，确定最终价格，适时调整产品价格。

国际营销企业常用的价格策略包括产品组合定价、差别定价、折扣定价、心理定价和新产品定价等。产品组合定价包括产品线定价、任选功能定价、制约产品定价、两部分定价、副产品定价。差别定价包括弹性定价、一揽子定价和组合定价。折扣定价包括数量折扣定价、功能折扣定价、现金折扣定价、季节折扣定价。心理定价包括尾数定价、整数定价、声望定价、习惯定价。新产品定价包括撇脂定价、渗透定价和满意定价。国际营销企业运用报价技巧要着重考虑与客户的关系、产品的竞争力、市场环境的变化、新产品、有效期限。可以从降低商品生产成本、降低关税、降低渠道成本、利用特殊区域政策降低成本等方面对价格扬升进行控制。

跨国公司定价策略包括统一、多元与协调的价格策略及转移定价。

转移定价是指跨国公司的母公司与各国子公司之间或各国子公司互相之间转移产品和劳务时所采用的定价方法。

倾销是指某一企业以低于国内市场的价格，甚至以低于生产成本的价格向某目标市场国大量抛售商品，以达到打垮目标市场国同类竞争企业，垄断整个市场的目的。

反倾销是指进口国政府为了维护正常的国际贸易秩序，通过立法以及对倾销产品征收高额反倾销税等措施来遏制倾销的一种手段，以此保护本国工业的发展。

关键术语

成本导向定价法　需求导向定价法　竞争导向定价法　产品组合定价　差别定价　折扣定价　心理定价　新产品定价　转移定价　倾销　反倾销

复习思考题

一、单选题

1. 某工厂生产一种产品，年产量为 5 000 件，生产的总固定成本为 200 000 元，该产品的单位变动成本是 30 元，若该厂要实现 100 000 元的利润，则该产品的定价为（　　）。

A. 80 元　　　　　　B. 90 元　　　　　　C. 100 元　　　　　　D. 110 元

2. 已知某商品单价为 50 元，需求价格弹性值为 0.5，则定价为（　　）能使销量增加 2 成。

A. 20 元　　　　　　B. 25 元　　　　　　C. 30 元　　　　　　D. 35 元

3. 总部设在 A 国的某公司向设在 B 国的子公司调拨某设备。由于 A 国所得税税率为 35%，B 国所得税税率为 24%，该公司便运用转移定价策略，将实际价格为 130 万元的设备定价为 100 万元（降低了 30 万元），问这样公司总体税额减少（　　）。

A. 1 万元　　　　　　B. 2 万元　　　　　　C. 3 万元　　　　　　D. 3.3 万元

4. 一些品牌的喷墨打印机价格定得很低，甚至会当作赠品，而墨盒却价格不菲，这是生产商采用了（　　）定价策略。

A. 系列产品　　　　B. 互补产品　　　　C. 互替产品　　　　D. 产品分组

5. 对出口商来说，本国货币升值可以使商品在国际市场上（　　）。

A. 售价降低　　　　B. 售价提高　　　　C. 利润减少　　　　D. 增强竞争力

6. 一架高档照相机，本应将价格定为 1 865 元，后改定为 1 900 元，采用的定价策略是（　　）。

　　A. 声望定价　　　　B. 差别定价　　　　C. 习惯定价　　　　D. 整数定价

7. 某汽车制造商给全国各地的地区销售代理商一种额外折扣，以促使它们执行销售、零配件供应、维修和信息提供"四位一体"的功能。这种折扣策略属于（　　）。

　　A. 现金折扣　　　　B. 数量折扣　　　　C. 交易折扣　　　　D. 季节折扣

8. 美国锐步公司为其生产的沙克牌运动鞋不断增添功能，使之形成系列，定出从最低 60 美元到最高 135 美元四个等级的价格，以迎合不同消费者的不同需求。其采用的是（　　）。

　　A. 任选功能定价策略　　　　　　　　B. 副产品定价策略

　　C. 弹性定价策略　　　　　　　　　　D. 产品线定价策略

二、计算题

1. 某企业产销一种商品，单位变动成本为 150 元/台，年固定成本为 50 万元。请在以下预测的基础上确定定价方案。

定价（元/台）：300，350，400，450。

年销量（万台）：0.9，0.8，0.6，0.4。

2. 某企业产品定价 2 500 元/件时，月销量为 1 000 件；当价格降至 2 250 元/件时，月销量增至 1 500 件。假设销量同价格变化呈线性关系，要使月销售额达到最高，应如何定价？

三、简答题

1. 简述常用的国际营销定价策略。

2. 跨国公司采用转移定价希望达到哪些目的？采取的手段有哪些？

3. 什么是倾销？什么是反倾销？

案例讨论

2022 年 8 月 11 日，天风国际证券分析师郭明錤在推特上表示，预计 iPhone14 系列机型的平均售价将上涨 15%，原因是 iPhone 14 Pro 两款机型的提价和更高的出货量比例。郭明錤预计，与 iPhone 13 相比，iPhone 14 系列的平均售价将上涨到 1 000 美元至 1 050 美元。

郭明錤进一步指出，富士康将成 iPhone14 涨价的赢家之一。富士康是 iPhone 14 系列手机的主要代工商，该公司拿下了 60% ~ 70% 的订单，因此其收入将明显受益于 iPhone 14 系列平均售价的增加。"难怪鸿海将全年业绩从'基本持平'上调至'增长'。"

受此消息影响，截至 8 月 11 日午间收盘，苹果指数（884116）涨超 4%。成分股中，正业科技（300410）、领益智造（002600）、科瑞技术（002957）涨停或涨超 10%。

事实上，这已不是 iPhone 14 第一次传出涨价消息。据招商证券研报，根据最新供应链消息，iPhone 14 Pro 预计售价 8 999 元起步，iPhone 14 Pro Max 预计 9 999 元起步。但 iPhone 14 标准版并不会涨价，将维持前一代的 5 999 元起步价。

根据目前苹果中国官网，iPhone 13 mini 起售价格为 5 199 元，iPhone 13 起售价格为 5 999 元，iPhone 13 Pro 起售价为 7 999 元，iPhone 13 Pro Max 起售价为 8 999 元，最小容量均为 128GB。

另据美国科技媒体网站 The Verge 当地时间 8 月 10 日报道，此前在 6 月，Wedbush Securities 分析师 Dave Ives 告诉《太阳报》，由于价格上涨影响全球供应链，他预计 iPhone 14 的价格将比 iPhone 13 高出 100 美元。

值得注意的是，在 iPhone 14 频传涨价的同时，也传出配置升级的消息。据 TrendForce 此前预测，iPhone 14 Pro 系列的存储空间起步可能为 256GB。

另据 The Verge 报道，虽然基本款 iPhone 14 预计将配备改进的 4 800 万像素后置摄像头和带自动对焦功能的自拍摄像头，但据传 iPhone 14 Pro 和 Pro Max 机型将获得大部分升级。Pro 和 Pro Max 可能会放弃容纳前置摄像头的凹槽，转而采用药丸形打孔切口，配备新的 A16 芯片，并支持常亮显示。

iPhone 14 系列将于 9 月和消费者见面。8 月 7 日，据彭博社报道，苹果已经开始准备 9 月份的秋季新品发布会，届时有望发布新款 iPhone 14 系列。

根据外界此前推测，今年秋季苹果即将发布的新款 iPhone 14 系列将有四款机型，分别是 iPhone 14、iPhone 14 Max、iPhone 14 Pro 和 iPhone 14 Pro Max。这与上一代 iPhone 13 略有区别，mini 产线被砍，新增了 6.7 英寸的 iPhone 14 Max。

资料来源：澎湃新闻 2022 年 08 月 11 日 作者：孙燕

思考：

1. iPhone 14 系列机型涨价的原因是什么？

2. iPhone 14 系列机型涨价将会带来哪些影响？

营销技能训练

资料搜集与研讨：结合本章所学知识，选择某行业的企业进行研究，了解其在国内市场和国际市场上采取的定价策略及其差异，以及企业为何选择当前这种定价方式。经过进一步的讨论和思考，对企业当前的定价策略模式做出评价，分析企业在定价上是否还有可改进的地方，进行汇报、研讨。

第七章 国际市场营销渠道策略

知识目标

了解国际分销渠道结构；掌握国际分销渠道成员类型的不同特点；掌握国际分销渠道的长度决策和宽度决策；理解如何进行国际分销渠道管理。

技能目标

能够比较分析不同国家、产品的国际分销渠道结构。

思政目标

理论联系实践，帮助学生把握学科前沿发展动态；引导学生思考渠道策略在企业实践中的运用，培养学生的工匠精神；启发学生通过现象看本质，建立合理管理渠道、诚信经营的意识。

🔷 导入案例

贵州茅台电商平台预约抢购火爆　业内专家预计未来直营渠道投放量加大

2020年"双11"提前启幕，从历年的11月11日提前至11月1日。向来"一瓶难求"的53度飞天茅台，日前以1 499元/瓶的价格在贵州茅台京东自营店采用预约抢购方式进行销售。

根据京东平台的预约抢购规则，只有完成实名认证的PLUS正式会员才有预约和抢购飞天茅台的资格，且数量有限，以系统抢购结果为准，不能保证所有用户都能抢购成功。

为避免囤积货物，同一个PLUS正式会员每次可购买1~2瓶，30天内最多购买两瓶。

《证券日报》记者发现，京东发起的53度飞天茅台预约抢购活动，正式PLUS会员需在每日10时30分开始预约，次日上午10时开始抢购，10时30分结束抢购。

京东App数据显示，从11月4日10时30分至11月5日10时，有近30万人在预约购买53度飞天茅台。

53 度飞天茅台遭疯抢

除京东平台外，其他电商平台如天猫超市、苏宁易购、网易严选也均开启 53 度飞天茅台预约抢购活动。回顾去年的"双 11"，茅台同样备受追捧。据公开报道，价格为 1 499 元/瓶的数万瓶 53 度飞天茅台在投放的一瞬间被抢空。

对此现象，知趣咨询总经理、酒类营销专家蔡学飞告诉《证券日报》记者："由于茅台的强大品牌号召力，以及飞天茅台较高的差价，已经成为许多平台的引流工具，同时考虑到飞天茅台的长期稀缺性，因而预约制一方面可以协助电商平台在'双 11'这种促销节点获取流量，另一方面也可以在一定程度上缓解市场紧缺状态，是一种常规方法。"

相比电商平台 1 499 元/瓶的预约抢购价格，53 度飞天茅台的零售价近段时间虽有所回落，但仍处于较高位置。东方财富 App 显示，10 月底，53 度飞天茅台的零售价为 3 179 元/瓶，截至 11 月 4 日，53 度飞天茅台的零售价为 3 159 元/瓶。

但无论是以茅台划定的 1 499 元/瓶建议零售价预约抢购，还是以零售价购买，飞天茅台"一瓶难求"似乎已成常态。

直销化渠道变革成效初显

近年来，贵州茅台也在试图通过加强直营渠道、削减经销商等方式来加强其对价格的管控。

自 2019 年 4 月份开始，贵州茅台接连发布招标公告，面向全国商超、卖场、电商进行公开招商，随后物美、华润万家、大润发、天猫、苏宁易购成为首批获得与贵州茅台直接合作的企业。

"目前茅台的渠道改革是有一定效果的。"江瀚对记者表示。根据贵州茅台最新发布的三季报，今年前 9 个月，直销渠道对整体营收贡献占比达 12.55%，而在上一年这一比例仅为 5% 左右。此外，截至 9 月底贵州茅台的国内经销商数量为 2 049 个，年内减少342 个。

蔡学飞表示，直营化一方面可以提高茅台对于渠道的价格管控，另一方面由于不同的供价体系，可以提高企业利润，最重要的是直营化可以打击中间商，对于终端产品价格起到一定的平抑作用。

谈及未来茅台的渠道布局走向，中国品牌研究院高级研究员朱丹蓬在接受《证券日报》记者采访时表示："自李保芳上任之后，贵州茅台加大了直营渠道的投放量，主要的作用是在制衡、制约经销商的暴利。从趋势来看，未来整个直营渠道的投放量会更大。"

"对于茅台来说，未来肯定是想提升自己对渠道的控制能力。从这个角度出发，之前大量以线下经销商为核心的体系，可能会越来越多地向直营体系转移，预计未来茅台的销售渠道会发生较大变化。"盘古智库高级研究员江瀚告诉《证券日报》记者。

资料来源：证券日报　2020 年 11 月 6 日　　作者：王鹤

第一节　国际分销渠道

一、分销渠道的概念

分销渠道也称为销售渠道、配销通路，它不同于商品流通渠道、贸易渠道。商品流通渠道、贸易渠道是经济学的概念，是从商品交换、买卖双方角度而言的双向流动的渠道，包括商品所有权（含占有权、使用权）转移的名义流程——"商流"，商品实体流转、运动的实物流程——"物流"，商品交易结算的支付流程——"资金流"，以及相关信息传递、沟通的信息流程——"信息流"等多种渠道流。

分销渠道是从特定的商品生产者、企业角度而言的产品从卖方向买方单向流动、转移的途径、通道，其起点是生产者，终点是消费者、用户，仅仅指"商流"，其实质内容是商品生产者、企业的销售网络、销售环节、销售场所、销售网点和销售机构组织形式。分销渠道中往往有中间环节，即中间商，这些在"商流"过程中取得所有权和协助转移所有权的所有组织和个人，都是直接卷入该商品分销活动的渠道成员，它们一方面有着各自独立的经济利益，另一方面又因共同的经济利益结成了伙伴关系，形成一个有机整体、系统，从而构成"整体的渠道概念"。

分销渠道也不同于营销渠道。营销渠道是指以制造商为中心，包括所有参与其营销活动的供应商、中间商、辅助商，亦即生产企业外围单位在内的向市场顾客提供产品、服务的整个营销网络系统。分销渠道则不包括供应商、辅助商，但包括消费者、用户。

国际分销渠道是实现商品所有权国际转移的途径、通道，其起点是本国生产者，终点是外国消费者、用户。产品出口、对外营销是完整的跨国商品流通过程，往往涉及较多的中间商，包括国内的中间商和国外的中间商，渠道结构包括生产者进入国际市场的渠道，即国家间渠道和各国国内的分销渠道两部分，可分为三个环节：一是出口国国内渠道；二是出口国的出口商与进口国的进口商之间的渠道；三是进口国国内渠道。

分销渠道具有实现销售、满足消费，沟通产需、调控供应，构建营销关系网等重大作用。良好、稳固的分销渠道网络是企业一种关键性的外部资源条件，是企业十分重要的无形资产和"生财之道"。营销界有句名言：得渠道者得天下。渠道决策是营销4P组合中最具有长期性、相对稳定性的决策。

二、分销渠道类型与策略选择

（一）分销渠道类型与策略

分销渠道有多种类型、模式，选用某种类型、模式的渠道也就是选择渠道策略。

1. 直接渠道和间接渠道策略

直接渠道是指产品从生产领域转移到消费领域时不经过任何中间环节的分销渠道。

间接渠道是指产品从生产领域到消费领域时经过若干中间环节的分销渠道。

2. 短渠道和长渠道（渠道长度策略）

按产品流通的中间环节、层次的多少划分长短，层次少的称短渠道，层次多的称长渠道。长渠道是指拥有两层或两层以上中间环节的分销渠道。短渠道是指没有中间环节或只有一层中间环节的分销渠道。最短的渠道是没有中间环节、层次的直接渠道，称为"零层渠道"；较短的是仅有一个中间环节、层次的间接渠道，称为"一层渠道"；较长的有"二层渠道""三层渠道"等多层渠道。国际分销渠道一般比国内分销渠道长。从生产者角度看，渠道越长，越难控制。

短渠道策略的优点是越过大量中间环节，可以节约经营成本，让利于消费者，有利于增强竞争能力，扩大产品销售。短渠道策略的缺点是有的商品难以缩短中间环节，不利于产品进入广阔的国际市场。

长渠道策略的优点是产品易于进入国外更广阔的地理空间和不同层次的消费者群。长渠道策略的缺点是容易形成产品在各个层次上的较大存量，增加销售成本。

日本的分销渠道被认为是世界上最长、最复杂的销售渠道。日本分销渠道的基本模式是：生产者→总批发商→行业批发商→专业批发商→区域性批发商→地方批发商→零售商→最终使用者。

3. 宽渠道和窄渠道（渠道宽度策略）

渠道的宽与窄取决于商品流通过程中每一层次选用中间商数目的多少。宽渠道是指企业选择较多的同类型中间商销售产品。窄渠道是指企业选择一个中间商销售产品。

窄渠道策略的优点是有利于鼓励中间商开拓国际市场，并依据市场需求订货和控制销售价格；窄渠道策略的缺点是独家经营容易造成中间商垄断市场。

宽渠道策略具有如下优点：促进企业产品进入广阔的国际市场；有利于中间商之间展开销售竞争，扩大商品销售。宽渠道策略具有如下缺点：中间商不愿意为产品承担广告宣传费用；可能造成中间商互相削价竞销，损害产品在国际市场的形象。

宽窄也只是相对而言，最窄的渠道仅有一个中间商，从最宽渠道到最窄渠道一般可分为以下三种策略。

（1）广泛性分销。

广泛性分销也称为密集性分销、开放型分销，指生产者对中间商的数目不加限制，"多多益善"，也就是让尽可能多的中间商来销售其产品，积极扩大产品的销售网络，使产品在目标市场上到处可见。此策略的优点在于销售面广，大量网点出售一种商品，能使其品牌得到充分显露，同时便利顾客购买，有助于企业全方位地扩大产品销量，提高总体市场占有率。但不足之处在于：为数众多的中间商同时经营，加剧了产品的市场竞争；生产者对这么多的中间商不易联系、监督、控制和提供服务，与它们的关系不稳定；各中间商不愿分担广告等费用，生产者必须单独负担全面促销的费用，费用较大；生产者难以利用某些中间商的优势树立产品形象。

（2）选择性分销。

选择性分销是指生产者按照一定条件精心挑选数量不多的若干中间商（一般是大店、名店、市口好的店）来销售其产品。这样便于生产者与中间商互相密切配合，建立良好的协作关系，获得较好的销售结果；能对中间商实施有效的控制，减少中间商之间的无效竞争，提高产品声誉，提高流通效率，节约销售费用。但不足之处是市场渗透能力较弱，市场覆盖面较窄；如果选择不当，会给生产者造成较大损失。

（3）专营性分销。

专营性分销也称为独家分销、集中分销、封闭型分销，指生产者在一定地区内只让一家中间商经营其产品（地区总经销、总代理、特约经销、代销、专卖），规定该中间商在合同有效期内不得再经营其他生产者的同类产品。此策略使生产者很容易在销售价格、促销、信贷和其他服务方面对中间商加以控制，并采取有效措施提高中间商的推销积极性；可方便商品的储运销结算，节约流通费用，提高流通效率；有利于保护企业声誉，防止和打击"假冒伪劣"；还容易带动新品上市。但缺点是：市场覆盖面很狭窄，极易漏掉许多潜在顾客；渠道适应性较差，一旦市场发生变化，生产者会在短期内完全失去市场；生产者依赖于一家中间商销售，容易受其制约，不仅销售成本较高，还有较大风险。

4. 独营渠道和联营渠道——渠道组织策略

独营渠道是传统的渠道组织形式，生产者与中间商彼此独立、各自经营、松散合作，这种"你、我"的交易型关系主要是磋商交易条件、谋求各自最大利益，生产者难以有效地控制中间商。

联营渠道是现代发展起来的工商联营、联销的渠道组织形式，生产者和中间商结成"我们"的伙伴型关系，实行一体化经营，对分销全过程负全责，可进行事实上的系统控制。其具体形式可分为以下三类。

（1）垂直（纵向）联合组织——由一个渠道成员统一拥有或控制，又可细分为三种：

法人型——由一个渠道成员拥有和统一管理，或由生产者建立前向一体化的工商联合组织，或由零售商建立后向一体化的商工联合组织。

合同型——包括制造商特许经营、批发商自愿连锁、零售商合作连锁。

管理型——业务指导、管理协作，包括厂店挂钩、引厂进店等。

（2）水平（横向）联合组织——包括短期和长期联合。

（3）集团性联合组织，即企业集团。

另外，随着信息社会、知识经济、网络时代的到来，渠道组织结构和其他管理组织结构一样，也出现了由金字塔型向扁平型转变的趋势，渠道越来越短，而网点越来越多。

5. 单渠道和多渠道策略

单渠道策略即通过同一种类型的渠道销售。多渠道策略也称为复式、多重渠道策略，是通过不同类型的渠道将同种产品售给相同或不同的地区、顾客，包括在一种特定类型的渠道中使用不同类型的中间商，从而形成一个多渠道系统，通常可分主渠道和辅助渠道。多渠道策略有两种形式：互补型——不同渠道之间互不影响，共同构成企业产品的流通网络，使总销量增加；竞争型——不同渠道之间相互影响和竞争，促进分销效率提高。

（二）分销渠道类型与策略的选择

整个分销渠道是一个顾客价值传递系统，渠道上每个环节、每个成员都要为顾客增加价值。企业分销渠道设计的起点是顾客，目标是使满足顾客需要的渠道总成本最小化。分销渠道设计主要是选择渠道类型。

影响渠道选择的因素有"11C"：产品特性（Character）、顾客特性（Customer）、市场覆盖面（Coverage）、竞争状况（Competition）、文化环境（Culture）、企业特性（Company）、财力（Capital）、渠道控制（Control）、建立和维持渠道的成本（Cost）、信息沟通（Communication)、渠道连续性（Continuity）。也可归纳为以下几个方面：

产品因素——产品的理化性质、体积、重量、耐久性，单位价值，通用性、标准化程度，技术复杂程度，款式、规格的多样性、多变性，产品生命周期阶段等。

市场因素——市场范围、容量，顾客购买力，市场位置，顾客的地理集中程度，顾客购买习惯、批量、频率，需求的季节性（时令、时间性）等。

企业因素——企业规模、财力，企业声誉，管理经验、能力，提供服务能力，企业产品组合宽度和深度，企业经营目标，企业控制渠道的愿望等。

其他因素——竞争状况，竞争者的渠道策略，中间商状况，国家、地区的经济形势、景气状况，法律法规、政策，社会文化环境等。

企业应综合考虑各种因素，选择适当的渠道类型。

选择分销渠道时，应根据企业的营销目标和自身条件，按经济（效益）性、控制（可控）性、适应性三方面标准，对不同的渠道类型、策略进行认真的分析、评价和比较，优选的一般要求是：渠道的连锁功能好、不脱节，辐射功能好、覆盖面大，配套功能好、服务周全；销售速度快、销量大，无不必要环节，竞争力强；建立和维持渠道的成本低，控制有效，易协调处理与渠道成员的关系；渠道相对稳定，又有较强的环境适应能力，能适时、适地灵活应变。现代化分销应从粗放型分销转变为集约型、"精益型"分销。

三、中间商的作用与类型

中间商作为专门（或主要）从事商品流通的独立经济部门、行业和专业人群、机构，自古代第三次社会大分工中产生以来直至今天，一直在社会商品流通领域扮演着不可缺少的角色，发挥着十分重要的作用。它能大大减少生产者的资金、人力占用，分散市场风险；大大减少交易次数（生产者与中间商进行一次交易可代替生产者与各个消费者分别进行的多次交易），简化交易过程，降低交易成本；能缩短产需之间的时空距离，通过中间商的桥梁、纽带作用，既有利于消费者寻找、选择商品，也有利于生产者开辟市场，扩大产品销路，调节、平衡市场供求，协调生产与消费。现代中间商甚至已从生产者的协助者、服务者地位跃升到引导者、组织者地位，成为决定许多生产者命运的外部力量。

（一）经销商

经销商即商人中间商，以自己的名义和资金独立进行商品买卖，向生产者买断商品所有权，独立承担经营风险，转卖后收取货款，获取商业利润。

（二）代理商

代理商即代理中间商，接受委托代理商品交易及有关事务，无须垫付商品资金，无商品所有权，仅帮助转移商品所有权，不承担经营风险，只收取代理手续费、佣金。

（三）经纪商

经纪商即经纪人或经纪行，是一种特殊的代理商，无固定的委托代理关系，不仅无商品所有权，而且可以无现货、资金，只为供方（上家）和需方（下家）提供信息服务，牵线搭桥，撮合成交，向双方收取佣金，不承担风险。

（四）批发商

批发商是主要从事批发业务的商业企业和商人，它（他）向生产者或其他批发商购进商品，转卖给零售商或其他生产者、其他批发商。其特点是：这种"B2B"交易结束后，商品仍在流通领域或进入生产领域；一般交易量很大，交易频率较低；经营网点较少，但覆盖区域大；不太注重营业位置、环境和促销，但重视储运、通信手段。

批发商具有如下功能：它处于商品流通过程的开始阶段或中间阶段，是总枢纽，通过购销活动，先集中货源，后分苑（大批量分割成较小批量）、扩散；如同蓄水池的吞吐作用，调节供需平衡，解决商品数量、结构和购销时间、地点等矛盾；分担生产者和零售商的市场风险和损失；为生产者、零售商提供多种服务（加工、组配、分装、储运、融资、沟通信息、管理咨询、宣传推广、人员培训等）。

批发商的类型包括：经销（独立、自营）批发商，代理批发商（包括一般代理和独家代理，总代理和分代理）；综合批发商，专业批发商；商业批发商（面对零售商），产业批发商（面对生产者）；完全服务批发商，有限服务批发商；全国性、区域性、地方性批发商；产地、中转地、进口商品接收地（口岸）、销地（消费地）批发商。

批发商的具体形式包括批发站、采购供应站、批发商店、批发公司、批发市场、货栈、商品批发集散中心、商品交易所等。

（五）零售商

零售商是主要从事零售业务的商业企业和商人，它（他）将商品转卖给最终消费者，用于生活消费和其他非生产性、非商业性消费。其特点是：这种"B2C"交易结束后，商品进入消费领域；一般交易量很小（零散交易），交易频次较高；经营网点较多且分散，覆盖区域小；十分注重营业位置和促销；从业人员多。

零售商具有如下功能：它处于商品流通过程的最终阶段，最后完成流通，实现商品价值；方便消费者购买，为消费者提供各种服务；促进商品销售，沟通产需，以利生产者改进供应、满足需要。

零售商的类型除了按经营商品的种类即业种划分外，主要是按经营方式或销售方式即业态划分。零售业态很多，且在不断发展演变。

1. 有店铺（店堂、铺面、门市）的零售商形式

有店铺的零售商形式包括以下 10 种。

（1）专业店：产品组合窄而深的商店，如服装店、童装店、西服店，有具备丰富专业知识的销售人员和良好的售后服务。

（2）杂货店：小型综合商店，产品组合比专业店的宽些、浅些。

（3）百货店：大型综合商店，产品组合宽而深，根据不同商品部门设销售区分类经营，采取柜台销售与自选（开架）销售相结合方式，服务功能齐全、规模大，多设在闹市区。1852 年在巴黎出现，20 世纪初普及，是零售业的第一次"革命"，20 世纪 30 年代发展到顶峰，第二次世界大战后发展趋缓，出现了专业性百货公司。最大百货公司的商品可多达数十万种。

（4）超级市场：实行"单品管理"（单件包装、标价），商品开架陈列，让顾客自选商品，自助、自我服务，出入口分设，在出口处统一结算；商品多为便利品，价格较低；规模大，营业时间较长，多设在居民密集区，附设一定面积的停车场，满足顾客停一次车就能买齐商品的"一站式购物"的要求。

在 1912 年美国首创的自选商店基础上，1930 年在纽约创办了第一家传统超市，20 世

纪 50 年代发展极快，形成零售业的第二次"革命"。60—70 年代又出现规模巨大的巨型超市、超级商店、联合商店、特级商场、"大卖场"，以及结合百货店特色的大型综合超市。

（5）便利店：或称方便店，规模小，经营品种有限、周转率高的便利品，以开架自选销售为主；设在居民区，为社区服务，服务项目多，营业时间长，一般在 16 小时以上，甚至 24 小时营业，终年无休日；商品价格比超市高，但买少量物品比到超市方便。20 世纪出现于美国，60—80 年代发展很快。1973 年日本与美国合资建立的"7-11"连锁便利店是目前世界上最大的便利连锁店集团。

（6）仓储店：营业面积大，"储销一体"的货仓式销售，大批量的"量贩式"销售，仓库式陈列（如用运输包装）、自选销售，服务少，商品价格低；有的实行会员制，只为会员服务；多设在郊区或居民区，附设较大的停车场。20 世纪 60 年代出现，如荷兰"万客隆"、德国"麦德龙"。

（7）折扣店：规模小，装修简单，地摊式、自助式销售，商品价格低廉。20 世纪 40 年代出现。

（8）目录展示室：或称样品图册陈列室、登记店，仅陈列商品目录、样品，让顾客登记订购。20 世纪 60 年代出现。

（9）机器人商店：无人商店，由遥控机器人提供销售服务。1997 年在日本出现。

（10）购物中心：有计划地开设、统一布局的各类零售业态、服务设施的集合体，由百货店或超市作为核心店与各类专业店、快餐店等组合构成的商店群，营业面积大，功能齐全，提供购物、餐饮、娱乐、旅游、休闲、办公等全方位、一体化服务。20 世纪 70 年代出现，如商业中心、商城、"销品茂"、生活休闲购物中心、主题式购物公园。其进一步发展即为商业街和"中央商务区"。

各种零售店均可采用连锁经营形式。连锁店是使用同一商号的若干门店，在同一总部的管理下，采取统一采购或授予特许权等方式的经营组织形式。19 世纪中叶出现，20 世纪 60—80 年代大发展，是零售业的一次重大"革命"：它适应社会化大生产、大流通的要求，把企业的个体优势转化为群体优势，有效地解决了大批量规模生产与社会化、分散化消费的矛盾，能满足日益个性化的消费需求；通过连锁布点、规划布局形成网络，大大增加了企业的市场辐射力和竞争力，更易于打造名牌，提高商誉；既有规模经济优势，大大降低了经营成本，又有灵活性、适应性，便于协调。

现代连锁系统一般应由 10 个以上门店组成，实行规范化管理，做到统一采购、配送商品，统一经营理念、方针政策，统一管理模式，统一企业识别标志，统一布局，统一营业特色，统一服务规范、工艺标准，统一设备设施，统一广告宣传、装潢，统一员工服饰，统一管理信息系统，统一商品质量、价格，统一财务核算。

有三种具体连锁形式：一是由同一所有者投资、集权、直营的"公司（法人）连锁"；二是加盟特许经营的"特许连锁"；三是独立商店契约联合，合作经营、协同购销的"自愿连锁"。这三种形式可在一个连锁企业中交叉存在。

2. 无店铺零售的形式

无店铺零售的形式包括以下 6 种。

（1）邮购商店：向顾客直接邮寄订单和商品。19 世纪末在美国出现，20 世纪 30 年代流行，后来逐渐衰退，80年代又发展起来。

（2）购物服务机构：专为某些特定顾客提供购物服务。

（3）流动售货：地摊商贩、"大篷车"、快餐车、售书车、马帮、货郎等。

（4）自动售货机：19世纪末出现，20世纪后期迅速发展，也是零售业的一次"革命"，方便了顾客购买，但成本高、商品价格高。

（5）通信销售：电话（含手机短信）销售、电视销售等。

（6）网上商店：通过电脑网络在线销售，顾客在虚拟商场看样订货。20世纪末出现，是销售方式的又一次重大"革命"。其特点是：不受时空限制；能快速更新商品信息，及时反馈顾客信息和获取更多信息；买卖双方互动，顾客主导、控制交换过程；可开展个性化、一对一销售，全程、全方位服务快捷、周到；可实现"零库存"销售，大大降低流通费用，成本较低；信息公开，竞争机会平等。

四、分销渠道建设与管理

（一）渠道开通策略

新企业需要开拓渠道，新产品也需要开拓渠道或利用老产品渠道；对于已被竞争者占有的渠道需要渗透，如果彼此势均力敌，则应避开，另找新渠道；可先打通发达地区渠道，也可先打通欠发达地区渠道。

开通渠道的方法有：购买现成的分销体系；以优惠条件特约中间商经销；以广告、展销、使用表演等吸引中间商来挂钩；先建临时渠道，如委托代销，然后向固定渠道过渡；租柜、设网点自销。

（二）选择中间商

企业若决定采取间接渠道策略，首先必须选择中间商的类型，如经销、代销、批发、零售等。一般而言，适合代销的是：量少、面广、顾客分散、目标市场不很明确、销售不稳的产品，尤其是新产品；小企业，以及销路有限的大企业。

然后寻找、物色具体的中间商。需了解中间商的历史和现状，组织和政策，经营范围、规模、方式、性质，服务对象，地理位置，产品组合，硬件设施和人员情况，财力、资信情况，营业额和市场声誉、地位，现实和潜在的市场策划、市场开拓、网络建设、处理顾客关系、提供信息、融资、服务、储运能力，管理的稳定性和管理能力、工作效率，与本企业的关系状况、合作态度，对本企业产品的熟悉程度等。

选择具体中间商的标准一般是：与本企业服务对象一致，对本企业产品熟悉，有长期合作的诚意；能对其实行有效的控制；经营多种商品尤其连带商品，而非单一、竞争性产品；位置适宜，网络健全，经验丰富，实力强，信誉好，能及时提供市场信息。

（三）管理中间商

中间商一旦选定，就涉及有效管理，这种管理并非行政性上级对下级的管理，而是一种间接调控，要采用合适的管理方法。

应以合同形式明确双方的责、权、利。要制定对中间商监控的标准，设立专门的监督机构，定期或不定期地对中间商的工作绩效进行检查，及时利用定额、报表等多种方式对中间商进行评估、考核。

要善于对中间商持续进行激励。例如：及时提供数量足、质量好、价格合理的产品；对不良品负责包换；提供安装、维修、指导使用等服务；合理分配利润，"利益均沾"，适当让利；给予某些特许权和优惠待遇、特殊照顾；共同制定分销规划，培训人员，派员协助经营；提供技术、信息、融资、广告宣传等帮助；开展销售竞赛、排名、通报，以必要、合理的物质与精神手段奖优罚劣，充分利用中间商的资源，发挥其潜力。要尽量避免激励不足和激励过分两种情况。

要及时、妥善处理同一渠道内纵向、横向的矛盾冲突和不同渠道之间的矛盾冲突，善于对各个中间商进行协调，使它们能一方面开展正当竞争，一方面彼此合作，更好地为实现本企业的目标服务。要争取同中间商建立长远合作的战略伙伴关系，尽量保持分销渠道的相对稳定性和延续性。渠道网络的建立和经营管理难度很大，一旦建立后就不能轻易改变（若改变要花很大代价，冒很大风险），但如果发现某些中间商不能适应企业的要求，其工作状况也难以改进，或者市场形势变化有必要改变渠道时，企业应慎重地剔除这些中间商，适时调整分销渠道。

第二节　国际分销的实体分配管理

一、实体分配的含义、内容与要求

分销渠道指的是商流，但商流离不开物流。物流是包括商品实体空间位移和内外特性变化（或保持）的过程，它与商流相配合，是实现商流目的的保证。营销学研究的物流过程称为实体分配，指产品从生产线终点有效地转移到消费起点的过程中的全部活动，是狭义的物流，即销售物流。

实体分配是一个完整的系统，内容包括订货处理、加工、整理、分级、包装、配货、搬运、装卸、运输、储存保管、存货管理、交货、验收、顾客服务等，在对外贸易中还有报关、保险等。

实体分配管理应进行综合、整体决策，其合理的目标是通过有效的选择，兼顾最佳顾客服务和最低分配成本，也就是要把各项实体分配费用作为一个整体，在不降低服务水准的前提下，力求降低总费用水平；要善于权衡各项分配费用及其效果，凡是不能使顾客受益的费用应坚决压缩；要积极运用互联网基础上的电子化物流技术，建立通畅、灵活、安全、高效的物流网络。

二、产品储存保管

产品储存保管是产品实体在流通领域中必要的暂时滞留，是实现商品供应与销售在时间上的缓冲和地区上的平衡，以及在数量和结构上的一致的重要保证，它创造"时间效用"，保护或提高商品的使用价值，便利销售，调剂余缺。

企业选择仓库时，须确定仓库的种类（性质）、规模、数量、位置、分布及设施。要综合考虑市场容量、顾客位置、运输条件（运量、运距、运费）、成本和产品特点，一般应"近厂、近销、近运、近储"。

企业还需决定是自建仓库还是租赁仓库。租赁的弹性较大、风险较小，在多数情况下较有利；自建则在市场规模很大而且需求稳定的情况下才有意义。

产品储存的基本要求是储存数量、结构、时间合理化，做到既不使存货过多，超储积压，也不使存货过少，缺货脱销。一般而言，如果产品销量大，再生产周期长，销售快，产销距离远，交通运输不便，品种规格复杂，需求变化不大，产品可长久保存，产品是应季商品，或者企业经营管理水平不高，存货可以多些。

存货是顾客需求与企业生产供给的连接点。企业应实行科学的存货管理，包括存货时间、数量、费用管理。可运用运筹学的"存储论"方法确定"订购点"（必须发出新订单的剩货水平）和最佳订购量（使得订购费用和仓储成本的总和达到最小的经济订购批量）；还可用 ABC 分析法对存货进行分类控制、重点管理。随着管理水平的提高，应积极采用"及时（JIT）存货管理系统""快速顾客反应系统"，实行实时动态管理，向准时供货、不脱销的"零库存"发展。

三、产品配送

产品配送是按顾客要求组织商品供应，按时、按质、按量地送到顾客手中，并提供服务、搜集信息，主要内容是订货处理，包括：接受订货，填订货单，审单、审查顾客信用，核查存货、备货或按订单组织生产，制（开）单发货、配组分送，通知接货，更改存货记录，收款结账。

企业配送系统设计有四种模式可选择：企业（集团）内自营型（自设配送中心）、单项服务外包型、社会化中介全面代理型、协作型。

企业要适应现代国际市场上多品种、小批量的订货发展趋势和准时交货、快速交货的发展趋势，积极采用先进技术，加强合同管理，建立灵活的管理体制和快速反应机制，增强满足市场需要的能力和市场竞争力。

四、产品运输

产品运输是借助各种运力、运输工具实现产品的位移，创造"地点效用"。其基本要求是：及时、准确、安全、经济。企业运输决策的重要内容有以下几点。

（一）选择合理的运输方式

目前常见的运输方式（工具）有：铁路（火车）、公路（汽车）、水路（船舶）、航空（飞机）、管道、索道。各种运输方式（工具）在速度、频率，安全、准时、可靠性、运输量、运送范围、灵活性，以及费用成本等方面各有优劣。

应大力发展不同运输方式、工具组合的联运。将货物装入标准化的集装箱（货柜），以便利货物在不同运输方式间的转运，称为"集装箱化"，它被誉为"20 世纪的运输革命"。集装箱化的铁路—公路联运称为"猪背运输"，水路—公路联运称为"鱼背运输"，水路—铁路联运称为"车船运输"，航空—公路联运称为"空卡运输"。每一种联运方式都有其优点。还应发展没有中间环节、一步到位的直达运输，发展"四就"（就厂、就车站、就仓库、就船）直拨运输。

（二）选择合理的运输路线

可利用线性规划的运输模型。应避免过远运输（舍近求远）、迂回运输、对流运输、倒流运输、重复运输等不合理运输，变独家运输为共同化、混载运输。

（三）选择适当的运输工具

在运输工具上，企业要决定是使用自有运输工具，还是租赁运输工具，或者委托专业运输公司运输。

第三节　网络营销渠道策略

一、网络营销渠道的定义

网络营销渠道是借助互联网将产品从生产者转移到消费者的中间环节。

二、网络营销渠道的功能

（一）订货功能

网络消费者可以通过网络营销渠道提供的图文并茂的商品信息页面，了解、比较商品，与卖家就商品细节进行沟通，进而下单选购。

（二）结算功能

网络营销渠道提供了多种支付结算工具，包括货到付款、银行卡快捷支付、信用卡、支付宝、微信支付等，可以让客户足不出户，完成货款支付。

（三）配送功能

对于实体产品，网络营销渠道可以通过物流公司的帮助将商品送到客户手中；对于虚拟产品，顾客则可以直接点击卖家提供的下载链接获取。

（四）服务功能

网络消费者可以通过网络营销渠道获取商品提供的售前、售中和售后服务。

三、网络营销渠道的类型

（一）网络营销直接渠道

网络营销直接渠道是指产品从生产领域转移到消费领域时不经过任何中间环节的分销渠道。

（二）网络营销间接渠道

网络营销间接渠道是指产品从生产领域到消费领域时经过若干中间环节的分销渠道。

直接销售渠道与间接销售渠道的区别如图7-1所示。

图7-1　网络营销直接渠道与间接渠道

小链接

天猫店铺类型

旗舰店：以自有品牌或由商标权人提供独占授权的品牌入驻天猫开设的店铺。

专卖店：以商标权人提供普通授权的品牌入驻天猫开设的店铺。

专营店：在同一天猫经营大类下经营两个及以上品牌的店铺。

卖场型旗舰店：以服务类型商标开设且经营多个品牌的旗舰店。

科沃斯天猫旗舰店、专卖店、专营店的不同标识如图 7-2 所示。

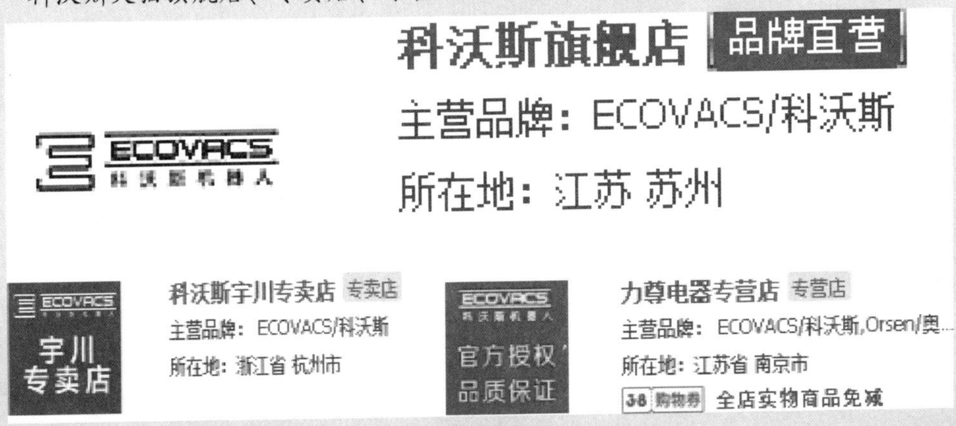
ECOVACS
科沃斯机器人
科沃斯旗舰店
品牌直营
主营品牌：ECOVACS/科沃斯
所在地：江苏 苏州
ECOVACS
宇川
专卖店
科沃斯宇川专卖店
专卖店
主营品牌：ECOVACS/科沃斯
所在地：浙江省 杭州市
ECOVACS
科沃斯机器人
官方授权
品质保证
力尊电器专营店
专营店
主营品牌：ECOVACS/科沃斯,Orsen/奥...
所在地：江苏省 南京市
38 购物券
全店实物商品免减

图 7-2 科沃斯天猫旗舰店、专卖店、专营店

讨论：哪种店铺类型属于网络营销直接渠道？

四、双道法

双道法是指企业在进行网络分销决策时，同时使用网络直接渠道和网络间接销售渠道，以达到销售量最大的目的。

例如，消费者在网上下单购买实体产品并付款后，企业仍然需要借助分销商来完成送货、安装、服务等活动，即分销商需要承担送货职责。另外，由于存在着许多不上网的消费者，所以企业仍然需要借助传统的分销商的帮助开展营销活动。

五、解决线上线下渠道冲突的方法

（一）渠道隔离

渠道隔离是指当一种商品在两个渠道中同时销售发生冲突时，对同一种商品制造人为差异来隔离这两个渠道的做法。

在传统零售业的竞争中，大型廉价折扣店和昂贵的百货店形成了两个阵营。但是，双方经营的很大一部分商品是重合的，对供应商而言，这就产生了典型的渠道冲突。这种现象曾经一度给供应商带来顾此失彼的苦恼。解决问题的办法是用对同一种商品制造人为差异来隔离这两个渠道。

渠道隔离的具体做法有：开发“网络专供款”、区分线上线下销售的品种。比如对于同一款 T 恤，“淘宝专供款”含棉量为 50%，“专柜专供款”含棉量为 100%。对于很多

品牌商品，会将新品放在实体专卖店销售，旧款、断码放在网上销售，或者将受消费者欢迎的花色和图案款放在实体专卖店销售，市场反响不够热烈的花色和图案款放在网上销售，从而造成线上线下所售商品的差异性。

（二）渠道集成

渠道集成是指把线下渠道和线上渠道完整地结合起来，充分利用线上和线下的优势，共同创造一种全新的经营模式。

运用渠道集成的成功案例是服装制造商 GAP 和 7-11 便利店。GAP 在各地分布着大量的连锁专卖店，同时又开设了网上商店。在不遗余力地宣传网上商店的同时，GAP 在专卖店里搁置了专用电脑，使顾客能便捷地查询店里断档的商品。结果 GAP 的品牌进一步得到加强，在虚拟空间和现实世界里得到更好的扩展。7-11 在日本拥有超过 8 000 家连锁店，一些在线销售商和它结成战略联盟，利用它深处居民区的特点进行商品寄存和二次配送，巧妙地完成了电子商务几乎无法解决的"最后一公里"配送问题。同时，领取寄存商品的顾客可以顺便在店里进行采购，也促进了 7-11 销售额的提升。

本章小结

分销渠道即"商流"，是从特定的商品生产者、企业角度而言的产品从卖方向买方单向流动、转移的途径、通道，其起点是生产者，终点是消费者、用户。分销渠道策略包括直接和间接渠道策略、渠道长度和宽度策略、渠道组织策略等，选择时需考虑产品、市场、企业等因素。

中间商包括经销商、代理商、经纪商和批发商、零售商等多种类型。企业须合理选择、管理中间商。

实体分配即销售物流，指产品从生产线终点有效地转移到消费起点的过程中的全部活动，包括储存保管、配送、运输等。

复习思考题

一、单选题

1. （　　）的分销渠道可以说是世界上最长、最复杂的。

A. 美国　　　　　　B. 英国　　　　　　C. 加拿大　　　　　D. 日本

2. 口香糖通常通过杂货店、服务站、便利店、药店、折价商店和自动售货机销售，这种分销策略就是（　　）。

A. 特许分销　　　　B. 选择性分销　　　C. 独家分销　　　　D. 密集分销

3. 适合使用宽渠道的是（　　）。

A. 产品线少而深　　B. 日用品　　　　　C. 特殊品　　　　　D. 工业品

4. 生产量大且超过企业自销能力许可时，其渠道策略应为（　　）。

A. 长渠道　　　　　B. 直接渠道　　　　C. 间接渠道　　　　D. 短渠道

二、填空题

1. ＿＿＿＿＿＿＿是指产品从生产领域转移到消费领域时不经过任何中间环节的分销渠道。

_____是指产品从生产领域到消费领域时经过若干中间环节的分销渠道。

2. _____是指拥有两层或两层以上中间环节的分销渠道。_____是指没有中间环节或只有一层中间环节的分销渠道。

3. _____是指企业选择较多的同类型中间商销售产品。_____是指企业选择一个中间商销售产品。

4. _____也称为密集性分销、开放型分销，指生产者对中间商的数目不加限制，"多多益善"，也就是让尽可能多的中间商来销售其产品，积极扩大产品的销售网络，使产品在目标市场上到处可见。

5. _____指生产者按照一定条件精心挑选数量不多的若干中间商来销售其产品。

6. _____也称为独家分销、集中分销、封闭型分销，指生产者在一定地区内只让一家中间商经营其产品，规定该中间商在合同有效期内不得再经营其他生产者的同类产品。

7. _____是指企业在进行网络分销决策时，同时使用网络直接渠道和网络间接销售渠道，以达到销售量最大的目的。

8. _____是指当一种商品在两个渠道中同时销售发生冲突时，对同一种商品制造人为差异来隔离这两个渠道的做法。

9. _____是指把线下渠道和线上渠道完整地结合起来，充分利用线上和线下的优势，共同创造一种全新的经营模式。

三、简答题：

1. 分销渠道对于企业营销有何意义？

2. 影响企业选择国际分销渠道的因素有哪些？

3. 如何制定国际分销的长度决策和宽度决策？

4. 举例说明适合采用直接渠道、间接渠道、短渠道、长渠道、宽渠道、窄渠道销售的产品。

案例讨论

"云上"广交会展期过半，江门市宝士制冷电器有限公司已拿下 200 万美元的意向订单。公司负责人李雪靓说，受疫情影响，移动空调更能满足欧美国家的生活需求，"我们的移动空调年出口规模已挤进全国第三，希望通过广交会，让更多海外客户了解'江门制造'的实力"。

中国电子进出口珠海有限公司（下称"珠海中电"）在广交会开幕第二天，便签下第一个订单。珠海中电业务发展部经理何薇说，为迎接"云上"广交会，公司特地购置了一套直播间设备，对远景、近景、产品细节以及公司宣传资料进行四镜头切换，为全球客户带来 POS 系列产品、3C 手机周边电子消费类产品及家用电器等多种产品。

自广交会在"云"端开幕以来，粤企直播间流量暴增。来自全球各行各业的采购商纷纷进入直播间，在千里之外观看企业直播带货。通过"云"端上的广交会，粤企打开了另一条通往国际市场的新通道。

24 小时接受采购商询盘

"考虑国外时差影响，公司准备了'直播+录播'两套方案，交替使用，确保线上展会期间24小时不间断推介。"广东新宝电器股份有限公司营销支持负责人张以飞说，公司设置了4个直播时段，24小时都保证有5位客服在后台及时接受采购商询盘，"开幕当天便有20多个采购商深度询问了公司产品"。

广交会上，新宝电器除了展示传统优势的西式厨房小家电产品外，还推出一系列的环境类产品、个人护理类产品、清洁类产品、婴儿类产品、冷冻产品等。为了保障效果，产品特地按照不同产品线、不同市场区域的特性和不同客户的要求拍摄，通过视频把各自的特色展示出来，以确保客户能了解到想要的信息。

直播营销对于很多外贸企业来说都是第一次。企业此前的勤奋演练，也在广交会开幕后有了收获。

珠海中电不仅迎来老客户订单，也在后台陆陆续续收到新客户的留言和反馈。"新客户一般是先要样品，后续还需要持续跟进。"何薇说，为了解决与客户之间的时差问题，珠海中电特地安排夜场直播，并利用沟通模块与客户进行屏对屏、面对面交流沟通。"我们也在产品展示区放上了业务员的名片，以便拓展和客户的沟通渠道。"

为了这次"云上"广交会，广东星星制冷设备有限公司（下称"星星制冷"）提前一个月成立外贸项目组，将位于佛山三水乐平工业园的展厅临时改造成直播间，面向北美、欧洲、东南亚三个市场每天举办三场直播。

"广交会吸引了不少新客户，主要来自俄罗斯、印度、巴基斯坦、阿联酋、克罗地亚等地。"在星星制冷副总经理薛新宇看来，今年不少国际实体展会取消，对企业开拓国际市场造成较大影响。而借助网上广交会，能增强与海外客商的交流，既能稳住原有客户，也能寻找新客源。

"现在是货比百家"

"以往是货比三家，现在是货比百家。"在珠海市休普设计制作有限公司总经理曾亿宝看来，线上渠道有一大优点，买家可以迅速探索没有接触过的商家。

作为一家宠物用品生产企业，休普设计的产品销往全球60多个国家和地区，和全球主要零售连锁店都建立了良好的长期合作关系。借力线上平台，今年休普设计接触到了许多高质量新客户。曾亿宝表示："海外客户愿意花时间精力在网上洽谈，说明他们确实是有购买意向。"

疫情之下，宠物用品行业需求不减。今年是休普设计市场部主管赵蓉进入外贸行业的第17年，在她看来："人们外出时间减少，宅在家里的时间变长，就更需要宠物的陪伴。"截至2020年6月19日，已有约30个新客商通过广交会线上平台与休普设计洽谈。

为了提升线上服务效率，休普设计一共投入了12名海外业务人员，在线与客商进行文字及视频交流。"要与新客户达成合作需要时间，我们正在积极进行跟进。"曾亿宝说。

"云"端上的广交会，给全球采购商带来海量资讯。对于参展企业来说，如何从中脱颖而出，就要靠贴心、创新的服务。

早在广交会开幕前，珠海迈科智能科技股份有限公司便给全球各地的老客户发送了邀请函，并附上企业直播间的二维码。迈科智能营销总监孙文波说："本来我们就有和老客户在谈的项目和订单，这次广交会主要想邀请他们来了解公司的新业务和新产品。"

新客户也是各企业紧盯的目标。以往的广交会人流密集，客户在各个展位之间走动，与业务员交换名片。今年的广交会搬到线上，客户可通过搜索关键字寻找合适的企业，目的性更强，竞争也更激烈。

为了抓紧新客户，迈科智能安排了专员和客户保持联系，进一步跟进。"我们给新客户发了公司介绍和产品介绍，有意向合作的客户我们也会按要求寄去样品。"孙文波说，广交会开幕后的第二天，业务人员便在后台陆续接到新客户发来的问题。

"今年的新客户集中在东南亚地区，大多对安防、网通类产品感兴趣。"迈科智能国际业务部经理罗艳说，今年迈科智能在广交会线上展示的产品涵盖家庭多媒体、安防、网通、智慧城市以及医疗器械五大类，每个类别安排了 2～3 名业务人员进行对接跟进。"如果客户对哪一类产品感兴趣，我们事后还会用邮件进行沟通。"

自主创新争先机

U 型全流程生产线飞速运作，80 多道流程有条不紊地进行，仓库里数万件移动空调、抽湿机正准备发往海外。自本届广交会开幕以来，宝士制冷一直是一派火热赶订单的景象。这家以出口移动空调、抽湿机为主的国家级高新技术企业，同时也是一家典型的外贸企业，产品主要出口到欧洲、北美洲和澳洲等地区，近几年成长迅速。

"宝士制冷出口到海外的商品占总销售额近八成。受疫情影响，今年不少国外客户都无法到中国采购商品，线上广交会为双方提供了一个良好的沟通平台。"李雪靓认为，尽管大部分海外客户还在适应这种新的合作模式，客流也与往年有一定差距，但已经有一些欧美企业主动求变，希望采购该公司的产品。

李雪靓说，目前正是海外市场旺季，公司订单量充足，今年前 4 月的销售额已经超过去年全年。谈及宝士制冷疫情下逆势增长的原因，她表示，以往夏天是欧美国家度假的高峰期，但受疫情影响，不少人都取消了度假计划，对空调产品的需求明显增加。而受安装成本昂贵、经常搬家等因素影响，固定式空调在欧美国家并不受欢迎，移动空调更能满足欧美国家的生活需求。"在移动空调品类，目前我们的年出口规模已挤进全国第三。"

本届广交会上，宝士制冷已跟一个欧洲客户达成初步合作意向。"对方有意采购我们的一款移动空调产品，价值大约 200 万美元。目前客户已收到样机，双方接下来将进一步洽谈合作细节。"李雪靓说。

面对疫情和复杂的外贸形势，自主创新依然是企业不变的应对之道。本届广交会上，万和新电气带来了三大类 40 多款产品，包括水处理产品、户外烹饪产品和厨房小家电，涵盖热水器、户外烤炉、空气炸锅、烤箱等。在万和新电气国际营销总经理王楠看来，展会形式的变化反而给了很多企业新的机会。

"以前我们参展，展位数量有限，展示效果受物理空间的影响很大。现在改成线上的方式，物理空间就被打破了，我们可以展示更多的产品。"王楠说。虽然如此，王楠和他的团队依然严格控制了展品的数量，精心挑选了 40 余款新品，其中厨房小家电超过半数。

"传统产品往往有比较成熟的合作渠道和客户，所以广交会主要是吸引新的合作意向。这几天以来，客户询问最多的就是那些小家电，不少欧美、东南亚、俄罗斯的品牌商来咨询代工合作事宜。"王楠说，由于海外客户合作流程较长，不少客户现在处于报价、送样的阶段，未来订单潜力可观。

资料来源：南方日报　2020 年 6 月 20 日　作者：蒋欣陈，昌道励，王谦，董有逸，华声宇

阅读以上案例，回答如下问题：

1. 粤企如何打开国际市场新通道？

2. "云"端上的广交会对粤企而言具有怎样的意义？

营销技能训练

资料搜集与研讨：结合本章所学知识，分小组搜集不同行业、不同类型的中国企业国际营销渠道构建，分析国际营销渠道构建的优缺点，并对搜集得到的案例进行汇报、研讨。

第八章　国际市场营销促销策略

学习目标

知识目标

了解国际广告决策包含的内容；认识广告形式变化对广告效果的影响；阐述国际市场推销人员的管理；了解对国际市场推销人员的激励和评估；认识国际营业推广的有效形式；明确国际市场营业推广策略的制定；认识国际公关的发展及危机公关的处理。

技能目标

能够分析企业采取的促销组合策略；能够根据实际情况，帮助企业设计促销组合策略。

思政目标

理论联系实践，帮助学生把握学科前沿发展动态；引导学生思考产品、服务、价格、渠道及促销策略在企业实践中的运用，培养学生的工匠精神；启发学生通过现象看本质，拒绝虚假促销，树立诚信理念。

导入案例

"东方甄选"双语直播带货大火，多家上市公司称有合作或接洽

近期，新东方在线（01797. HK）旗下的东方甄选直播间因为双语直播带货出圈。2022年6月16日下午，直播间粉丝数超过千万大关，股价也飙升，截至当天收盘，报28.6港元/股，涨72.71%，市值286.2亿港元。

澎湃新闻记者注意到，东方甄选大火之下，三元股份、国联股份、春雪食品、惠发食品等多家A股上市公司被投资者问到是否与其有合作，部分公司在互动平台回答投资者时称，与东方甄选有合作或者正在接洽。

国联水产（300094）在回复投资者提问时表示，公司已与东方甄选进行了三期的合作，主要向市场推广公司的虾饺等预制菜品，公司即将与该平台合作推广各式口味烤鱼、

调味小龙虾等预制菜直播销售。对于合作的影响，国联水产称，对公司业务的影响存在不确定性。

好想你（002582）在互动平台称，公司 MISS YOU 品牌有和东方甄选合作。同时，公司近年来重点布局了直播电商板块，在抖音、快手等短视频直播平台开设了旗舰店，并加快与各大主播合作+店铺自播+素人口碑传播等助力公司业绩稳步提升，同时也全面推进了产品的线上线下同款同价。

西麦食品（002956）在互动平台也表示，与东方甄选直播平台有合作，同时，公司重视新媒体渠道布局，在抖音、快手销售情况良好，并加大自营直播投入，同时建立多种直播合作机制，积极开展新营销模式的探索和实践。

除了已经有合作的，多家公司称正在积极与东方甄选接洽沟通，例如饮料乳品企业欢乐家（300997）回复投资者称，公司持续关注和参与线上直播销售，目前正在积极与东方甄选进行沟通。豆制品公司祖名股份（003030）回复投资者时称，近期公司就相关新品与东方甄选进行了接洽，不过，目前尚未正式合作。

均瑶健康（605388）也被投资者问到"为啥不能请东方甄选做做直播"，公司回复称，会积极探索和完善包括抖音直播等多元化营销渠道，包括东方甄选这样的优质平台，精准触达并为消费者提供丰富和优质的产品。

除了食品，还有服装公司被询问与东方甄选有关的话题，例如有森马服饰（002563）投资者建议，森马抖音直播间普遍观看人数 600 左右，人气一直处于低位，是否有参考抖音上新东方甄选直播间边教课边直播带货的计划。

对此，森马服饰方面回复称，公司有专业团队负责直播业务的运营，直播团队通过多平台、多种方式，输出内容创意及品牌直播标准，传播真善美，展示公司产品及品牌文化，与消费者进行近距离沟通。直播团队会结合品牌特性、消费者需求、依靠大数据分析制订相关的直播计划。

截至 2022 年 6 月 16 日收盘，上述 A 股公司股价涨幅不一，西麦食品涨停，报收 15.15 元；好想你收涨 5.12%，盘中一度上涨 9.96%；国联水产盘中最高涨超 5%，最终收涨 4.79%；欢乐家收涨 1.18%，祖名股份收涨 0.63%。

资料来源：澎湃新闻　2022 年 6 月 16 日　作者：李潇潇

第一节　促销及促销策略

一、促销的概念与作用

（一）促销的概念

促销是"促进销售"的简称，如果从字面上作广义的理解，前面所述 3P——产品、价格、分销策略的适当运用，或多或少都有促进销售的作用，均可算促销。但本章所说的促销作为 4P 中与前述 3P 并列的一个 P 是狭义的，专指与说服性传播有关的所有营销手段的运用，也可称为"营销推广"，其外延大于"销售推广、营业推广"，是指企业为实现与顾客的顺利沟通和交换，有效地达到营销目标，主动、积极地适应顾客需要，通过各种途径，运用各种方式、手段，向顾客传递有关本企业的产品、服务的信息及某些观念，帮助顾客认识、熟悉所能得到的利益，引起其注意、兴趣、好感、信任甚至偏爱，激发其需求、购买欲望，加速其购买决策过程，推动其实施购买行为的综合性策略活动。

"促销"的实质是一种信息传播、沟通行为，是针对顾客对信息的心理需求，采用适当的信息沟通手段的整合营销沟通（Integrated Marketing Communication，IMC）活动。其形式包括：单向沟通（卖方→买方，或买方→卖方，一方发出信息，另一方接收信息）或双向沟通（卖方←→买方，双方互相发送、交流信息）；人际沟通即个体沟通或大众沟通。

沟通过程一般包括以下九个要素。

（1）信息发送者。

信息发送者即发讯者、传播者、发出信息的始点、来源即"信源"。

（2）信息接收者。

信息接收者即收讯者、受传者、信息传送的顶定终端、"信宿"，它们是沟通的主体。不过，在营销沟通过程中，促销主体是企业，促销对象是目标受众（Target Audience），包括目标顾客及一般公众。

（3）信息。

信息是传递、沟通的内容。

（4）媒体（媒介、传媒）。

媒体是信息载体、传播工具，可分为：大众媒体、社会组织自控媒体、人员（社会组织成员）媒体。其中影响最广、作用最大的是大众媒体（Mass Media）。通过一定的媒体传递一定的信息，是一切促销措施的前提和基础。

（5）编码（制码）。

编码是将信息加工转换为可在"信道"（信息传递的途径、通道）上传递、可接收、可理解的形式、符号的过程，即信息"译出"阶段。

（6）解码（译码）。

解码是接收者解释、破译、理解传来的信息符号的本意的过程，即信息"译入（译进）"阶段，也就是编码的反变换、逆过程。解码与编码的一致性决定信息传递的有效性。

（7）噪声（噪音）。

噪声是在信息传递过程中来自系统内部或外部的造成非预期的信息扭曲、失真的干扰因素。促销活动中必须注意防止或克服噪声扰动。

（8）反应。

反应是接收者收到信息后的想法和行为。

（9）反馈（回馈）。

反馈是接收者将反应传回发送者的反向沟通过程。编码、解码和反应、反馈都是沟通的主要功能。有效的信息沟通才能使促销获得成功。

传播、沟通过程的主要问题是回答"5W"——谁（who）、对什么人（to whom）、说什么（say what）、通过什么渠道（through which channel）、取得什么效果（with what effect）。

（二）促销的作用

促销在现代日益受到企业的重视，成为主要竞争手段之一，是因为适当的促销具有重要作用。

信息流是商流、物流的先导，信息沟通是现代信息社会的命脉。促销可通过信息沟通密切企业同消费者、中间商的关系，减少供求双方市场信息的不完全性，加速商品流通，使目标顾客易于得到其需要的产品、服务，也使企业及时了解顾客对自己的看法、意见，迅速解决经营中的问题，改进营销管理；可影响消费者欲望，刺激、诱导潜在需求转化为现实需求，实现和扩大销售，还可改造、创造需求，引导、指导消费；可突出本企业产品、服务的特点、优点，强化竞争优势，树立企业的良好形象，培养"品牌忠诚"，使企业"先为人知、广为人知、深为人知"，占据、保持有利的市场地位；可降低交易风险，节省交易成本，稳定销售，避免或减缓销量的较大下降和波动，延长产品生命周期，提高企业经济效益。

所以，促销活动的支出不应视为单纯的"费用"，而应视为一项必不可少的能创造实在价值的"生产性投资"。

二、促销的一般原则与程序

（一）促销的一般原则

促销是企业对公众的信息传播活动，必须依法行事，遵守社会道德准则，尊重风俗习惯，注重公益，避免"信息污染""精神污染"等公害；必须实事求是，诚实守信，尊重消费者合法权益，以真实、全面、准确、适时的信息对消费者进行宣传、推荐、说服、诱导，决不能以虚假、片面、歪曲、过时、含混不清的信息对消费者进行欺诈、诱骗、误导或强迫交易，损害消费者合法权益；不得捏造、散布虚伪事实，损害竞争者的商业信誉、商品声誉；必须注意保守国家秘密和商业秘密。

要使促销有效，还应注意：整体策划，统筹安排，协调平衡；创造性思维，形式灵活多样；把握时机；提高效率和效益。

（二）促销的一般程序

首先，确定目标受众。调查研究其特征，了解其对企业及产品的认识深度和印象，判断其所处购买准备过程的阶段及需要的信息类型，据以确定促销目标。究竟是使目标受众对企业及产品加深认识，还是改变印象；是提供信息，进行报道、介绍，使目标受众知晓、认识，还是区别产品，强调价值，进行劝说、诱导或提示，使目标受众产生好感、偏爱、信赖，消除偏见、不满；是刺激需求，还是稳定销售。要使目标受众尽快转入购买准备过程的下一阶段，最后实现购买行为，达到顾客满意的效果。

然后，设计要传播的信息的内容、结构和具体表达形式。信息内容应有感染力（情感、理性或道德的感染力）和说服力，能使目标受众引起注意、加深印象、增加兴趣、便于记忆、产生确信、强化购买欲望、加速购买行动、实现购买后的满足。设计信息结构就是组织信息使之更合逻辑，更有说服力，要决定：是自己做出结论，还是仅提出问题，让受众去做出结论；是只做正面宣传，还是做正、反两面的评论性宣传；信息中最有说服力的评论，是放在结尾还是开头，等等。还要选择媒体，选择信息发送时间，选择发送者。由于对受众来说，信息的可靠性来自权威性、可信性和吸引力，故信息发送者最好选专家、权威人士、明星、社会名流。

促销必须事先编制费用预算。制定费用预算的静态方法主要有以下四种，企业应根据自身情况和要求选择合适的方法。

1. 量力支出法

以企业财力，尤其流动资金为基础，量入为出，确定费用的绝对额。此法简单易行，较稳妥，但数额不稳定，且忽略了促销对销售额的积极影响，可能错过市场机会，不利于制订长期发展计划。

2. 销售额百分比法

按上期（或本期）销售额或下期（预期）销售额的一定比例确定费用。此法也较简便易行；它把促销费用同销售单价和单位利润紧密联系起来，有利于协调企业各部门的关系；如果竞争者均用此法，可使竞争趋于缓和、稳定，避免促销战。但此法颠倒了促销与销售额的因果关系，也未考虑竞争因素，定比例随意，有一定盲目性，有时不合实际需要，也不利于制订长期发展计划。

3. 竞争对等法

为维持竞争均势，先了解主要竞争对手的预算情况，包括预算额、预算额与销售额的比例、预算额与市场份额的比例，再定大致相当的预算。因各自促销的效果、效率不同，此法不一定合理、有效。

4. 目标任务法

先定促销目标及任务，然后据以定促销费用。运用此方法便于做费用—效益分析、量本利分析，但要求目标必须正确。此法较为复杂，易使费用失控。

制定费用预算的动态方法主要有弹性预算法、零基预算法、滚动预算法。

在促销方案实施过程中，要注意信息搜集和反馈，深入调查了解目标受众接收效果和行为，对促销方案进行评估和调整、改进。

三、促销组合策略

促销组合也称为营销沟通组合。促销组合策略是为达到促销目标，将不同的促销方式、方法、手段优化组合且有机结合起来，互补搭配，主次配合，在不同时间、场合，针对不同的目标市场有计划地交替运用或综合运用，形成一套完整的动态的最佳促销策略。

促销组合策略包括四种，按产生发展的先后依次为：人员推销、广告、营业推广、公共关系（公关）。它们可归纳为两大类：人员推销，属于人员（人力）促销、直接促销，是直接依靠人力，通过推销员、营业员、营销服务人员面对面地向目标顾客直接传播信息，推销产品、服务，说服、促成其购买的活动；广告、营业推广和公共关系，属于非人员（非人力）促销、间接促销，不是直接靠人力而是利用一定的媒体向目标受众进行广泛的间接推广，吸引、激励其购买的活动。这几种方式各有优缺点。

（一）人员推销

人员推销可直接寻找、发现、联系销售对象，提供咨询服务，针对性强；直接观察顾客态度，了解顾客需求，可立即得到顾客反应，及时答疑，消除顾客心理障碍，克服分歧和矛盾，灵活机动地调整策略，满足个别顾客的不同需求，适应性强；利于深谈，容易激发兴趣，直接促成购买，促销效果好；可及时协调、合理分配产品；可及时搜集、反馈顾客意见、要求，以便指导、改进企业生产经营管理工作；可通过与顾客的双向沟通，建立人际关系，培养、增进感情，使双方从单纯交易关系发展为友好合作关系，逐步提高顾客对企业的信任度、忠诚度，实现企业的长远利益。但是，沟通范围有限，影响面小，信息传播慢；管理较难（尤其是在市场广阔、分散时）；传播的信息不规范，效果受人员素质制约；推销人才难觅、难培养；促销费用大，单位产品促销成本最高。

（二）广告

广告传播面广、速度快，大众化程度最高；传播的信息规范，时间、次数、区域都容易控制，可多次重复，渗透性强；富有表现力，易引起注意，还可增加产品价值——顾客认可价值；节省人力，单位产品促销成本较低。但是除网络、数字媒体广告外，信息一般是单向传递，不是"对话"（Dialogue）而是"独白"（Monologue），不能得到及时反馈，更不能立即促成交易；往往难以明确表达完整的产品信息，说服力小；效果大多滞后且难度量；针对性不强，传播的有效性较低，浪费大；不易调整。

（三）营业推广

营业推广直接针对产品，提供特殊购买机会、优惠购买条件等实质性刺激，针对性强，且灵活多样，吸引力大，易引起反应，改变传播对象的购买习惯，能直接、强烈地刺激销售量增长，见效迅速、显著。但是，易引起竞争者模仿，引起公开的相互竞争；长期使用、单独使用或使用不当，会自贬产品身价，自损企业形象，引起顾客怀疑甚至反感或"逆反心理"，使促销效果迅速递减，故其作用短暂，只能是临时性、非常规性和辅助性的促销手段；促销费用较大，现在有的企业已有超过广告费用的趋势。

（四）公共关系

公共关系是借助大众传媒等社会关系同社会公众进行双向沟通，可弥补企业自我宣传的不足，信息客观，可信度高，传达力、说服力强，影响面广而且深远、持久，有利于树立企业良好形象，优化企业营销环境；以自然随和的形式消除顾客戒备、抗拒心理，进行"软销"，不仅可以获得长期的促销效果，有时还可直接促进销售；不直接为销售付费，促销费用低。但是，针对性较差，企业很难控制传播过程，见效较慢。

因而，这四种促销方式、手段只有相互取长补短，密切配合使用，才能取得理想的整体沟通、促销效果。促销总策略包含推式策略和拉式策略，如图8-1所示。

第一种是以人员推销为主要促销手段的推式（Push）策略。它以中间商为主要促销对象，促使中间商接受企业产品，并积极向最终消费者推销。

第二种是以广告为主要促销手段的拉式（Pull）策略。它以消费者为主要促销对象，先吸引、刺激消费者产生需求，纷纷向中间商询问、求购企业的产品，中间商则在消费者需求拉动下，向企业采购产品或增加订货。不过在实际应用中，这两种总策略往往也是结合使用的。

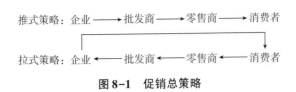

图 8-1　促销总策略

企业在选择促销组合策略和总策略时需综合考虑以下多方面因素。

1. 产品因素

消费品一般以广告为主，营业推广、人员推销为辅，但高价品人员推销也较重要；产业用品一般以人员推销为主，营业推广、广告为辅，但低价品广告也较重要。在产品生命周期的导入期以广告、公关为主，营业推广为辅；成长期以广告、公关为主，人员推销为辅；成熟期营业推广的重要性超过广告，结合人员推销；衰退期以营业推广为主。

2. 市场、顾客因素

市场范围小、规模小，购买者集中，或对于组织市场，一般以人员推销为主；市场范围大、规模大，购买者分散，或对于居民市场，一般以广告为主。分销渠道短，销售服务要求高，以人员推销为主；分销渠道长，销售服务要求不高，以广告为主。目标顾客处于购买过程的知晓、认识阶段时，以广告、公关为主；处于了解、理解、兴趣阶段时，以广告、人员推销为主；处于信任、偏爱、欲望阶段时，以人员推销为主，广告为辅；处于购买行动阶段时，以人员推销、营业推广为主，广告为辅；处于再购买阶段时，又以广告、公关为主。

3. 环境因素

环境因素包括竞争对手的状况和促销策略，法律法规、政策的限制，社会文化及舆论，沟通习惯和商业习惯，传媒发展状况与受控（受限制）状况。

4. 企业因素

企业因素包括促销目标，促销费用预算，促销队伍力量、能力和经验。

第二节　国际市场人员推销

一、人员推销的含义、任务与形式

人员推销（Personal Promolion）是指推销人员直接接触一定的推销对象（现实或潜在的顾客），在一定的推销环境里，运用各种推销方法、技术、手段，帮助或说服推销对象接受一定的观点和所推销的产品或劳务，满足其一定的需要，同时也达到推销人员本身的特定目的的活动。它是最古老、最基本的促销方式。但传统推销是以推销人员、推销品为中心，根据企业扩大销售的需要进行推销，强调现场说服，为使交易成功，往往"硬销""高压推销"，不考虑顾客需要和利益，不研究顾客对推销行为的反应，是"一锤子买卖"、短期行为，不能与顾客建立持久的销售关系。现代推销则是以顾客为中心，根据顾客需要进行推销，强调推销的双重目的，强调信息双向沟通，不仅仅是"卖"的过程，同时也是"买"即助买、导购的过程，既向顾客传递商品、服务信息，提供技术和商业咨询帮助，又积极听取、征求顾客意见和建议，并同顾客交流情感，以诚信建立友好合作关系，强调双方互利和长期利益，实行"软销""友情推销"，从而达到"双赢"效果。

现代人员推销的任务，可归纳为如下"六大员"功能。

（1）交易员。寻找、发现顾客，销售商品或劳务，开拓市场。

（2）宣传员。向顾客宣传企业及其产品，树立、维护企业形象。

（3）服务员。为顾客提供服务（包括咨询服务），解决其问题，或提供解决问题的方案。

（4）公关员。同顾客建立、保持良好关系，维护顾客合法权益。

（5）信息员。搜集市场信息，整理、保存销售记录，做出分析评价，向企业有关方面反馈信息。

（6）调度员。协调产需，分配产品，调剂余缺，化解矛盾。

现代人员推销的形式很多，如上门（走访、逐户）推销，门市（营业网点、柜台）推销，导购、陪购推销，展览（展示）推销，服务推销，会议（订货会、商务洽谈会、研讨会）推销，电话推销，个人（一对一或一对群）推销，集体（群对群）推销，直接推销（企业人员直接出面推销），间接推销（企业利用第三者、社会关系，如名人、专家助销），连锁推销（企业利用消费者自建的多层次网络传销）。

二、推销人员的组织与管理

人员推销活动的基本要素包括推销人员、推销对象、推销产品、推销手段、推销环境等。推销人员是人员推销活动的主体，包括进行销售联系和达成交易的企业内勤、外勤销售人员，如推销员、外部订单收取员、营业员（柜台售货员）、导购员、销售经理、市场业务代表、技术顾问、销售工程师、送货员、维修人员、服务人员、解决某些突击性任务的人员。推销人员既可以是专职人员，也可以是兼职人员；既可以是企业内部人员，也可以是企业外部人员。

推销人员的规模即数量应合理确定。确定的方法有：销售额（销售能力）法——根据每人推销能力、人均销售额来确定；工作量法——根据每人应完成工作量、人均工作负荷来确定；边际利润法——根据人员增加带来的边际（增量）利润来确定。

例 8-1：某个国际企业有 A、B、C 三类顾客，数量分别为 80 人、120 人和 300 人；各类顾客的年访问次数分别为 60、40 和 10。假设每位推销人员平均每年访问次数为 600，则该企业需要的推销人员数量是多少？

解：推销人员数量＝（80×60+120×40+300×10）/600＝21（人）

推销团队的组织结构有以下四种可供选择的形式。

（1）区域（地区）型。按地理区域范围分派，适用于企业产品组合宽度较窄、深度较浅、密度较高和市场差异较小的情况。

（2）产品型。按产品类别分派，适用于企业产品组合宽度较宽、深度较深、密度较低、技术性专业性较强和市场差异较大的情况。

（3）顾客型。按目标顾客类别分派，适用于不同类别顾客需求差异较大而同类顾客分布较集中的情况。

（4）复合（混合）型。以上两种或三种形式的复杂组合，可在整个企业实行完全组合，也可在企业的一部分或几部分实行部分组合。

推销人员的管理包括招募、选拔、培训、使用（委派）、督导（监督、指导）、控制、考评、报酬、激励等一系列工作。

现代企业对推销人员的素质要求较高，一般包括以下几个方面。

（1）成熟的心理素质。具有强烈的事业心、进取心、责任感，广泛的兴趣，积极、乐观、稳定的情绪，坚定的意志，不屈不挠的毅力，强烈的服务、竞争、信息、时间、创新意识，对职业、对产品、对企业、对顾客、对自己均有充分信心，能自重、自省、自警、自律。

（2）出色的推销能力。富有观察、分析、判断、理解、记忆、想象、创造、交际、表达、说服、决断、应变等能力。

（3）丰富的推销知识。精深的企业、商品、用户知识和市场营销知识，广博的法律、社会、心理、科技等知识。

（4）良好的职业道德。自觉守法、守纪、守信、守时，待人真诚、热情、谦恭，工作认真、勤勉、仔细，任劳任怨。

（5）文明的仪表风度。衣着整洁，修饰得体，言谈文雅，举止适度，亲切友善，平易近人，大方稳重，有条不紊。

（6）健康的身体状况。

对国际推销人员还要求有良好的外语能力，熟悉外国社会、文化。

不过，在招募、选拔、培训、考评推销人员时，还是应从实际需要出发，制定适当的标准，不要盲目求高、求全。

推销技能是一门特殊艺术，并非与生俱来，必须注重培训与实践。培训方法主要有课堂教学、模拟实验和现场训练。初步培训合格后方能上岗，上岗后还要继续强化培训，不断提高技能。虽然培训需花费大量时间、金钱，但事实表明，训练有素的推销人员所增加的销售业绩往往比培训成本大得多。

应合理安排推销人员的岗位和工作任务，并通过严格的记录、报告制度加强对他们的监督和指导，以规范推销行为，提高推销效率。应经常或定期进行考评。考评指标应包括直接和间接的推销效果指标，定量和定性的指标。考评方法包括横向（人员相互）比较评价法和纵向（个人历史）比较评价法。

对推销人员计付报酬的方法主要有薪金制、佣金（提成）制及混合制三种。报酬应当既具有公平合理性，又具有激励挑战性，才能调动、保护推销人员的积极性。激励手段包括物质奖励和精神鼓励两方面，应当综合运用。

第三节　国际市场广告

一、广告的含义与作用

（一）广告的含义

市场营销学研究的广告是狭义的广告，即商业广告，是指商品经营者或者服务提供者以促销为目的，以目标市场公众为对象，以承担、支付费用方式，有计划、有控制地通过一定的媒体和形式，公开、广泛、直接或间接地介绍自己所推销的商品或所提供的服务，传播自己的观念、形象等信息的非人员自我宣传活动及其手段。

广告活动包括以下四方面参与者。

（1）广告主。为促销商品、服务而承担费用，自行或委托他人设计、制作、发布广告的法人、其他经济组织或个人，即广告信息传播的发起人。

（2）广告经营者。受委托提供广告设计、制作、代理服务的法人、其他经济组织或个人，亦即广告代理商。

（3）广告发布者。为广告主或广告主委托的广告经营者发布广告的法人或其他经济组织，亦即广告媒体企业、机构、单位。

（4）广告对象。广告信息的潜在接收者，即目标受众。

广告活动还包括五个要素（5M）：广告媒体（Media）——传递广告信息的工具、形式，包括广告主自控媒体和公共的大众媒体；广告信息（Message）——广告主所要传播的内容；广告使命、任务（Mission）；广告经费、费用（Money）；广告效果测定、度量（Measurement）。

（二）广告的作用

广告的作用包括：传递信息，沟通产需，加速流通，刺激需求，促进销售，开拓市场；介绍知识，指导消费，美化环境，丰富生活，教育公众；塑造企业形象，提高企业声誉，促进企业竞争，活跃市场经济。广告不仅有明显的经济意义，还有深远的社会意义。现代广告不但已成为企业的主要促销方式、手段之一，而且已成为社会生活不可或缺的一个重要组成要素。它构成一种商业文化，是社会机能的润滑油、催化剂，是改变公众观念、引导时尚潮流的导航者，是精神文明的建设者。广告业日益成为知识、技术、人才密集的高新技术产业，具有发展前景的事业。

现代和未来不能没有广告，但广告也不是万能的。广告并不能无中生有，只能锦上添花；并不创造财富，只是加速流行。广告不能代替产品质量，也不能代替企业营销组织和方法，不能构成企业的核心能力，不能创造市场容量和购买力，不会形成稳定的顾客价值。单凭广告造不出名牌企业。另外，广告是一把"双刃剑"。现代信息社会是"注意力经济"，广告过多，会使信息密度增加、信息超载、信息过剩，信息过于丰富会造成过大的信息压力，超过人们注意力的负荷，引起注意力涣散、下降，视觉、听觉疲劳，单个信息效率降低，广告边际效用递减，而虚假广告则有害无益。故无限夸大广告的作用也不妥。

二、广告的种类

广告按目的和内容可分为：战术性广告（"硬广告"），即推销广告，包括商品、服务广告；战略性广告（"软广告"），即企业营销广告，包括企业形象、企业观念广告和企业公关广告。

广告按具体作用、目标可分为：介绍、报道性广告，劝说、说服性广告，提醒、提示性广告；产品认知广告，品牌显露、"创牌"广告，企业竞争、"保牌"广告，品牌强化、"扩牌"广告；速效、直接行动广告，迟效、间接行动广告。

广告按适用范围、传播覆盖地区可分为全球性、国际性、全国性、区域性、地方性、售点广告。

广告按诉求方式可分为理性诉求、道德诉求、感性诉求广告。

广告按具体表现形式可分为音响、灯光、图文、气味、云雾烟幕、实物、标牌、演示活动广告。

广告按具体媒体可分为：印刷广告，包括报刊、图书广告，直接邮递广告，包装广告，礼品广告，以及其他印刷品（如传单、招贴、地图、挂历台历、车船机票、门票、奖券、邮票等）广告；电子广告，包括电视、广播、电影、录像、幻灯、碟片、电子显示屏、电话、手机短信、彩信、寻呼机广告，计算机网络广告；售点广告；户外广告；流动广告，包括交通工具广告，广告车、飞艇、气球，广告宣传队，节目主持人、演员、运动员的着装广告及道具广告。

三、广告活动程序与策划

广告活动的一般程序是：市场调查与预测；制定广告战略，确定广告目标；制定广告策略和广告计划；决定广告预算；选择广告媒体或广告代理商；广告设计、制作；广告实施、发布；广告效果调查、测评、总结、反馈。

广告策划即按程序对广告活动全过程各环节进行运筹、规划设计，编制广告计划，包括广告调查计划，广告目标、任务、对象、内容计划，广告地区、时间、时限、频率、进度、媒体、预算计划，广告实施、控制计划。它是广告活动的核心内容，应遵循合法性、整体性、效益性、针对性、适应性、团队性等原则。

广告目标有经济目标和信息目标。前者包括提高销量、增加销售收入和降低广告费用、增加盈利；后者包括提高传播效果和提高行为效果（受众对广告反应）。选择目标应合理、可行，符合企业发展战略规划及迫切需要，符合产品定位，符合公众状况；宜单一，不宜多元化。可用"6M"法来定目标，即综合考虑商品（Merchandise）、市场（Market）、动机（Motive）、信息（Message）、媒体（Media）、效果测定（Measurement）。例如，考察产品生命周期，若处于导入期或成长前期，应做开拓期广告，即报道性广告，以创造需求、开拓市场；若处于成长后期或成熟期，应做竞争期广告，即说服性广告，突出差别化、多样化，以指导选择、争夺市场；若处于成熟末期、衰退期，应做维持期广告，即提示性广告，以维持需求，保护、压缩或转移市场。

广告预算是广告计划对广告活动费用的匡算，是广告资金使用计划。广告费用可分为：直接广告费用（设计、制作费和媒体租金）、间接广告费用（企业广告部门管理费用、人员工资等）；自营广告费用、他营广告费用。一般而言，他营广告费用比自营广告费用节省，使用效益也更好；应尽量压缩间接广告费用，提高直接广告费用的比例。

对一个企业来说，广告费用既不是越少越好，也不是多多益善，当市场占有率随广告费用增加而提高到一定程度后，广告投入的边际效用会递减。

如果从纯经济学角度分析，最优广告费出现在增加一单位货币广告费的边际收入恰等于产品需求价格弹性值的场合；若大于该弹性值，应增加广告费；若小于该弹性值，则应减少广告费。但实际上，在确定广告费用总额及按不同广告职能、媒体、地区、时间、商品、对象分配费用时，还需考虑产品、顾客、竞争、环境、媒体、信息传播、企业自身等多方面因素影响。一般费用较多或应当较多的情况有：产品生命周期的前两个阶段；需求季节性强的产品在旺季中和旺季前不久；替代性强的产品；销量较大、利润率较高的产品；市场范围广、规模大；顾客对产品、企业不了解、不熟悉、不信任、不忠诚；竞争者多，竞争激烈；经济不景气，市场疲软，商品滞销；租用大众传媒而非自用媒体；信息干扰大；广告次数多、频率高、时间长；企业经济实力较强。

广告设计、制作和发布均可委托广告代理商。选择广告代理商的标准是：经营范围适合、规模适当，符合企业广告目标要求，资信、声誉好，实力强，管理严，富有责任感，创造能力强，专业知识、经验丰富，广告质量高，与媒体协作关系好，收费标准与方式合理。

广告效果是广告主最为关心的问题。测定、评价广告效果不仅有助于密切广告代理商与广告主的关系，而且有助于修改、完善广告计划和广告设计、制作。溯评时应坚持有效性、可靠性、相关性原测，以科学、有代表性的结论切实解决问题。测定方法有：实验测试法、实地调查法、心理测定法、社会效果测定法。评价方法有；传播效果（包括传播过程和传播结果）评价法和销售效果评价法。

四、广告媒体选择

选择合适的媒体（包括媒体种类和具体媒体、媒体单位）是提高广告效果的关键所在。只有把有限的广告费用合理地分配到适当媒体中，才能以小的投入获得大的产出。

现代可供投放广告的大众媒体和非大众媒体的种类越来越多，除了号称四大传媒的报纸、杂志、广播、电视外，还有邮递、户外、售点、网络等媒体。它们按内容可分为综合性（一般）媒体和专业性（分类）媒体；按使用者可分为通用媒体和专用媒体，自用媒体和租用媒体，公共媒体和个人媒体（博客、MSN、QQ等）；按使用时间可分为长用媒体和暂用媒体。选择媒体种类必须考虑媒体优缺点和适用范围。

（一）报纸

报纸的优点是：传播面广，覆盖率高（尤其全国性大报）；传播较快，时效性强（尤其日报）；有新闻性，可信度高；对目标市场（地区和读者）选择性好，针对性强，读者较稳定（尤其地方性和专业性报纸）；可读性好，便于重读、细读，可剪贴保存；版面编排灵活，广告制作简便，成本低。报纸的缺点是；内容杂，易分散注意力；广告寿命——有效时间、保存时间短，重复出现率较低；广告制作形式受限制，表现方法简单、单调，仅视觉、静态表现，印刷往往不够精致。适用于地区性、季节性商品，日用消费品、书刊等广告。

（二）杂志

杂志包括期刊和不定期刊物。其优点是；对目标市场选择性好，针对性强（尤其专业性杂志），读者专一、稳定；有权威性，可信度高；广告有效时间、保存时间长，重复出现率高，便于查阅、细读、重读、携带、转借，信息利用充分；版面整齐，广告集中（如封面、头条），印刷精致，易引起注意；竞争干扰小，读者文化层次较高（尤其专业性杂志），易接受开拓型广告。其缺点是：传播慢，时效性差（尤其出版周期长的杂志）；传播面不够广（尤其专业性、地方性杂志）；篇幅受限制，版面位置选择性差；广告仅视觉、静态表现，不够灵活。适用于产业用品，专业性、技术性强的商品的广告。

（三）广播

广播包括无线电台、有线广播台，广播车。其优点是：传播快，时效性强；传播面广

（尤其是较大电台）；地理选择性好，适应性、移动性强，可边做事边收听，不受时空限制；有现场感、亲切感，较通俗易懂；可多次重复；广告制作简便，改动容易，成本低。其缺点是：对听众选择性、针对性差，盲目性大；广告有效时间短，不易记忆、保存；广告创作形式受限制，表现力差，单调，无视觉形象，听众注意力不如电视。适用于使用方法简单的商品、日用消费品、药品、保健品等广告。

（四）电视

电视包括无线电视、有线电视，移动电视（非互动电视）。其优点是：传播快，时效性强；传播面广，覆盖率高（尤其是较大电视台，卫星电视）；地理选择性好；综合视听觉、静动态，表现力最强，方法灵活多样，最接近面对面传播，受众易受感染，易理解，可信度高，效果最好；可重复播放。缺点是：对目标市场选择性、针对性差；竞争者多，干扰大；内容杂，容易分散注意力；广告有效时间短，不易保存；广告制作复杂，成本高。适用于服装、美容化妆品、电器、食品、影剧及使用方法较复杂的商品的广告。

（五）邮递

邮递广告是指直接邮寄递送商业信函、商品目录、样本、说明书、订单、调查表、明信片、贺卡等。其优点是：对目标市场（地区和顾客）选择性好，针对性强，对象可自由选择、控制，不受时空、形态限制，灵活性大；一对一的人性化接触（尤其商业信函）有亲近感、人情味；可读性强，提供信息全面；单线联系，可避开竞争者视听，也不受竞争者广告影响；反应快，效果清晰可见；制作简便，可租用顾客姓名地址库资料，投递迅速，成本较低。其缺点是：影响面窄，可信度较低，如果盲目邮寄或不看反应重复邮寄则会成为"垃圾邮件"，浪费大。适用于专业性、技术性强的商品及小企业产品的广告。

（六）户外

户外媒体广告包括在露天或公共场所、设施设置的旗帜、条幅、展示牌、电子显示装置、霓虹灯、灯标灯箱、招贴、塔柱，充气物、模型、雕塑、花篮、花草图案以及交通工具、水上漂浮物、升空器具等广告。其优点是：地理选择性好，易引起注意；灵活，可反复宣传，有效时间长；竞争者少，竞争者不容易做对抗性广告；成本低。其缺点是：无法选择对象，广告针对性差；信息容量小，表现形式有局限性；受场地、环境限制，还常受法律法规和社会舆论限制（因容易影响交通、市容）；影响面窄。

（七）售点

售点媒体包括店铺内外的橱窗、牌匾、门面、柜台、货架、梁柱、墙面、地面、顶棚、空中吊挂广告，以及模特、导购员、营业员着装和演示活动广告。优点是：默默推销，吸引顾客，诱导购买；成本低，表现力强；有效时间长。缺点是：传播面窄，如果店面小、较拥挤，会影响效果和销售。

（八）网络

网络包括联网的计算机和手机（移动互联网）、PDA（个人数字助理）、IPFV（互动电视，交互式网络电视）等网络通信终端。其优点是：具有双向沟通性，使受众享有最大的信息接收自由（其他媒体受众被动接受信息），可随时查询、直接交易，顾客享有选择、控制广告信息的主动权、主导地位；对目标市场选择性好、针对性强，个体沟通代替了大众沟通，企业可取得目标信息，便于开展个性化、一对一的数据库营销；传播快，时效性强；信息容量大，内容详尽、具体，不受版面、时间限制；全球联通，传播范围最广；多媒体综合，表现力最强；形式多样；信息易保存，易更新；能对广告效果进行即时、精确的测量、统计；成本低。其缺点是：目前受众还不够普遍，基本局限于年纪轻、有计算机知识的群体。

即使同一类媒体，具体媒体和拥有媒体的单位也千差万别。广告主和广告代理商都必须对媒体进行认真细致的调查和筛选。选择媒体应考虑的因素有：企业广告目标、要求，广告设计制作、监督控制、费用支付能力；广告商品的性质、用途、性能特点；广告对象接触媒体的习惯；媒体自身性质、特点、地位、作用、目标，传播范围、数量（接触人数和有效接触人数）、质量（声誉、表现力、影响力），传播速度、频率、次数、连续性、时间性，受众对媒体的态度，使用媒体费用（绝对费用与相对费用）；媒体资料的完整性与可信度；有关法律法规、政策和社会文化环境（如对媒体可用性的限制）；广告竞争状况与竞争者的广告策略。

媒体选择的原则是：效益第一；与广告目标一致；与市场、社会环境相适应；媒体形式服从广告内容；科学优化，按传播规律和公众心理行为规律，尽可能选择针对性强、覆盖面广、送达率高、重复率高、展露效果好、有权威性、相对费用低的媒体。

选择媒体的方法有：按目标市场选择；按产品性质选择；按产品使用者选择；按受众认知记忆规律选择；按广告预算选择；按广告效果选择。一般应选择多种媒体而非单一媒体，形成多层次、有主次、互补、协调的媒体组合和综合传播体系，可扩大传播范围，既涵盖所有广告对象，又突出重点对象，增强广告活动的整体效果。

五、广告策略

（一）广告定位策略

广告定位是市场定位战略在广告活动中的具体运用，是首要、决定性的广告策略，是广告主根据本企业产品对顾客的特殊优势，通过突出产品符合顾客心理需求的个性特点、优点，确定产品的基本品位和在市场竞争中的位置，加深顾客对产品的印象，并以此作为广告内容（诉求范围和重点）的策略。广告定位可分为针对产品的实体定位和针对顾客的心理定位。实体定位包括功效、品质、造型、包装、商标、价格、服务、历史、利益等定位。心理定位包括：宣传本企业产品在竞争中地位的方向性观念定位（又可分为突出优点的正面定位和主动揭短、承认不如竞争对手、做出赶超表示的逆向定位）；宣传本企业产品同竞争者名优产品差别的差异性观念定位，即表明"不是……，是……"的是非定位。例如：雅芳的"比女人更了解女人"，宝马的"驾乘乐趣，创新极限"，上海通用别克的"心静，思远，志在千里"。

（二）广告时间、频率安排和宣传方式策略

做广告要根据需要选择适当的时机（如举行重大活动、发生重要事件时，节假日、消费季节、每日黄金时间）适当的频率（一定时期内重复次数）和有效的宣传方式，如：时令商品，可做季节性、间断性宣传，在旺季里和旺季将临时做广告或多做广告，旺季一过即不做或少做广告；处于产品生命周期不同阶段的产品，可做阶段性宣传，利用不同的媒体组合，分阶段做不同内容的广告；在新产品、流行商品上市，新企业开张的前后及市

场竞争激烈时和产品销量急剧下降时，可做集中性、密集性宣传，即集中于一时、一地，利用各种媒体的密集组合，滚动发布创意、语言、形象均类似的主题集群广告，实施"突击轰炸"，形成强有力的广告攻势；若为使公众逐步加深印象、保持记忆，逐步提高企业、产品知名度，可做连续性、均衡性宣传，即利用一两种媒体，经常、持续不断地反复宣传（不过不要长期重复完全相同的内容，应有变化，频率也不要绝对平均，应疏密有致，以免单调）。

频率安排的方式有：固定频率，即均衡、水平式，按时限周期均匀发布；变化频率，包括递升式、递降式和交替（波浪）式。频率过低不易记忆，但过高也会有负面影响。一般而言，购买频率高，新买主出现的速率——"买主周转率"高，广告频率也应当高。另外，根据"先快后慢"的遗忘发展规律，广告频率应当前期高、后期低。

（三）广告费用安排策略和广告地域策略

广告费用安排方式根据不同销售状况有：顺周期——费用与销售额成同向变化；逆周期——费用与销售额成反向变化；恒定——费用不随销售额变化而保持不变。

广告地域策略有：稳定占有（一定地区）策略，（向周围地区）重点扩散策略，（在不同地区）灵活机动策略。

（四）系列广告策略和公关广告策略

系列广告策略是在广告计划期内连续、有序地发布有统一设计形式或内容的一系列广告，包括形式系列、主题系列、功效系列、产品系列等广告，以不断加深广告印象，增强广告效果。

公关广告是公关活动与广告活动的有机结合，是立足于公共利益，着眼于企业长远利益，旨在沟通、融洽与社会公众的关系，宣传、树立企业的良好形象，增进公众对企业的信赖和支持，营造最佳舆论环境的广告，是比商品广告受众面宽广得多、亲和力强得多、宣传方式含蓄得多、意义深远得多的"软广告"，在现代各国日益受到重视和经常运用。

从内容看，有报道有关事件的记事广告，宣传企业历史、现状的组织广告，宣传企业宗旨、目标、理念、实力、声势、信誉的创誉广告，树立或改变企业形象的形象广告，针对社会、政治、思想等问题，通过大众传媒表达信念、谋求支持的意见广告，宣传有益于公众、社会的观念，提供公共服务的公益广告，影响政府、社会团体、专业人士并通过他们去影响公众的影响广告。

从形式看，有四大传媒广告，邮递广告，户外、流动广告，企业报刊传单的散发性广告，企业集会活动的现场广告，企业内容进入邮票和邮资封、片的广告，等等。

（五）国际广告策略

做国际广告比做国内广告需考虑的因素更多，如语言文字障碍、社会文化环境差异、广告媒体构成及可用性（不少国家对广告媒体或广告时间、广告内容、广告商品种类等有不同程度的限制）。根据产品在不同国家的需求是否相同，顾客特点是否类似，广告对不同国家有关法律法规的适应性，外销品的广告形式可选用标准化策略或差异化策略，或者在内销品广告的基础上直接延伸、不做改变，或者做适当改变，甚至完全创新，即重新设计。对国际广告的控制，可选择高度集中管理方式或分散管理方式，也可按广告职能的不同，分别采取分散或集中的管理方式。

六、广告设计的要求

现代广告是在现代营销观念和企业形象战略、名牌战略的指导下，在营销调研基础上，以市场、社会需要为中心，以服务性、创造性、责任心为行为准则，以事实为依据，以整体性、战略性的广告策划为主体，充分、有效地运用现代科技知识和多样化的创作、表现方法，准确、及时、巧妙地传递信息，着眼于开拓潜在市场，塑造良好的产品、企业形象，改善经营环境，改造不良需求，培养文明进步需求，倡导新的生活方式，推动社会经济健康发展的系统化、艺术化、意境化的营造广告文化的活动与形式。现代广告已普遍纳入法制管理。国家对作为特殊商品的广告的法制管理，包括对广告内容的管理（如广告发布前审查、事后监督），广告宣传方式的管理（如禁止或限制某些商品的广告或广告方式）；国家对作为特殊行业的广告业的法制管理，包括对广告经营者资格和广告经营行为的管理。

（一）广告设计的基本原则

1. 真实性

广告信息的本源是事实，事实第一性，广告第二性，广告必须符合事实。广告的真实性包括广告内容、广告形式、广告传达及广告给受众的总体印象都必须是真实的，即与事实一致，与非广告信息（如新闻报道、官方报告）明显地相区别，能使人正确理解，并能了解广告的真正意图，不致误解，而且必须全面，不能隐瞒事实，不能以局部真实代替全部真实，绝不可制造"广告陷阱"，欺骗、误导公众。

2. 合法性

广告必须符合广告法及有关法规、政策的规定。如：不得做比较性广告，包括直接对比广告和间接对比广告（使用最高级、最佳等用语的广告），不得贬低、怀疑、诽谤其他经营者及其产品，夸大别人同自己的差距；不得使用国家机关、党政军工作部门的名义（含简称）；不可主观叙述产品优点而实际、客观上不能证实，推荐语必须有事实依据并能提供有效证明；承诺、保证不能含糊不清，必须守信、负责；药品、农药、医疗器械、食品、化妆品等广告不得含有不科学的表示功效的断言或保证；不得鼓励、提倡、引诱吸烟、酗酒等。

3. 思想性

广告既是经济活动，也是意识形态、文化活动，应代表和启发社会良知，促进社会文明进步，绝不可制造"广告污染"（包括精神污染、政治污染、文化污染、环境污染）。广告内容应健康、高雅，有知识性、教育性。

4. 艺术性

广告是信息传递的综合艺术，要用艺术形式表达广告内容，以创造性、智慧性、奇特性、趣味性、生动性、变化性、及时性、通俗性来吸引现代人们有限、稀缺的注意力，防止"审美疲劳"，既晓之以理，又动之以情，使人喜闻乐见、一见倾心，达到和增强广告效果。

5. 科学性

广告也是一门科学，广告设计必须依据科学的原理，按照科学的程序进行。

（二）广告设计的具体要求与技巧

好的广告应做到："3I"——信息量充足（Information）、有趣味（Interesting）、有足够的影响力（Impact）；"5C"——传达信息清楚（Clear）、正确（Correct）、完整（Complete）、简明（Concise）、富有建设性（Constructive）；"5P"——能解决问题（Problem），有创新、改进（Progress），令人愉悦（Pleasure），重信誉、承诺（Promise），有潜在推销力（Potential）。

广告作品有五个要素：主题、创意、文案、形象、衬托。其中，主题是核心灵魂。创意是关键，文案是基本内容，形象和衬托则是强化。

设计广告主题必须为广告目标服务，应明确、鲜明、简洁、凝练、单一，重点突出，诉求集中，形成单纯的诉求点、焦点；应新颖、深刻，符合实际，具有针对性、时空适应性（时效性、地域性），因人、因时、因地制宜，投其所好、避其所忌，追踪"热点"，抓住有利时机。

创意即构思，是为表现广告主题而塑造广告艺术形象的创造性思维过程。要充分运用想象、联想、形象思维，按现实主义与浪漫主义相结合的原则进行艺术创造，做到别具一格，富有典型性、权威性、民俗适应性，富有吸引力、亲和力、感染力、说服力。例如，"车到山前必有路，有路必有丰田车"；又如"回力双钱，大众通用"。广告允许艺术性幻想与夸张。例如，曾传诵一时的"白丽"美容香皂广告语"今年二十，明年十八"。但是要反对社会效果不良的"过度创意"。创意的优劣直接影响着广告效果。

广告文案即广告语文，包括广告标题和正文。设计标题要求简明扼要，内容具体，个性独特，引人注目。设计正文要求重点突出，清晰准确，简明易懂，生动有趣，节奏明快有力，形象鲜明别致，有感染力；应突出宣传商标，而不应只突出宣传产品名称或企业领导人、获奖证明等。例如："雀巢咖啡，味道好极了！""麦氏咖啡——滴滴香浓，意犹未尽；好东西要和好朋友分享。"

广告体裁有多种，如布告体、格式体、简介体、新闻体、问答体、论说体、证书体、小说体、诗歌体、戏剧体、幽默体、画面体、书法体等。广告表现手法也有多种，如明言直说（直陈、写实，正面或全面叙述），含蓄暗示，对比衬托，借用比喻，借题发挥，以小见大，运用、激发联想、想象，选择利用权威、偶像，谐趣模仿，现身说法，直接展示，示范，文艺表演等。

为强化广告效果，根据广告心理，可选用的方法有：增大刺激度——很强的声、光、色、形、态等；增大反差对比；突然变化——突然改变速度、频率、亮度等；一反常态——采用不同凡响或有悖常规的形式；安排悬念；动态捕捉——将媒体作空间移动以捕捉人的视线；时空集中——整版、成排、成套；利用直观——实物直观、模拟直观和语言直观；适度重复变化——重要内容重复，同一媒体上重复，不同媒体上重复，重复中有变化。

第四节　国际市场营业推广

一、营业推广的含义与形式

（一）营业推广的含义

营业推广（Sales Promotion，SP）又称为销售推广，是在特定时间内直接、强烈、迅速地刺激特定对象，提高其积极性，促使其立即做出反应，从而迅速增加特定产品或服务的销售量的各种特别促销手段、措施、工具的总称。它是在卖方竞争激烈的情况下常用的一种极富创造性、刺激性、速效性的营业性宣传和推销方式，配合人员推销和广告、公关促销，可取得更好的效果。但它的促销效果会有三种情况：推广期结束后，销量恢复正常（短期效果）；销量比平时上升（长期效果）；销量比平时下降（不利效果）。光靠营业推广不可能建立品牌忠诚，不可能挽救产品衰退。对名牌产品应谨慎使用，也不宜对同一产品频繁使用同一策略。

（二）营业推广的形式

1. 针对消费者的营业推广形式

针对消费者的营业推广形式包括赠样品（原产品或特制小包装），赠礼品，"特价包"（Price Packs），"酬谢包"（Bonus Packs）（"加量不加价"，增加的为"酬谢品"），派发、刊登、邮寄折价（抵用）券、优惠券，发放会员卡、贵宾卡，以交易印花、积分卡或包装物兑换商品或赠品、奖金，保值销售，有奖销售（当场摸奖或定时抽奖），"免费销售日"（若在抽中的"幸运日"购物则全额还款），有奖文体比赛或知识竞赛，限时"抢拿"商品游戏等。

2. 针对生产者的营业推广形式

针对生产者的营业推广形式包括赠品、免费试用、折扣、提成、互惠销售、特殊服务等。

3. 针对中间商的营业推广形式

针对中间商的营业推广形式包括折扣、推广津贴、免费货品、赠品、促销资助或合作、协助经营、提供商情、举办销售竞赛等。

4. 针对推销人员的营业推广形式

针对推销人员的营业推广形式包括销售竞赛、奖金、奖品、奖励旅游等。

二、营业推广方案的制定

（一）确定对象及目标

应选择能对推广方案做出最强烈反应的作为具体推广对象。

1. 对消费者和生产者推广的目标

对消费者和生产者推广的目标包括：刺激老顾客多买、新顾客试用；争夺其他品牌的顾客；对付竞争者的营业推广活动。

2. 对中间商推广的目标

对中间商推广的目标包括：刺激其多进货、多存货，尤其季节性商品在淡季多买；鼓励其持续经营、协助企业营销，巩固经代销关系，提高忠诚度；吸引新中间商加入企业分销渠道网络。

3. 对推销人员推广的目标

对推销人员推广的目标包括：激励其多推销新产品、支持企业新产品开发；努力推销过季、积压商品。推广目标应当明确，且不宜多，以 1~2 个为限。

（二）确定范围和规模

范围可以是目标市场的一部分或全部，范围大小要适当，规模大小也要适当，必须考虑预算，进行费用—效益分析。

（三）选择具体的推广形式、工具

在充分考虑产品类型、产品生命周期阶段、市场环境（法律法规、政策、文化习俗）和市场竞争（竞争者营业推广策略、竞争者可能的反应）等因素的基础上，选择具体的推广形式、工具，确定刺激的幅度和强度（可相同强度，也可不同强度）。

（四）确定营业推广的时间、期限和时机

营业推广的时间、期限和时机，均须适当。持续时间不能太短，也不能太长，一般应与平均购买周期相当。营业推广方案须经试验合适后方可实施。

例如，某企业为单价 10 元/件的某种商品，制定了如表 8-1 所示的两种促销方案。

表 8-1　两种促销方案对比

方案	方案细则	企业	顾客
方案 1（价格折扣）	买 10 件，价格打 9 折	卖出 10 件，收入 90 元	9 元/件
方案 2（营业推广）	买 10 件，送 1 件	卖出 11 件，收入 100 元	9.09 元/件

显然，方案 1 对顾客有利，而方案 2 对企业有利。

第五节　国际市场公共关系

一、公共关系促销的含义与内容

（一）公共关系促销的含义

公共关系（Public Relations，PR）简称公关，有静态、动态和广义、狭义之分。静态公关是指社会组织面临的社会关系的客观状态；动态公关是指社会组织为改善自己的社会关系状态，取得与环境的相互适应和协调平衡，面向公众——同该组织有关系、受其影响，也对其发生影响的团体与个人，自觉、有计划、系统地运用传播手段、技术、策略开展的各种具有社会意义的活动。这些传播活动从低层次到高层次依次是：信息发布、交

流、分享活动，满足情感的活动，影响态度的活动，引起行为的活动。自 20 世纪初美国出现现代公关活动后，30 年代尤其 50 年代以来，公关活动迅速普及化、规范化、职业化、行业化，成为各类社会组织的一项重要管理职能。与此相适应，公共关系学作为一门独立的科学也应运而生。

不过这里公共关系是狭义的，仅指以企业为主体、以营销为目的的公关，并且特指作为促销方式、手段之一的公关。企业营销公关是企业为协调与内外公众的关系，促进相互了解、适应，取得公众对企业的理解、谅解、认可、信任、支持、配合、合作，树立、维持良好的企业形象，提高企业声誉，为企业营销和自身事业发展营造"左右逢源"的"人和"环境，有意识、积极、持久地进行的全方位的沟通活动、科学管理活动，是"关系营销"战略的具体实施。

（二）公共关系促销的内容

公共关系促销的内容包括：日常事务性公关（日常会议、文书、接待、公务谈判等）；宣传性公关（公关广告、新闻报道、展览、演讲等）；征询性公关（采集社会信息，征求公众意见，如舆论调查、民意测验、信访、热线电话等）；服务性公关（提供各种优质、优惠服务）；交际性公关（礼节性、情感性人际交往，如聚会、游乐活动）；社会性公关（以企业、地区或全社会为中心的社会性专题活动、公益活动）。

公关促销就是合理选择、巧妙利用公关宣传手段与社会活动形式以实现企业的促销目标。其工作形式被营销学大师科特勒饶有趣味地概括为"PENCILS"，即发布、出版（Publication），策划、利用事件宣传（Event），新闻（News），社区关系（Community Relation），确定媒体（Identify Media），游说、疏通（Lobby），社会公益营销（Social Cause Marketing）。

二、公共关系促销的方法与策略

（一）公共关系促销的方法

公共关系促销的方法有：编写新闻稿，向大众传媒投稿或提供新闻线索，召开新闻发布会、记者招待会；举办演讲、报告会、经验总结交流会、研讨会、展览会；开放企业，邀请公众参观；编制、出版或派发宣传品（企业报刊、简报、年报、声像图文资料），布置宣传栏、陈列室；策划、制造新闻事件，以引起轰动效应，吸引大众传媒采访报道；组织或参加社会公益活动，进行免费咨询服务，举行义卖、捐赠——无偿资助教育、科研、卫生、慈善等事业，实施赞助——为获宣传效果而向体育、文艺、社团活动提供资金支持；举办庆典、纪念会、晚会、招待会、知识竞赛、文体比赛、文艺演出、游览娱乐活动；与社区公众对话，向政府和社会团体进行游说、策动，争取支持；利用企业视觉识别（VI）系统各种识别标志进行宣传；利用顾客、专家、名人的"口碑效应"代为宣传等。

这些活动显然不同于营业推广和广告，不是直接向公众推销产品、急功近利的商业行为，也不是以公开、直接付费方式利用大众传媒向公众单向传播企业信息，要受众注意、接受、服从企业观点的商业性宣传，而是"推销企业""讨公众喜欢"，建立、取得"公众信任、公信力"，促成对企业有利的公众舆论，注重"得道多助"的长期效应的行为，是积极协助大众传媒，向它们提供新闻线索，再由它们自主判断、决定的前提下，争取由它们做出对企业有利的宣传报道，使企业及产品获得经常在新闻中露面的机会，而企业无

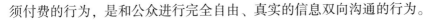

须付费的行为，是和公众进行完全自由、真实的信息双向沟通的行为。

（二）公共关系促销的策略

公共关系促销在不同时期应有不同的目标和内容，但都必须坚持以下原则：满足公众对企业的正当要求，与公众利益保持一致，把社会效益即企业与公众根本利益的总和置于首位，既要对企业负责，也要对公众负责；不搞庸俗、不正当关系；以企业不加修饰、夸张的真情和良好的实际行动作为与公众沟通的基础；宣传要站在公众立场而非企业立场，不能强制，而且要有节制；企业全员公关，齐心协力，持之以恒。

公共关系促销在不同的关系状态下应选择不同的策略。

1. 建设策略

大规模、高密度地利用各种媒体尤其大众传媒对外宣传企业，开展各种吸引公众的活动，以求短期内提高企业知名度，树立企业良好形象，开创公关新局面。

2. 维系策略

以较低姿态，或"硬"或"软"（目的具体或不具体）的形式，通过日常公关活动，持续不断地向公众传递企业信息，不留痕迹地塑造企业形象，使公众潜移默化地增强对企业的认同和好感，使企业良好的公众关系得以维持、巩固和发展。

3. 进攻策略

当企业目标与外部环境发生某种矛盾冲突时，以攻为守，积极主动地影响、改造环境，抓住有利时机、条件，调整决策，减少、消除造成冲突的因素，改变不利局面，创造新的环境。

4. 防御策略

当企业与公众的关系出现某些发生摩擦的预兆时，或企业为防止关系失调，防止企业形象事故，及早采取防治堵漏措施，以适应环境变化和公众要求。

5. 矫正策略

当关系失调、企业形象严重受损时，进行危机处理，由企业指定的公关人员作为独家发言人，"以一个声音对外"，抢先公开报道事件，同时让员工知情，针对原因做好善后工作，尽量控制、缩小影响面，努力改变被损害的形象，及时挽回企业声誉。

本章小结

促销是指企业为实现与顾客的顺利沟通和交换，有效达到营销目标，主动、积极地适应顾客需要，通过各种途径，运用各种方式、手段，向顾客传递有关本企业的产品、服务的信息及某些观念，帮助顾客认识、熟悉所能得到的利益，引起其注意、兴趣、好感、信任，甚至偏爱，激发其需求、购买欲望，加速其购买决策过程，推动其实施购买行为的综合性策略活动。

促销的实质是一种信息传播、沟通行为，是针对顾客对信息的心理需求，采用适当的信息沟通手段的整合营销沟通活动。其形式包括：单向沟通或双向沟通；人际沟通（即个体沟通）或大众沟通。

沟通过程一般包括信息发送者、信息接收者、信息、媒体、编码、解码、噪声、反应、反馈九个要素。

制定费用预算的静态方法主要包括量力支出法、销售额百分比法、竞争对等法和目标任务法。

促销组合策略包括人员推销、广告、营业推广、公共关系。它们可归纳为两大类：人员推销，属于人员（人力）促销、直接促销，是直接依靠人力，通过推销员、营业员、营销服务人员面对面地向目标顾客直接传播信息，推销产品、服务，说服、促成其购买的活动；广告、营业推广和公共关系，则属于非人员（非人力）促销、间接促销，不是直接靠人力而是利用一定的媒体向目标受众进行广泛的间接推广，吸引、激励其购买的活动。

人员推销是指推销人员直接接触一定的推销对象（现实或潜在的顾客），在一定的推销环境里，运用各种推销方法、技术、手段，帮助或说服推销对象接受一定的观点和所推销的产品或劳务，满足其一定的需要，同时也达到推销人员本身的特定目的的活动。

人员推销活动的基本要素包括推销人员、推销对象、推销产品、推销手段、推销环境等。

商业广告是指商品经营者或者服务提供者以促销为目的，以目标市场公众为对象，以承担、支付费用方式，有计划、有控制地通过一定的媒体和形式，公开、广泛、直接或间接地介绍自己所推销的商品或所提供的服务，传播自己的观念、形象等信息的非人员自我宣传活动及其手段。

广告活动包括广告主、广告经营者、广告发布者和广告对象四方面参与者。

广告的作用包括：传递信息，沟通产需，加速流通，刺激需求，促进销售，开拓市场；介绍知识，指导消费，美化环境，丰富生活，教育公众；塑造企业形象，提高企业声誉，促进企业竞争，活跃市场经济。

广告按目的和内容可分为：战术性广告（"硬广告"）和战略性广告（"软广告"）。

广告按具体作用、目标可分为：介绍、报道性广告，劝说、说服性广告，提醒、提示性广告；产品认知广告，品牌显露、"创牌"广告，企业竞争、"保牌"广告，品牌强化、"扩牌"广告；速效、直接行动广告，迟效、间接行动广告。

广告按适用范围、传播覆盖地区可分为：全球性、国际性、全国性、区域性、地方性、售点广告。

广告按诉求方式可分为：理性诉求、道德诉求、感性诉求广告。

广告活动的一般程序是：市场调查与预测；制定广告战略，确定广告目标；制定广告策略和广告计划；决定广告预算；选择广告媒体或广告代理商；广告设计、制作；广告实施、发布；广告效果调查、测评、总结、反馈。

常见的广告媒体包括报纸、杂志、广播、电视、邮递、户外、售点、网络。

广告策略包括广告定位策略，广告时间、频率安排和宣传方式策略，广告费用安排策略和广告地域策略，系列广告策略和公关广告策略，国际广告策略。

广告设计的基本原则包括真实性、合法性、思想性、艺术性和科学性。

营业推广又称为销售推广，是在特定时间内直接、强烈、迅速地刺激特定对象，提高其积极性，促使其立即做出反应，从而迅速增加特定产品或服务的销售量的各种特别促销手段、措施、工具的总称。

营业推广的形式包含针对消费者、针对生产者、针对中间商和针对推销人员的营业推广形式。

营业推广方案的制定步骤包含：确定对象及目标，确定范围和规模，选择具体的推广形式、工具，确定营业推广的时间、期限和时机。

公共关系也称为公众关系，简称公关，有静态、动态和广义、狭义之分。静态公关是指社会组织面临的社会关系的客观状态；动态公关是指社会组织为改善自己的社会关系状态，取得与环境的相互适应和协调平衡，面向公众——同该组织有关系、受其影响，也对其发生影响的团体与个人，自觉、有计划、系统地运用传播手段、技术、策略开展的各种具有社会意义的活动。

公共关系促销的内容包括日常事务性公关、宣传性公关、征询性公关、服务性公关、交际性公关、社会性公关。

公关促销的策略包括建设策略、维系策略、进攻策略、防御策略和矫正策略。

复习思考题

一、单选题

1. 具有地理和人口选择性强、可信度较高、灵活性较差、成本相当高的特点的是（   ）。

A. 电视广告　　　　B. 广播广告　　　　C. 杂志广告　　　　D. 互联网广告

2. 举办记者招待会是促销决策中的（   ）策略。

A. 广告　　　　B. 人员推销　　　　C. 销售促进　　　　D. 公共关系

3. 劝导购买型广告适合在（   ）投放。

A. 导入期　　　　B. 成长期　　　　C. 成熟期　　　　D. 衰退期

4. 为了保护已经出现公众问题的产品，企业最应考虑的促销策略是（   ）。

A. 广告　　　　B. 人员推销　　　　C. 销售促进　　　　D. 公共关系

二、填空题

1. 沟通过程一般包括信息发送者、信息接收者、信息、媒体、编码、解码、噪声、反应、_____等九个要素。

2. 制定费用预算的静态方法主要包括_____、_____、_____和_____。

3. 促销组合策略包括人员推销、广告、_____和公共关系。

4. 广告活动包括广告主、广告经营者、广告发布者和_____等四方面参与者。

5. 广告按目的和内容可分为战术性广告和_____。

6. 营业推广的形式包含针对消费者、针对生产者、针对中间商和针对_____的营业推广形式。

7. 公关促销的策略包括_____、维系策略、进攻策略、防御策略和矫正策略。

三、简答题

1. 促销组合策略包括哪四种？分别有何优缺点？

2. 简述推式策略和拉式策略的区别。

3. 国际市场人员推销的功能和主要任务是什么？优缺点是什么？

4. 简述广告的含义、种类及作用。

5. 简述营业推广的含义与形式。

6. 简述公共关系促销的方法与策略。

案例讨论

大力促销致业绩增长放缓，桃李面包就上交所问询函进行相关回复。2020 年 5 月 25 日，桃李面包发布公告称，于 5 月 18 日收到上交所发布的问询函，要求公司对 2019 年业绩增速下滑、销售费用增长、经销商等问题进行说明。

在回复函中，桃李面包表示，2019 年业绩增速放缓，主要原因为公司整体促销活动力度加大，导致毛利率水平同比下降 0.11 个百分点；同时，为提高配送终端服务质量和新市场的开发力度，公司加大了产品配送服务费、门店费等销售费用的投入，导致销售费用率同比提高 1.09 个百分点。

据悉，桃李面包产品多为短保质期产品，月饼和粽子均为季节性产品。2019 年下半年，桃李面包对部分产品，如焙软切片面包、麦芬吐司等进行了大规模持续性的促销活动，使得四季度毛利率同比减少 1.13 个百分点。同时促销活动力度加大，导致桃李面包四季度销售费用率同比增加 0.81 个百分点。

快消新零售专家鲍跃忠在接受北京商报记者的采访时表示，桃李面包主要依托线下渠道，但近几年随着线上渠道的发展，线下渠道面临着客流量日渐下降的问题，这也使得其线下的销量随之下滑。而桃李面包旗下产品多为短保产品以及季节性产品，在这种情况下，大力促销活动难以避免。通过大量促销保证销量，从而达到业绩提升的目的。

关于销售费用增长，桃李面包表示，主要系产品配送服务费和门店费的增加。随着公司配送周期的缩短和销售范围的不断扩大，公司产品配送服务费随之增长；2019 年公司合作门店数量及促销活动增加，导致外包服务费、促销服务费等门店费用增长较大。

北京商报记者梳理桃李面包财报发现，2019 年，桃李面包大力拓展华东、华南等新市场，不断增加投入。同时在东北、华北等市场加快销售网络细化和下移工作，开拓细分消费市场和销售渠道，巩固其产品市场占有率。

关于经销商问题，桃李面包在回复函中称，目前，公司主要通过直营和经销两种模式进行销售。针对大型连锁商超（KA 客户）和中心城市的中小超市、便利店终端，公司直接与其签署协议销售产品的模式。而针对外埠市场的便利店、县乡商店、小卖部，公司通过经销商分销的经销模式。同时，桃李面包表示，公司经销模式的收入确认条件、收入确认具体时点及会计处理方式为每年与经销商订立经销合同，约定交易价格、服务费政策等，销售商品是公司在收到经销商确认签字的销售出库单后确认收入。

就桃李面包当前发展所面临的问题，鲍跃忠表示，就目前而言，随着整个烘焙市场的发展壮大，竞争在逐渐加剧，一些较为专业的烘焙品牌不断加码这一市场，比如好利来等品牌。此外，星巴克、奈雪的茶等茶饮咖啡企业也在逐渐切入这一市场。这无疑对桃李面包之类的传统烘焙企业造成了一定的市场压力。而桃李面包想要打破这种不利的局面，除了打破以商超为主的渠道局限，还要摆脱以往的中低端形象，切入高端市场，提高产品的溢价能力和附加值。

资料来源：北京商报　2020 年 5 月 26 日　作者：钱瑜，张君花

阅读以上案例，回答如下问题：

1. 桃李面包业绩增速放缓的原因有哪些？

2. 桃李面包应如何打破这种不利局面？

营销技能训练

促销活动方案设计：结合本章所学知识，选择一个国际品牌，设计一个可实施的校园促销活动方案。要求方案内容尽量完整、明确，应包括但不限于以下内容：活动目的、活动主题、活动对象、活动时间、活动地点、活动内容、活动流程、人员分配、活动预算、应急方案及注意事项等。

参 考 文 献

［1］ 王晓东. 国际市场营销学 ［M］. 5 版. 北京：中国人民大学出版社，2019.

［2］ 闫国庆. 国际市场营销学 ［M］. 4 版. 北京：清华大学出版社，2021.

［3］ 李世嘉. 国际市场营销理论与实务 ［M］. 2 版. 北京：高等教育出版社，2008.

［4］ 潘金龙. 市场营销学 ［M］. 3 版. 大连：大连理工大学出版社，2018.

［5］ 菲利普·科特勒，等. 营销管理 ［M］. 15 版. 上海：格致出版社，2016.

［6］ 胡德华，夏凤. 国际市场营销实务 ［M］. 北京：清华大学出版社，2009.

［7］ 郭国庆，等. 国际营销 ［M］. 北京：高等教育出版社，2017.

［8］ 马莉婷，等. 网络营销理论与实践 ［M］. 2 版. 北京：北京理工大学出版社，2022.